Gay Hendricks ▪ **Bewusster leben und lieben**

Gay Hendricks

Bewusster leben und lieben

Von der Kunst,
sich selbst und
anderen zu
begegnen

Kösel

Übersetzung aus dem Amerikanischen von Karin Petersen, Berlin.

Die Originalausgabe erschien unter dem Titel »Conscious Living.
Finding Joy in the Real World« bei HarperSan Francisco.

Copyright © 1999 Gay Hendricks
First published by HarperSan Francisco
Translation rights arranged by Sandra Dijkstra Literary Agency
All rights reserved
Translation Copyright © 2001 by Kösel-Verlag GmbH Co., München
Printed in Germany. Alle Rechte vorbehalten
Druck und Bindung: Pustet, Regensburg
Umschlag: Elisabeth Petersen, München
Umschlagmotiv: ZEFA/SIS
ISBN 3-466-30559-4

*Gedruckt auf umweltfreundlich hergestelltem Werkdruckpapier
(säurefrei und chlorfrei gebleicht)*

Ich widme dieses Buch mit tiefer Dankbarkeit
zwei Menschen, die mit ihrem Enthusiasmus und
ihrer Hingabe den Maßstab setzen, an dem ich mich
in meinem Leben Tag für Tag orientiere:

> *Kathlyn Thatcher Hendricks,*
> Ehefrau, kreative Partnerin und heitere Gefährtin,

sowie

> *David Hubbard,*
> vollkommener Sucher der Wahrheit und
> geschätzter Freund seit drei Jahrzehnten.

Ihr beide habt, persönlich oder in meinen Gedanken,
jedes entscheidende Gespräch mit mir geführt, das dieses
Buch inspiriert hat. Als ich das folgende Gedicht Rilkes
entdeckte, musste ich an euch beide denken und habe es,
euch zu Ehren, neu übersetzt:

> Wer seines Lebens viele Widersinne
> versöhnt und dankbar in ein Sinnbild fasst,
> der drängt
> die Lärmenden aus dem Palast,
> wird *anders* festlich, und du bist der Gast,
> den er an sanften Abenden empfängt.
>
> Du bist der Zweite seiner Einsamkeit,
> die ruhige Mitte seinen Monologen;
> und jeder Kreis, um dich gezogen,
> spannt ihm den Zirkel aus der Zeit.
>
> *Rainer Maria Rilke*

Inhalt

Dank 9
Einleitung:
Die persönliche Reise zu einem bewussten Leben . . . 11

Teil I
Freude finden 47
Die unendliche Reise des suchenden Geistes

Bewusst leben 49
Ein vertrauenswürdiger Weg 65
Fünf Lektionen, die für die Reise erforderlich sind . . 76
Innere Umstellungen und äußere Schritte, die uns
ein bewusstes Leben eröffnen 113

Teil II
Die reale Welt 155
Bewusste Lösungen für zeitlose Probleme des Lebens

Die Grundlage von Selbstachtung:
Entdecken, wer Sie sind 160
Selbstachtung entwickeln:
Wie Körper, Geist und Herz Frieden finden 188
Wie Sie beständige Liebe finden 224

Wie Sie zu lebendigen Beziehungen und
bewusstem Sex gelangen 261
Ihr Leben nach eigenem Entwurf gestalten......... 307

Zum Schluss:
Atemzug für Atemzug.......................... 342

Dank

Ich bin all den vielen Freundinnen und Freunden, Studentinnen und Studenten, Kolleginnen und Kollegen, die mir im Lauf der letzten drei Jahrzehnte geholfen haben, meiner Arbeit Gestalt zu verleihen, zutiefst dankbar.

In den Anfängen wiesen mir Dwight Webb, John Krumboltz, Carl Thoresen und Steven Zifferblatt mit ihrer Warmherzigkeit und ihrem scharfen Verstand den Weg. Während meiner Jahre an der University of Colorado profitierte ich von vielen anregenden Gesprächen mit Barry Weinhold, Dennis Mithaug und David Fenell. In den letzten Jahren, in denen mein Schwerpunkt sich auf die Verbreitung der Gedanken über ein bewusstes Leben und Lieben in den Medien verlagerte, bin ich sehr bereichert worden durch die klugen Einsichten und die herzliche Gastfreundschaft von Kenny und Julia Loggins. Gary Zukav, Jack Canfield und Bonnie Raitt haben mich an ihren Lebensweisheiten und ihrem Lernen teilhaben lassen und damit meinen geistigen Horizont enorm erweitert. Die Freundschaft mit Marilyn Tam, Jerry und Carole Isenberg, Christen Brown, Orson Mozes, Buddy Winston, Steve Simon und Catherine Miller hat mir ein herzliches Umfeld bereitet, in dem ich mich überall in der Welt zu Hause fühlen kann.

Ehrend gedenken möchte ich auch meiner geliebten Großmutter, Rebecca Delle Canaday, und meiner Mutter, Norma Canaday Hendricks, deren bemerkenswerte Talente und ungewöhnliche Lebenswege mir täglich mehr bedeuten. Bei den noch lebenden Mitgliedern meiner Familie schätze ich die schnelle Auffassungsgabe und das brillante Schreibtalent meiner Nichte und häufigen Coautorin, Laura Joyce, und die unerschütterliche Loyalität anderer Angehöriger, einschließlich meines Bruders Mike und seiner Frau Lou Ann.

Es gibt noch viele andere, zu zahlreich, um sie hier alle aufzuzählen, aber ihr wisst, wer ihr seid und wie tief ihr in meinem Herzen lebt.

Einleitung
Die persönliche Reise zu einem bewussten Leben

Die Zeit ein Kind – ein Kind beim Brettspiel,
ein Kind sitzt auf dem Throne.

Heraklit, Fragment B52*

Mit Anfang 30 machte ich eine Entdeckung über die Liebe, die mein ganzes Leben veränderte. Diese Entdeckung ermöglichte mir, die tiefste Sehnsucht meines Herzens zu erfüllen: eine dauerhafte, glückliche und kreative Liebesbeziehung.

Ich erkanntes Folgendes: Der einzige Weg, die Liebe, die Sie sich wünschen, in Ihr Leben zu bringen, besteht darin, sich *selbst* zu lieben und anzunehmen. Jahrelang war ich in vielen aufeinander folgenden, unbefriedigenden Beziehungen in der Luftblase einer Illusion gefangen gewesen. Ich versuchte andere Menschen zu bewegen, mich tief und bedingungslos zu lieben, ohne dass ich mich *selbst* bedingungslos geliebt hätte. Rückblickend sehe ich das ganz klar, aber damals war es mir keinesfalls einsichtig. Unmittelbar nachdem ich diese Erkenntnis hatte, setzte ich sie in die Tat um. Ich ließ meine Abwehrmechanismen fallen und entspannte mich ein paar Sekunden lang in die reine, liebevolle

---

*Heraklit: *Fragmente. Griechisch und Deutsch,* München und Zürich: Artemis 1986

Akzeptanz all dessen, was mich ausmachte. Ich liebte und akzeptierte meinen Ärger, meine Angst, meine Einsamkeit und all die anderen Dinge, die ich an mir nicht mochte. Ich liebte mich sogar dafür, dass ich nicht imstande war, mich selbst wirklich zu lieben! Zunächst gelang mir das nur für einen kurzen Augenblick, aber diese wenigen Sekunden bedingungsloser Liebe für mich selbst veränderten meine gesamte Einstellung zum Leben. Letzten Endes verabschiedete ich mich von der mühsamen Aufgabe, die Liebe außerhalb von mir zu suchen, um ein vollständiger Mensch zu werden.

Im Lauf der Zeit führte diese Erkenntnis mich zu der weiteren Einsicht, dass mein Job darin bestand, Liebe zu »produzieren« und in Umlauf zu bringen, und nicht sie zu konsumieren! Ich gab die ruhelose, kopflose Suche nach Liebe an all den falschen Orten auf. Tatsächlich hörte ich ganz auf, die Liebe *außerhalb* von mir zu suchen. Stattdessen begann ich mir anzuschauen, welche Seiten in mir Liebe brauchten.

Dieser innere Wechsel bewirkte, dass in meinem äußeren Leben sofort eine ganz reale Magie zu wirken begann. Plötzlich tauchte – wie von Zauberhand – eine Frau in meinem Leben auf, und sie war genau die Person, von der ich immer geträumt hatte.

Es gab gute Gründe dafür, dass ich sie bislang nicht gefunden hatte. Unbewusst hatte ich immer nach einer Frau gesucht, die mich durch die Macht ihrer Liebe als Mensch vervollständigen und ganz machen sollte. Plötzlich erkannte ich, dass es *meine* Aufgabe war, durch die Macht der Liebe zu mir selbst ganz zu werden. Mit dieser Ganzheit zog ich auf natürliche Weise einen anderen Menschen an, der ebenfalls ganz war und der sich ebenso viel Selbstliebe entgegenbrachte wie ich mir. So konnte unser gemeinsames Leben zu einer Reise zweier vollständiger Menschen werden, die sich selbst, den anderen und die Beziehung feierten. Wenn Probleme und Hindernisse zwischen uns auftauchten – was mit Sicherheit passieren würde –, dann würden wir diese als Verbündete angehen, die sich dafür entschieden hatten, sich gemeinsam zu entwickeln.

Und genau das geschah.

Die letzten 20 Jahre mit Kathlyn waren eine magische Reise. Zwei Kinder, neun gemeinsam verfasste Bücher, 500 Radio- und Fernsehinterviews und mehr als 30 Reisen rund um die Welt später kann ich sagen, dass diese Magie etwas ganz Reales ist, das wir uns erhalten können. Ich konnte mir niemals vorstellen, wie gut das Leben sein kann. Jetzt weiß ich, dass es möglich ist, 20 Jahre lang kreativ und harmonisch zusammenzuleben, gemeinsam zu lernen und sogar zusammenzuarbeiten.

Die Liebe, die wir suchen, ist in diesem Augenblick hier. Ein simpler Bewusstseinswandel, und die Schleusen öffnen sich. In diesem Buch geht es darum, wie wir diesen Wechsel zu einer neuen bewussten Art des Lebens und Liebens vollziehen können. Wenn Sie Kathlyns und mein früheres Buch *Liebe macht stark* gelesen haben, werden Sie feststellen, dass das Buch, das Sie jetzt in den Händen halten, diese frühere Arbeit ergänzt, sich aber einer neuen Dimension zuwendet: der Transformation Ihres inneren Selbst. Ich bin zu der Überzeugung gelangt, dass der Prozess, in dem wir lernen, bewusst zu leben, in den Tiefen unseres eigenen Selbst beginnt. Dieses Buch – besonders der erste Teil – richtet sich an Sie und Ihre Beziehung zu sich selbst. Im zweiten Teil werde ich Beziehungen zu anderen erläutern, wobei der Schwerpunkt auf dem liegt, was ich in den zehn Jahren nach dem Erscheinen von *Liebe macht stark* gelernt habe.

Dieses Buch beruht auf einer umfassenderen Perspektive als meine frühere Arbeit. Der Weg bewussten *Liebens* ist Teil der umfassenderen Reise eines bewussten *Lebens*. In einem ganz realen Sinne zeigt sich bewusste Liebe darin, wie Sie Ihr Leben in jedem Augenblick leben – ob es nun darum geht, wie Sie im dichten Verkehr Ihr Lenkrad umklammern oder wie Sie Ihren Partner oder Ihre Partnerin in atemloser Ekstase umarmen. Es ist alles eins! Die Entdeckungen, die mir ein reiches Liebesleben bescherten, können mir auch zu einem Leben verhelfen, das reich ist an Kreativität, positiven Gefühlen und sogar finanzieller Unabhängigkeit.

Meine persönliche Reise eines bewussten Lebens

»Wo du wohl hergekommen bist?« Als Kind hörte ich diese Frage häufig, meistens in einem gereizten Tonfall. Heute, wo der Stachel nicht mehr so tief sitzt, wundere ich mich darüber. Ich könnte ganze Seiten darüber füllen, wie anders ich war als meine Familienangehörigen:

Ich mochte gerne Schokolade; alle anderen in meiner Familie verabscheuten sie.

Ich bin der einsame Mystiker in einer Familie voller nüchterner Skeptiker.

Ich schreibe Bücher über Beziehungen, Psychologie und Spiritualität; niemand in meiner Familie hat sie jemals gelesen oder sich für die Exemplare, die ich ihnen schenkte, auch nur bedankt.

Mein Bruder geht oft in Schottland und Frankreich auf eine Art spirituelle Reise: Auf der Suche nach dem perfekten Schluck macht er Rundreisen zu den großen Schnapsbrennereien und Weinkellern. Meine spirituelle Suche hat mich zu den Klöstern Indiens, Tibets und Nepals geführt, zu großartigen Kathedralen und bescheidenen Höhlen und zu langen schamanistischen Reisen ins mexikanische Hinterland. Wenn ich nur an Whiskey denke, zieht sich alles in mir zusammen; vielleicht bin ich einer der wenigen Menschen in dieser Gegend von Utah, der niemals betrunken oder auch nur imstande war, ein einziges Glas Bier leer zu trinken.

Sicher können Sie sich jetzt ein Bild machen. Selbst nachdem ich ein Dutzend Bücher veröffentlicht hatte und als Professor an einer großen Universität angestellt war, fragte meine Mutter mich noch hin und wieder, ob ich nicht vorhätte, mir endlich eine anständige Arbeit zu suchen. Erst ein Auftritt in der Fernsehsendung *Oprah* hat die Mitglieder meiner Familie schließlich davon überzeugt, dass ich keinesfalls einer zweifelhaften Beschäftigung nachgehe!

Viele von uns beginnen ihre Reise, um einen Ausweg aus leidvollen Lebenssituationen zu finden. Für mich stimmt das mit Sicherheit. Meine Suche ging zum Teil auf den drängenden Wunsch zurück, Mittel und Möglichkeiten zu finden, die mir zu überleben halfen. Wo ich als Heranwachsender auch hinschaute, niemand in meiner Umgebung schien glücklich zu sein. Fast alle Mundwinkel hingen nach unten und die Stirnen waren von tiefen Sorgenfalten durchzogen. Süchte grassierten. Familienfotos zeigen, dass auch ich zu der Zeit, als ich die High School besuchte, diese Maske übernommen hatte. Auf Bildern aus meiner späten Jugendzeit und mit Anfang 20 ziehe ich die Augenbrauen weitaus stärker zusammen als heute. Dieser finstere Blick verschwand nach einem großen Erwachen mit Anfang 20, das ich gleich beschreiben werde, und kehrte glücklicherweise nicht zurück.

Der Schmerz, der sich auf den Gesichtern der verheirateten Paare in meiner Familie abzeichnete, machte mir als Kind schwer zu schaffen. Und selbst heute noch kann ich mir alte Familienfotos kaum anschauen, ohne zurückzuschrecken. Stellen Sie sich vor, Sie schauten mir über die

Schulter, während ich ein Familienfoto in der Hand halte. Es ist ein Foto von meinen Großeltern an ihrem 50. Hochzeitstag. Ich war dabei und kann mich noch lebhaft an diesen Tag erinnern. Es dauerte Stunden, ehe die Aufnahme zustande kam, weil die beiden nicht bereit waren, sich für den Schnappschuss zusammen auf das Sofa zu setzen. Dieses Zusammensitzen wäre Ausdruck einer Intimität gewesen, die sie der Nachwelt nicht vermitteln wollten. Erst nach langen, zähen Verhandlungen gelangte man zu einem Kompromiss: Mein Großvater würde sich auf die Couch setzen, während meine Großmutter lediglich auf der Armlehne auf der anderen Seite thronen würde. Diese Lösung ermöglichte beiden, Recht zu haben. Mein Großvater starrt auf diesem Foto hilflos und verwirrt mit offenem Mund in die Kamera, während meine Großmutter von ihm weg in die andere Richtung schaut, die Lippen in stummer Wut zusammengepresst.

Ihre Beziehung war entsetzlich angespannt, und meine Nachforschungen haben ergeben, dass das fast die ganzen 60 Jahre ihrer Ehe so war. Mein Bruder fragte meine Großmutter einmal, warum die Beziehung zwischen ihr und meinem Großvater so schwierig sei. Sie überlegte einen Augenblick und sagte dann: »Ich glaube, weil ich ihn vom ersten Augenblick an hasste.« Diese Erklärung stellte mich zufrieden.

Mein junger Geist fragte sich ständig: Wie können sie nur so unglücklich sein? Wenn der andere nicht in Reichweite war, war jeder für sich ein wunderbarer Mensch. Sie ernährten und kleideten mich, überschütteten mich mit Liebe und sicherten wahrscheinlich mein Überleben. Es machte mich so traurig, dass sie selbst bei besonderen Anlässen nicht zivilisiert miteinander umgehen konnten. Was war zwischen ihnen falsch gelaufen? Was hätte es gebraucht, damit ihre verkniffenen Gesichter wieder heiter und glücklich aussahen?

Ich fühlte mich zu der leidenschaftlichen Mission bewegt, die Ursachen für diesen Schmerz herauszufinden. Ich wollte vermeiden, dass meine eigenen Beziehungen ähnlich aussahen. Aber wie sehr ich mich auch bemühte, meine unbewussten Prägungen holten mich ein und versetzten mir zunächst einmal einen Gegenschlag. Als Teenager war ich, was Beziehungen betraf, so verbittert, dass ich in der neunten oder zehnten Klasse einen Aufsatz zum Thema »Ehe« schrieb. Ich hatte diesen Text völlig vergessen, bis ihn meine Nichte auf einem Dachboden entdeckte. Ich war 45 Jahre alt, als sie ihn mir schickte. Der erste Satz sagt bereits alles: »Es gibt nur wenige Dinge, bei denen ich mir ganz sicher bin, aber was ich ganz sicher weiß, ist, dass ich auf keinen Fall und niemals heiraten werde.« Nachdem ich einige Jahre diese Position vertreten hatte, ging ich mit Anfang 20 ins andere Extrem. Ich heiratete nicht nur, sondern meine Ehe entwickelte sich mit schlafwandlerischer Sicherheit zur Wiederaufführung der schlimmsten Dynamiken, die mein Familienskript zu bieten hatte. Gott sei Dank bekam ich eine weitere Chance.

Fragen sind mächtige Magie

In den fast 30 Jahren, die ich jetzt unterrichte und therapeutisch arbeite, habe ich Menschen am häufigsten Folgendes empfohlen: Finden Sie heraus, welche Fragen Sie sich aus tiefstem Herzen und tiefster Seele am dringendsten stellen müssen. Machen Sie sich keine Sorgen um die Antwort. Richten Sie Ihre Aufmerksamkeit auf die Fragen selbst und forschen Sie kontinuierlich nach immer tiefer gehenden Fragen, bis Sie auf die eine oder die zwei, drei Fragen stoßen, die um den Sinn Ihres Lebens kreisen. Wie der Dichter Rilke es formulierte: »Lernen Sie die Fragen selbst zu lieben.« Die Magie ist folgende: Wenn Sie Ihre großen Fragen aufrichtig und von ganzem Herzen stellen, wird Ihr Leben selbst zur lebendigen Antwort darauf.

Es gibt noch einen weiteren Grund dafür, dass Fragen stark wirkende Medizin sind. Wenn Ihre Frage umfassend und zutiefst persönlich ist und Sie die Antwort darauf wirklich nicht wissen, bereiten Sie den Boden für bislang unvorstellbare Bewusstseinssprünge. Sobald Sie sich für wirkliche Wunder öffnen, verlassen Sie vertrautes Gelände und betreten das Land der unendlich kreativen Möglichkeiten des Unbekannten.

Ein früher Sprung und ein entsprechender Aufprall

Mein Kindheitsinteresse an Angelegenheiten des Herzens und der Seele bereiteten den Boden für ein intensives Gipfelerlebnis und einen ebenso intensiven Fall. Beides war ganz wesentlich für mein Wachsen, und beides passierte etwa zu der Zeit, als ich eingeschult wurde.

Eines Nachmittags, vielleicht ein, zwei Monate, bevor ich in die Grundschule kam, spielte ich allein im Garten neben dem Haus. Ich hatte die Ferienbibelschule der Kirche besucht, der meine Familie angehörte. Dort hatte ich viele Geschichten über Jesus als Gottes Sohn gehört und grübelte darüber nach, was das alles bedeutete.

Ich weiß noch, dass es, selbst an Floridas Klima gemessen, ein heißer, schwüler Tag war und ich mir gerade mein Hemd ausgezogen hatte. Plötzlich empfand ich die Aufforderung, einen Augenblick innezuhalten. Eine Frage ergriff mich: War auch ich ein Sohn Gottes? Das schien wohl möglich, denn es gab ja keinen Vater in meinem Leben. Woher war ich gekommen? War jener unsichtbare Vater im Himmel mein wahrer Vater? Ich schaute zum Himmel hoch, der durch die Zweige des Eichenbaumes schimmerte, und mir kam eine Erkenntnis.

»Ich bin aus demselben Stoff wie alles andere in dieser Welt auch. Ich bin dasselbe wie das Eichenblatt und der Regenwurm und der Himmel dort hinter den Zweigen. Es ist alles eins, und ich bin Teil davon.«

In jenem Augenblick wusste ich, dass alle menschlichen Wesen miteinander verbunden und eins sind, auch wenn wir in unterschiedlichen Verpackungen daherkommen. Ich sah, dass ich aus demselben Stoff war wie meine Mutter, mein Bruder und mein Onkel Marlow, selbst wenn wir völlig verschiedene Persönlichkeiten hatten.

Natürlich fehlten mir die Begriffe, um diese Idee zusammenhängend zu formulieren, aber ich erinnere mich an das Gefühl, als wäre es zehn Minuten her: Es gibt ein Einssein. Wir tragen es ebenso in uns, wie es uns in sich trägt.

Dieses Gefühl beruhigte mich zutiefst. Ich weiß noch, dass ich anschließend einen intensiven Frieden empfand. Ich fühlte mich sicher in dem Wissen, dass ich ebenso ganz war wie alles andere auch. Ich hatte keine Ahnung davon, dass genau diese Einsicht Menschen im Laufe der Geschichte immer wieder gekommen war.

Fast 40 Jahre später schlug ich ein Buch auf, das vor rund 2 000 Jahren von Marc Aurel geschrieben worden war, der damals in einem militärischen Außenposten lebte, wo er Rom gegen die Barbaren verteidigte. Dieser weise und herzliche Mann führte ein Tagebuch, das er »An mich« nannte und das heute *Selbstbetrachtungen* heißt. Es besteht aus zwölf Notizbüchern, und im zehnten schreibt er:

»... das steht zunächst fest: ich bin ein Teil des Ganzen, das von der Natur durchwaltet wird; und dann: ich bin mit allen mir gleichartigen Teilen in engem Zusammenhang; daran denkend werde ich mit nichts unzufrieden sein, was mir als einem Teil vom Ganzen zugeteilt wird; ist doch nichts dem Teil schädlich, was dem Ganzen förderlich ist. ... In dem Gedanken also, daß ich ein Teil dieses Ganzen bin, werde ich mit allem, was mich trifft, zufrieden sein.«*

Das ist im Wesentlichen die gleiche Erkenntnis, die Anfang der 50er-Jahre im Sumpfland von Florida spontan dem Herzen und Geist eines Jungen entsprungen war.

Wo konnte diese Vorstellung entstanden sein? Ist sie Teil unseres Erbes, in unserem Körper und unserem Geist verschlüsselt, so dass wir sie immer wieder fühlen können? Ich sollte lange brauchen, um das herauszufinden, denn ich landete nach dieser Hochstimmung unsanft wieder auf dem Boden: Ich kam in die erste Klasse.

Zunächst war ich sehr aufgeregt und freute mich darauf, in die Schule zu kommen. Ich würde andere Kinder kennen lernen, mit ihnen spielen und jeden Tag etwas Neues lernen! Mein Bruder Mike, der gerade mit der Junior High School anfing, als ich in die erste Klasse kam, hatte mir erzählt, dass es ein Unterrichtsfach namens Sozialkunde gäbe. Ich entwickelte meine eigenen Fantasien über dieses Fach. Wir würden täglich lernen, die Probleme in unserem Leben und in unserer Familie zu lösen. Man würde uns die Kunst beibringen, ein soziales Leben zu führen – ohne Angst mit Menschen zu sprechen, Erwachsenen Fragen zu stellen, ohne dass sie in Wut gerieten. Junge, wie ich mich irrte! In Sozialkunde, so zeigte sich, ging es um Dinge wie die wichtigsten Exportgüter von Bolivien. Aber der Lehrplan war nicht die einzige Schwierigkeit. Ich selbst war offensichtlich ein Problem, und ich kann mich noch gut an den Schock erinnern, als ich es herausfand.

Als ich in die Schule kam, entdeckte ich, was ich bislang nicht gewusst hatte: Ich war ein Familienproblem. In mei-

---

*Marc Aurel: *Selbstbetrachtungen*, Frankfurt/M.: Insel 1992, S. 158

nen ersten Lebensjahren war ich überwiegend bei meinen Großeltern aufgewachsen. Meine Großeltern waren vernarrt in mich; obwohl sie miteinander nicht zurechtkamen, gingen sie mit mir total liebevoll und unendlich geduldig um. Ich konnte nicht wissen, dass mit mir etwas nicht stimmen sollte, denn bislang hatte ich mich immer nur im Umkreis meiner fürsorglichen Großeltern bewegt. Um zu erklären, warum und wie ich ein Problem war, möchte ich Ihnen meine Mutter vorstellen.

1933 heiratete meine Mutter, Norma Canaday, ihren Traummann, Leonard Gay Hendricks. Sie war eine große Planerin, und ihr Plan sah folgendermaßen aus: Sie würde im Büro arbeiten, bis sie das eine Kind bekam, das sie sich wünschte, dann würde sie den Job aufgeben und Hausfrau und Schriftstellerin werden, bis sie ihren Traum verwirklichte: einen großartigen Südstaatenroman zu veröffentlichen. Mein Vater würde die kleine Familie mit seiner Arbeit als Leiter einer Fabrik nur wenige Häuserblocks entfernt von ihrem Haus ernähren.

Der gewünschte Sohn wurde 1937 geboren, und auch einige andere Bestandteile ihres Plans waren gegeben, als das Leben eines Tages im Jahre 1944 brutal und abrupt eingriff. Der Krieg hatte ihr Leben nicht groß tangiert, vor allem weil mein Vater für untauglich befunden worden war, da er fettleibig war und Plattfüße hatte (die gleichen Merkmale, die verhinderten, dass ich mich, nachdem ich 1967 gemustert worden war, durch den Dschungel von Vietnam schleppen musste). Er hatte meine Mutter jedoch gedrängt, Teilzeit weiterzuarbeiten, also hatte sie ihre Karriere als Schriftstellerin auf die Zeit verschoben, wo ihr Sohn in die Schule kommen würde. Mit der dann neu gefundenen Freiheit würde sie ihr Schreibprojekt in Angriff nehmen.

Und jetzt der schwere Teil. Eines Tages ging mein Vater mit seinem Lunchpaket in der Hand zur Arbeit und kehrte nie mehr zurück. Er wurde an jenem Tag krank und musste eilig ins Krankenhaus gebracht werden. Niemand wusste genau, was er hatte, doch aus irgendeinem Grunde versagten seine Nieren schnell. Innerhalb einer Woche bekam er eine Harnvergiftung und starb im Alter von 32 Jahren. Meine Mutter war von Kummer überwältigt, doch sie nahm all ihre Kräfte zusammen, um den schmerzlichen Verlust, die Beerdigung und die unangenehme Überraschung zu überstehen, dass sie fast ohne einen Pfennig zurückblieb. Mein Vater, bekannt für seine neuen Autos, seine elegante Garderobe und seine Großzügigkeit gegenüber Freunden, hatte seine Lebensversicherung so stark beliehen, dass meiner Mutter nach Abzug der Beerdigungskosten weniger als 300 Dollar blieben.

Aber es kam noch härter. Einige Monate nach der Beerdigung war der Stress immer noch so groß, dass sie praktisch nur von Kaffee und Zigaretten lebte. Immer schon schlank, hatte sie bei einer Körpergröße von 1,78 Meter fast 14 Kilo abgenommen und wog nur weniger als 45 Kilo. Eines Tages fiel ihr auf, dass sie seit der Beerdigung ihre Periode nicht mehr bekommen hatte. Zunächst führte sie das auf den Stress zurück, aber ein Besuch beim Arzt ergab andere Neuigkeiten. Sie hatte ein Kind empfangen, wahrscheinlich nur wenige Wochen vor der Beerdigung. Bei dieser Nachricht brach ihre stählerne Haltung zusammen und sie versank in Verzweiflung.

Glücklicherweise lebte sie im Kreise einer großen Familie, die, obwohl arm und gefühlsmäßig reserviert, sie in ihre Mitte nahm, bis sie ihre Füße wieder auf den Boden bekam. Praktisch zwangsernährt von meiner Großmutter, wog meine Mutter schließlich wieder mehr als 45 Kilo und begann ihre Gesundheit zurückzugewinnen. Im Herbst 1944 ließ sie ihren sechsjährigen Sohn einschulen und nahm Urlaub, nicht um ihre Karriere als Schriftstellerin in Angriff zu nehmen, sondern um die Geburt ihres zweiten Sohnes zu erwarten.

Das war ich.

Ich war von Anfang an dick. Bilder zeigen mich mit vielen Speckfalten an Armen und Beinen. Gegen Ende des sechsten Monats wog ich mehr als die meisten Babys mit einem Jahr. Zahlreiche verschiedene Theorien wurden in Betracht gezogen: Vielleicht war durch den unterernährten Zustand meiner Mutter eine Art innerer Thermostat angeschaltet worden, der bewirkte, dass ich schneller Fett speicherte. Vielleicht hatte ich die Schilddrüsenprobleme meines Vaters und meiner Großmutter geerbt. Vielleicht würde ich da hinauswachsen.

Aber ich wusste nichts von alledem. Meine Großeltern übernahmen überwiegend meine Betreuung, da meine Mutter alle Hände voll damit zu tun hatte, sich nach einer Arbeit umzusehen, Mike großzuziehen und den Kopf über Wasser zu halten. Meine Großmutter war 65 und mein Großvater 68, als ich geboren wurde. Ich bin ihnen zutiefst dankbar dafür, dass sie bereit waren, mich zu einer Zeit zu sich zu nehmen, wo sie normalerweise in ihrem Garten herumgewerkelt, Kreuzworträtsel gelöst und sich weiteren Dingen gewidmet hätten, die sie gerne taten.

In ihrer Gegenwart fiel nie ein hartes Wort über mich oder gegen mich, was in scharfem Kontrast zu den Zeiten stand, die ich hin und wieder bei meiner Mutter verbrachte. Bei meinen Großeltern waren meine Tage ausgefüllt damit, dass ich alleine spielte, mir Geschichten vorgelesen wurden, mein Großvater mir Kartenspiele beibrachte und ich ihn zum Baseballpark begleitete, wo er Platzwart war. Ich war viel mit mir allein und brachte mir sogar selbst das Lesen bei, um mehr Unterhaltung zu haben. Laut meiner Tante, einer Grundschullehrerin, konnte ich bei Eintritt in die Schule bereits so gut lesen wie ein Drittklässler. Fotos aus dieser Zeit zeigen mich als strahlend glückliches (und sehr dickes) Kind.

Dann kam ich also in die Schule.

Ohne mein Wissen war mein Gewichtsproblem ein ständiger Anlass zur Sorge gewesen, *das* Familienproblem. Ich hatte keine Ahnung davon und mir war noch nicht einmal bewusst, dass ich dick war. Ich hatte keinen äußeren Vergleich. Ich war einfach der, der ich war. Als ich in die Grundschule kam, wurde mir plötzlich klar, dass ich anders war. Man ärgerte mich mit Namen wie »Dickerchen« oder »Schweinebacke«. Als sie erst einmal herausfanden, dass ich sie nicht fangen konnte, hatten die anderen Kinder großen Spaß daran, mich zu kneifen und wegzurennen. An einem meiner ersten Schultage versuchte ich erfolglos, ein Klettergerüst zu besteigen, rutschte aus und brach mir die Nase. Ich kam nach Hause und wollte wissen: »Bin ich dick? Stimmt mit mir etwas nicht?«

Ich war verwirrt und verletzt, fühlte mich betrogen und verdammt. Es war mir nie in den Sinn gekommen, dass etwas mit mir nicht richtig sein könnte. Und jetzt wusste ich nicht nur selbst, dass das so war, sondern erfuhr auch, dass alle anderen es die ganze Zeit gewusst hatten. Sie hatten es mir nur nicht gesagt. Ich war verzweifelt, aber ich schwor mir heimlich, niemandem zu sagen, wie ich mich fühlte.

Über diesem Schmerz errichtete ich das Gerüst einer funktionierenden Persönlichkeit. Heute nenne ich diese Persönlichkeit den »kleinen Professor«; damals konzentrierte ich mich einfach mit aller Kraft darauf, mir möglichst viel Wissen anzueignen und meinen Lehrern zu beweisen, dass ich es wusste. Als ich die erste Klasse abschloss, wusste ich bereits so viel wie die Schüler der zweiten Klasse und noch mehr. Ich übersprang die zweite Klasse und kam direkt in die dritte – und dort prallte ich gegen eine neue Wand.

Ohne mir bewusst darüber zu sein oder es zu verstehen, hatte ich meine Augen außer zur Wahrnehmung des visuellen Spektrums immer auch noch für einen weiteren Zweck benutzt. Ich konnte um mich und andere Menschen Energieströme wahrnehmen und nutzte dieses Phänomen für mich. Diese Fähigkeit wurde für meinen Schutz ganz entscheidend, denn inzwischen hatte ich die Sicherheitszone des Hauses meiner Großeltern verlassen und lebte bei meiner Mutter. Indem ich die Intensität der entsprechenden Schwingungen beobachtete, wusste ich, wann meine Mutter kurz davor war zu explodieren. So konnte ich mich aus dem Staub machen, bevor der Sturm losbrach. Mein Bruder besaß diese Fähigkeit nicht und bekam oft die ganze Wucht der mütterlichen Ausbrüche ab, weil er einfach zur falschen Zeit am falschen Ort war.

Das alles wurde anders, als eines Tages ein Augenarzt in meine Klasse kam. Ein Augentest ergab, dass eines meiner Augen schwach war, während das andere perfekt sah. Ich wurde mit einer dieser klobigen schwarzen Brillen ausgestattet, wie sie auch ein bekannter Jazzmusiker dieser Zeit, Dave Brubeck, trug. Ich sah damit lächerlich aus, aber was noch schlimmer war, meine Fähigkeit, Energieströme zu sehen, verschwand. Jetzt war ich nicht nur dick, sondern hatte auch noch mein geheimes Sehvermögen verloren. Von da an glitt ich noch tiefer in die Verzweiflung. Zu der Zeit, als ich die Junior High School besuchte, hatte ich 45 Kilo Übergewicht und bekam nur Dreien und Vieren.

Stellen Sie sich einen Fluss vor, der unter dem Wüstensand verschwindet, nur um an anderer Stelle wieder hervorzutreten. So kommt mir meine Jugend heute vor. Irgendwo im Untergrund muss ein Fluss geflossen sein, aber ich war nicht in Kontakt damit. Bis zu der Zeit, als der Strom bei mir mit Anfang 20 auf höchst ungewöhnliche Weise wieder hervorbrach, kann ich mich nicht an weitere Einsichten oder spirituelle Erfahrungen erinnern. Wenn ich zurückblicke, kommt es mir vor, als hätte ich einfach auf Autopilot geschaltet.

In der neunten Klasse wurde mir eine Gnadenfrist vom Gefängnis der Fettleibigkeit gewährt. Ich wurde zu einem Gewichtsspezialisten in Valdosta, Georgia, namens E.C. Jungck geschickt (ich kann mich an den Namen erinnern, weil er auf vielen Fläschchen im Medizinschrank stand). Er verordnete mir strenge Diät und eine ganze Reihe von Pillen. Ich nahm stark ab und schrieb prompt Einsen in der Schule, angekurbelt durch die Amphetamine, die zum Kern von Dr. Jungcks Maßnahmen gehörten und die das Herz heftig klopfen ließen und das Denken anregten. Durch Sport hielt ich mein neues Gewicht bis zum College, aber dann nahm ich mit der Zeit wieder zu. Mit Anfang 20 hatte ich die 45 Kilo Übergewicht wieder drauf. Glücklicherweise stolperte ich über eine dauerhafte Lösung – wobei die Betonung auf »stolpern« liegt –, von der Sie bald Genaueres erfahren werden. (Heute Morgen wog ich 81 Kilo – immer noch kein Mick Jagger oder Baryshnikov –, aber bei meiner Größe von 1,85 Meter ähnle ich jetzt eher einem Feldspieler als einem Sumoringer.)

Die Rettung meiner Jugendzeit war eine tiefe Beziehung mit einer wunderbaren jungen Frau namens Alice, die ich mit 16 kennen lernte. Meine Liebe für sie fühlte sich an wie etwas völlig Einmaliges im Leben, und ich ging davon aus, dass wir immer zusammen sein würden. Der Gedanke, ich oder sie könne jemals einen anderen Menschen lieben, kam mir damals nie in den Sinn. Das war's einfach. Wir waren gegen Ende der High School und die ersten zwei Collegejahre zusammen. Aber eines Tages, gegen Ende meines zweiten Collegejahres, bat Alice mich um ein Treffen, um mit mir etwas zu besprechen. Sie sagte, zwischen meinem »wirklichen Ich« und dem äußeren Selbst, das ich der Welt präsentierte, sei eine zu große Kluft. Sie sagte, sie liebe mein inneres Ich, habe aber aufgehört, meine äußere Persönlichkeit zu mögen. Ich drängte sie, mir mehr zu sagen, und sie gestand mir, dass sie sich in einen anderen Mann verliebt habe. Später lernte ich ihn kennen und konnte verstehen, warum. Mit seinen langen, blonden Haaren und seinem athletischen Körper sah er aus wie ein griechischer Gott. Er hatte einen Band mit Gedichten von T.S. Eliot und ein Buch von einem Autor namens Jung bei sich. Ich war voller Liebeskummer und Wut, aber nachdem mein Ärger sich zu verflüchtigen begann, verglich ich mich mit ihm und gelangte zu einer ernüchternden Erkenntnis: Welche Frau bei Verstand würde mich einem Mann wie ihm vorziehen? Ich war dick, begriff überhaupt nicht, um was es in Eliots Gedichten ging, und hatte noch nie von Jung gehört.

Der Verlust traf mich hart, aber schon bald folgte ein noch schlimmerer. Meine Großmutter erlitt einen Schlaganfall, und meine Erinnerung an das nächste Jahr verschwimmt. In einem Augenblick sitze ich im Krankenhaus an ihrem Bett und beobachte, wie sie, angeschlossen an eine Beatmungsmaschine, mühsam atmet. Im nächsten Augenblick, an den ich mich erinnere, berät meine Familie, ob die Maschine abgestellt werden soll. Meine Großmutter lag im Koma, und ihr Gehirn zeigte keine messbare Aktivität. Ich muss mich wie ein kleiner Junge statt wie der massige Erwachsene aufgeführt haben, der ich war, denn ich weiß noch, dass ich Worte stammelte wie: »Moment mal, das kann doch nicht wahr sein. Wollt ihr damit sagen, dass sie nicht wieder auf die Beine kommt?« Ich war in dem sicheren Wissen um ihre unerschütterliche Existenz aufgewachsen, und ich glaube, mir war nie der Gedanke gekommen, sie könne sterben. Meine Tante Audrey und meine Mutter sahen mich an, als sei ich verrückt. Nein, sagten sie. Das war's. Sie kommt nicht zurück.

Weil ich überhaupt nicht in Kontakt mit meinen Gefühlen war, wusste ich nicht zu trauern. Ich verleugnete den Verlust meiner Großmutter ebenso wie den von Alice. Ich versuchte nicht an sie zu denken und erzählte nie jemandem auch nur ein Wort über meine Gefühle. Wie nicht anders zu erwarten, wurde mein Leben zu einem 3-D-Film der verleugneten Gefühle und Tatsachen in meinem Unbewussten.

Und so suchte ich ebenso verzweifelt wie unbewusst nach einem Zipfel Sicherheit. Innerhalb weniger Monate nach dem Tod meiner Großmutter ließ ich mich auf eine Frau ein, die genauso war wie ich. Sie war tief verletzt durch frühe Verluste in ihrem Leben und hatte um ihren Schmerz eine dicke Mauer errichtet. Sie hatte ein charmantes, aber total falsches äußeres Gebaren, wie ich, und innerlich kochte sie, wie ich, vor heftiger Wut und vor Kummer. Auch sie hatte ihren Vater, ihre Großmutter und ihre erste Liebe verloren, all das aber mit einer Persönlichkeit übertüncht, die einer vorlauten Vortänzerin glich. Auch sie litt an einer Suchtmittelabhängigkeit, was ich aber erst entdeckte, als wir verheiratet waren.

Ich weiß nicht, ob unsere Verbindung im Himmel oder in der Hölle geschmiedet wurde, aber wir verbrachten die meiste Zeit in Letzterer. Unsere Heirat war die Verbindung zweier falscher Fassaden. Wir hatten kaum eine Vorstellung, wer wir selbst als Individuen waren, und noch weniger erkannten wir die Person des anderen. Innerhalb weniger Tage nach der Hochzeit zog unsere äußere Maske Risse und der alte Schmerz brach hervor – für den wir uns irrtümlich gegenseitig verantwortlich machten. Wenn ich jetzt mit 30 Jahren Abstand und Einsicht auf diese Zeit zurückblicke, fällt mir nur eine weitere Beziehung ein, die unserer vergleichbar wäre – die meiner Großeltern. Das war die einzige Ehe, die ich in meinen frühen Jahren aus nächster Nähe miterlebte, und ich glaube, dass ich in meinem Unbewussten einen inneren Film nach diesem Vorbild entwickelte. Später inszenierte ich meine erste Ehe nach diesem Drehbuch. Während ich dies schreibe, spüre ich, wie ich schaudere, wenn ich daran denke, wie tief ich in dieser Phase meines Lebens geschlafen habe. Aber dann, durch Glück oder Gnade oder die bloße Kraft eines Lebensstroms, der unter der Wüste meines Lebens floss, bekam ich eine zweite Chance.

Ein Augenblick, der meine Welt veränderte

Die Hände tief in die Taschen meines schweren Parkas geschoben, trottete ich auf einer verlassenen Landstraße durch die Ödnis eines Winters in New Hampshire. Es war Januar 1969 und ich würde bald 24 werden. Ich paffte mich durch meine tägliche zweite Packung Marlboro, verloren in Gedanken darüber, wie schrecklich mein Leben geworden war. Ich wog fast 140 Kilo, lebte in einer Ehe, die seit fast drei Jahren ein einziger offener Krieg war, und hasste meine Arbeit. Ich hatte keine Ahnung, was ich mit meinem Leben anfangen oder ob ich überhaupt am Leben bleiben wollte. Während meine Stiefel über den hart gefrorenen Schnee knirschten, kaute ich innerlich eine Frage nach der anderen durch: Was soll ich tun? Wie komme ich da heraus? Wie finde ich zu dem Leben, das mir wirklich entspricht?

Die Fragen kamen mit fieberhafter Geschwindigkeit, ausgelöst durch ein Erlebnis, das mich aufgewühlt hatte. Es hatte in der ersten Stunde eines Seminars über psychologische Beratung an der University of New Hampshire stattgefunden. Ich hatte am ersten Tag des Semesters an der Universität ein Literaturseminar besucht, aber ich hatte mich dort so gelangweilt, dass ich früher ging, um Neil zu suchen, den Freund, mit dem ich eine Fahrgemeinschaft bildete. Ich wusste, dass er Beratung studierte, und wollte ihm sagen, wo er mich finden konnte, wenn sein Seminar vorbei war. Zu der Zeit war mein Wissen über Beratung im besten Falle dürftig: Ich dachte, es ginge hauptsächlich darum, Schulkindern zu helfen, Anträge für das College auszufüllen.

Ich erhaschte seinen Blick durch die offene Tür des Seminarraums, und er winkte mir zu, mich dem Unterricht anzuschließen. Ich fand das komisch, ging aber hinein. Noch komischer war, dass die Studentinnen und Studenten alle auf dem Boden saßen, in sieben oder acht kleinen Kreisen von jeweils einem halben Dutzend Leuten. Neil bat mich, mich seiner Gruppe anzuschließen, und die anderen begrüßten mich lächelnd und nickend. Dann fuhren sie fort mit dem, was sie gerade taten, und das nun war für mich völlig verblüffend. Sie sprachen über ihre eigenen persönlichen Gefühle und Lebensthemen! Das schien mir unerhört. Eine Teilnehmerin sprach über den Stress in ihrer Ehe, ein anderer über seine Ängste, eine wichtige Entscheidung für sein Leben zu fällen. Wieder eine andere Frau brach zusammen und schluchzte, und niemand versuchte ihr Weinen zu stoppen oder sie zu trösten. Tatsächlich schienen die anderen sie sogar zum Weinen zu ermutigen! Ich konnte mir nicht vorstellen, über diese Dinge mit irgendjemand zu sprechen, geschweige denn sie öffentlich vorzutragen. Meine Empörung dauerte aber nicht lange. Was als Nächstes geschah, ließ mich meinen Ärger vergessen.

Plötzlich wendete sich ein Mann in der Gruppe, ein großer Typ mit Brille und einem buschigen Schnurrbart, an mich und fragte: »Warum bist du so dick? Warum versuchst du dich in so jungen Jahren umzubringen?«

Die Welt um mich herum stand still. Mir fiel einfach keine Antwort ein. Schließlich stammelte ich unzusammenhängend etwas von Schilddrüsenproblemen, gegen die ich nichts unternehmen könne, und dass ich schon zurechtkommen würde und alles völlig in Ordnung sei. Ich schaute fröhlich lächelnd in die Runde und zuckte mit den Schultern. Der Mann sah mich prüfend an und sein Gesichtsausdruck sah mir ziemlich nach Verachtung aus. »Das ist alles?«, fragte er. »Mehr hast du zu diesem Thema nicht zu sagen?«

Ich spürte, wie eine rasende Wut auf ihn in mir hochkam, aber ich unterdrückte sie und behielt sie für mich. Ich schüttelte einfach den Kopf. Die Gruppe schaute mich an mit einem Blick, der, wie ich hoffte, Mitgefühl zeigte, aber heimlich fürchtete ich mich genau davor. Es war wirklich einer dieser Augenblicke, die ein Leben verändern, aber ich wehrte mich mit aller Kraft gegen diese Chance, wie Sie es in solchen Momenten vielleicht auch schon einmal getan haben.

Auf der einsamen Straße an jenem bitterkalten Winternachmittag kreisten die Fragen, die der Schnurrbärtige mir gestellt hatte, wie besessen in mir. Mehr als eine Woche lang, in der meine sämtlichen Abwehrmechanismen aufflammten und ich versuchte, den Botschafter auszuschalten, der mir diese unangenehmen Fragen gestellt hatte, war ich wütend auf diesen Mann. Wer zum Teufel war er, mich so zu bedrängen? Lief sein Leben so gut, dass er herumspazieren konnte, um anderen Leuten auf die Pelle zu rücken? Verdammte Unverschämtheit.

Nach einer Woche, in der ich praktisch nicht schlief, dämmerte mir allmählich, dass ich mich nicht besser fühlen würde, wenn ich an der Wut auf diesen Mann festhielt. Ich begann seinen Fragen nachzuspüren, statt ihm Vorwürfe zu machen, dass er sie gestellt hatte. Das veränderte mein Leben auf eine Art und Weise, wie ich es niemals für möglich gehalten hätte.

Zurück zu jenem Augenblick der Wahrheit. Als ich an jenem späten Nachmittag den Weg nach Hause einschlug, trat ich auf ein Stück blankes Eis, das unter dem Schnee lag. Meine Füße schossen unter mir weg, und ich krachte auf der harten Straße flach auf meinen Rücken. Mein Hinterkopf knallte gegen das Eis, Sterne explodierten vor meinen Augen und ein heftiger Schmerz durchzuckte meinen Körper. Plötzlich befand ich mich in einer anderen Welt – nicht völlig unbewusst, aber weit entfernt von meinem normalen Selbst. Mir war klar, dass mein Körper auf der Straße lag, aber ich verspürte keinerlei Wunsch, mich zu bewegen, und ich wäre, selbst wenn ich es gewollt hätte, dazu auch nicht imstande gewesen.

Als Nächstes schloss ich meine Augen und sah mit absoluter Klarheit eine innere Vision, wie ich sie nie zuvor gehabt hatte. Ich konnte durch sämtliche Schichten meines Körpers, meines Verstandes und meiner Seele sehen.

Zuerst die Ebene des Verstandes: Ich sah, dass mein Verstand raffinierte Abwehrmechanismen konstruierte, um meinen Körper daran zu hindern, den Schmerz meines Kummers, meines Ärgers und meiner Angst zu fühlen. Ich benutzte meinen Intellekt, um meine Emotionen unter Kontrolle zu halten. Meine Gedanken kreisten überwiegend darum, meine eigene Position zu rechtfertigen und das, was andere dachten und taten, als falsch darzustellen. Ich erkannte, dass ich die Welt ausschließlich durch meine eigenen Projektionen wahrnahm. Weil ich so wenig in Berührung mit mir selbst war, sah ich auch alle anderen nur verschwommen. Mir wurde klar, dass ich keine Vorstellung hatte, wer ich war oder wie die Welt tatsächlich sein könnte: Ich hatte meine eigene Wirklichkeit erfunden und hielt sie fälschlicherweise auch noch für objektiv wahr.

Jetzt wandte ich mich der körperlichen Ebene zu: Ich spürte, wie verspannt meine Muskeln waren, von der zusammengeballten Faust meines Magens bis zum schweren Panzer meiner Schultern. Ich erkannte, dass ich meine Muskeln deswegen ständig anspannte, um den Schmerz all meiner Gefühle zu betäuben. Sie waren wie festgeschraubt, damit ich die Kontrolle behielt und nicht explodierte.

All das nahm ich so leidenschaftslos wahr wie die Uhrzeit. Es gab keine Verzweiflung oder ein staunendes »Wow!« angesichts dieser unglaublichen Vision; so waren die Dinge einfach.

Ich konzentrierte mich auf die Gefühlsebene: Ich entdeckte, dass ich von Gefühlen überflutet wurde und dass das immer so gewesen war. Ich war bislang stolz darauf gewesen, keine Gefühle zu haben, aber jetzt sah ich die Wahrheit: Nur weil ich mir nicht erlaubte, meine Gefühle bewusst zu erleben, bedeutete das nicht, dass sie nicht existierten. Sie waren so vielfältig, dass ich keine Worte dafür fand. Es war, als schaute ich in einen Teller mit italienischer Gemüsesuppe und versuchte, die Zutaten zu benennen. Ich sah jedoch, dass jedes Gefühl, ganz gleich, wie es hieß, seine eigene energetische Struktur hatte. Angst verlief in Wellen, die in meinem Bauch aufstiegen, während Ärger eine völlig andere Energieform zeigte. Er hatte eine scharfe, zackige Kante und fühlte sich heiß und rau an. Er tanzte unter den verspannten Muskeln meines Nackens und meiner Schultern. Traurigkeit war ein dumpfes Pochen in meinem oberen Brustkorb und meiner Kehle.

Während ich nach unten durch alle Schichten meines Selbst schaute, gelangte ich schließlich zu einem klaren Raum. Heute würde ich ihn als meine Seele oder meine Essenz bezeichnen, aber was ich zu der Zeit sah, war ein weiter, offener Raum in meinem Zentrum. Dieses Zentrum war auch überall sonst; der Raum dehnte sich über mich hinaus nach außen aus. Mit anderen Worten: Er durchdrang sowohl die Welt als auch mich und alles andere. Verglichen mit alldem, was in mir und der Welt existierte – Gefühle, Muskeln, Gedanken, Bäume –, war der Raum unendlich viel größer. Alles, was es gab, bestand zum größten Teil daraus.

Während ich auf dem gefrorenen Boden lag, kam ich in diesem weiten, klaren Raum zur Ruhe. Ich entdeckte, dass aller Schmerz aus meinem Körper verschwand, wenn ich mich in die enorme Weite dieses Raumes hineinentspannte. Die Vision vertiefte sich: Ich erkannte jetzt, dass jedes Problem, das ich jemals hatte, daher stammte, dass ich mich gegen die Macht und den Glanz dieses Raumes in mir wehrte. Weil ich in seiner Weite nicht zu leben wusste, hatte ich mir eine Reihe von Verhaltensweisen zugelegt, mit denen ich in der Welt zurechtkam. Wenn ich damit nicht weiterkam, konnte ich auf weitere Verhaltensweisen zurückgreifen, die heimtückischer waren.

Ich erhielt eine klare Antwort auf die Frage meines Mitstudenten »Warum bist du so dick?«. Der Grund: Ich versuchte mich umzubringen, um meinem Vater nachzueifern. Er starb mit 32 Jahren, ein fettleibiger, starker Raucher, der in einer Ehe lebte, die voller Spannungen war. Ich kopierte sein Leben mit schlafwandlerischer Sicherheit. Da mir jeder bewusste Sinn für mein eigenes Leben fehlte, wiederholte ich stattdessen seines.

Während ich mich immer weiter in den unendlichen Raum in mir und überall um mich herum hineinentspannte, konnte ich spüren, dass dieser Raum selbst lebendig war und zugleich unendlich still. Zwischen dem klaren Raum und den Elementen, die er enthielt – Gefühle, Körpermasse, Gedanken –, befand sich eine Zone feiner Aktivität, die weder ganz aus leerem Raum noch ganz aus konkreter Substanz bestand. Als ich meine innere Sicht auf diese Zone verlagerte, erkannte ich, dass dort tatsächlich drei Dinge gleichzeitig geschahen. Ich sah sie als Schwingungen oder schimmernde Wellen, jede mit einem eigenen Sinn und einer eigenen Signatur. Als ich versuchte, sie zu erfassen, sah ich, dass es Liebe, Kreativität und Absicht waren.

In unmittelbarer Nähe des klaren Raumes befand sich die feinste Schwingung, die ich als Liebe erkannte. Sie war fast leerer Raum, in dem nur allerfeinste Vibrationen schwangen. Ich konnte fühlen, wie Liebe sich als Erstes aus der enormen Weite des reinen Raums heraus manifestiert hatte. Sie war auch der Eingang zu meiner Seele: Indem wir lieben, können wir uns mühelos dem reinen Raum öffnen.

Kreativität befand sich unmittelbar neben Liebe. Sie war ein endloses Experimentieren ohne Urteil oder Kritik. Mit einem Wort: Spiel. Ich verstand, dass wir ständig spielen, und das gilt für das gesamte Universum. Weder hatte ich mich bislang daran erfreut, noch hatte ich es erkannt oder für mich oft umgesetzt, sah aber, dass es trotzdem immer so war.

Liebe und Spiel strömten spontan aus dem Zentrum reinen Bewusstseins. Dann, unmittelbar bevor die Dinge Form annahmen, kam die dritte Zone von Schwingung: Absicht. Die Zone der Absicht war gefärbt mit meiner individuellen Geschichte. Ich konnte sehen, wie ich reine Absichten mit meinen eigenen unbewussten Absichten verdorben hatte. Ich konnte sehen, wie meine Absicht, andere zu lieben, durch meine Wunden und die Mauern, die ich um diese herum errichtet hatte, vereitelt worden war. Und aus diesem Grunde hatte meine Liebe, wenn ich sie auszudrücken versuchte, den Geschmack von Ärger und Angst. Ich erkannte auch, dass meine Kreativität nicht klar zum Ausdruck kam; sie war oft gefärbt von Bitterkeit und Zynismus, die auf meine Lebensgeschichte zurückgingen.

In diesem Augenblick wusste ich, wer ich wirklich war. Natürlich gehörten auch mein Verhalten, die verspannten

Muskeln und die unerforschten Gefühle zu mir. Aber nichts von alledem machte mein eigentliches Selbst aus, denn auch wenn mein Verhalten und meine Gefühle anders ausgesehen hätten, wäre ich noch der gewesen, der ich wirklich war. Dieser Gedanke war für mich zutiefst beruhigend, und ich glaube, dass er die Richtung meines Lebens für immer verändert hat.

Aber dann, mit einem Aufstöhnen, weil der Schmerz wieder einsetzte, begann ich diesen Raum zu verlassen und zurückzukommen. Ich sah ganz deutlich, wie sich die Schichten meines Selbst wieder zusammenfügten. Ich spürte meine verspannten Muskeln und meine weggesteckten Gefühle und auch die Gedanken begannen wieder in meinem Kopf zu kreisen. Ich empfand tiefe Verzweiflung darüber, dass ich diesen Ort verlassen und in den über 135 Kilo schweren Körper eines Menschen zurückkehren musste, der unablässig rauchte und sein Leben hasste.

Ich stand auf und versuchte mich wieder in der Welt zurechtzufinden. Mein Hinterkopf pochte und eine Beule bildete sich. Ich warf einen Blick auf meine Uhr und sah, dass das ganze Erlebnis nicht länger als wenige Minuten gedauert haben konnte. Die Beule an meinem Hinterkopf habe ich heute noch. Die Ärzte sprechen von einem subkutanen Hämatom, das harmlos sei.

Auch wenn ich Traurigkeit empfand, weil ich die magische innere Welt verlassen musste, wusste ich zugleich, dass ich diese immer in mir tragen würde. Jetzt stand in Aussicht, dass mein Leben eine Richtung und einen Sinn bekommen konnten. Ich wollte mich bis ins Innerste meiner Seele kennen lernen, um ständig in dieser magischen Welt leben zu können, während ich zugleich das Leben in der äußeren Welt glücklich bewältigte.

Ich atmete tief durch und eilte nach Hause.

Die Erkenntnis
in die Wirklichkeit bringen

Der Vorsatz, mein Leben neu zu leben und dabei die Seele nach außen zu kehren, würde mir einiges abverlangen, aber glücklicherweise musste ich immer nur einen Schritt nach dem anderen tun. Ich widmete mein Leben der Aufgabe, zu entdecken, wer ich wirklich war, um meine Kreativität und Liebe in ihrer reinsten Form in der Welt zum Ausdruck bringen zu können.

Zuallererst musste ich abnehmen. Einen Monat lang aß ich nur Nahrungsmittel, von denen ich intuitiv das Gefühl hatte, dass sie mein wahres Selbst nährten. Es stellte sich heraus, dass es sich dabei um zwei Dinge handelte, die ich bislang fast nie gegessen hatte – Obst und Gemüse. Wenn ich ans Essen dachte, stimmte ich mich darauf ein herauszufinden, welche Nahrungsmittel »Musik für meine Seele« waren. Meine Seelennahrung bestand aus Blaubeeren, Mohrrüben, grünem Gemüse in Mengen, Bohnen und Äpfeln. Innerhalb eines Monats verlor ich über 13 Kilo. Ich begann mich etwas schwach zu fühlen bei so wenig Protein, also ging ich für einige Monate zu leicht proteinhaltiger Nahrung über wie Weißfisch und Omeletts, die vor allem aus Eiweiß bestanden. Ich verlor weiterhin etwa ein halbes Kilo pro Tag. Dann wechselte ich eine Weile zwischen der Protein- und der Obst-und-Gemüse-Diät. Innerhalb eines halben Jahres hatte ich 34 Kilo verloren und wog jetzt nur noch 102 Kilo. Vielleicht sah ich noch nicht gerade aus wie ein Fotomodell, aber ich war auf meinem Weg. Die letzten elf Kilo verschwanden sehr viel langsamer, aber innerhalb eines Jahres wog ich nur noch knapp 91 Kilo und schließlich waren es nur noch etwa 82.

Und zur gleichen Zeit warf ich tonnenweise psychischen Ballast ab, indem ich an der Ausbildung für Berater an der

University of New Hampshire teilnahm. Die Seminare hatten überwiegend experimentellen Charakter (wir befanden uns immer noch in der glücklichen Zeit der 60er-Jahre, und Unterricht und Ausbildung hatten noch nicht wieder strengere Formen angenommen). Infolgedessen waren diese Seminare wie zwei Jahre intensive Therapie. Ich kam wieder in Kontakt mit meinen Gefühlen und lernte zuzulassen, dass auch andere Menschen ihre Gefühle spürten. Und ich erlebte etwas Überraschendes, das unter anderem darauf zurückging, dass ich mich wieder für meine Gefühle öffnete: Meine Sicht wurde besser, und schon bald konnte ich meine Brille absetzen und bestand zum ersten Mal meinen Fahrtest ohne sie. Meine Fähigkeit, Energiefelder zu sehen, kehrte zurück, und ich entdeckte, wie ich sie mir in meiner Beratungspraxis zunutze machen konnte.

Die Auflösung meiner Ehe war das schmerzlichste Erlebnis dieser Jahre. Meine Frau konnte sich für die kreativen Möglichkeiten eines Lebens als Single nicht begeistern. Unsere Trennung war tatsächlich die bitterste, schrecklichste Erfahrung, die ich in meinem Leben je gemacht habe. Auch wenn die Scheidung selbst ziemlich schnell vollzogen wurde, dauerte die wirkliche Abnabelung länger als unsere relativ kurze Ehe. Mein Wunsch weiterzuziehen war so heftig, dass ich mich praktisch allen Forderungen meiner Frau fügte. Sie stammte aus einer reichen Familie und hatte deutlich besseren Zugang zu qualifiziertem Rechtsbeistand als ich. Doch obwohl die Scheidung sich finanziell noch viele Jahre verheerend für mich auswirkte, erholte ich mich schließlich davon. Meine emotionalen Reserven wieder aufzubauen dauerte länger. Es verging viel Zeit, bevor ich überhaupt wieder eine Beziehung riskierte, die mir wirklich etwas bedeutete.

Das tiefe innere Wissen, wohin ich ging, war es, das mich den Schmerz hat durchstehen lassen. Es ging nicht darum, dass ich ein Leben als fettleibiger Nikotinsüchtiger, der in einer schrecklichen Ehe lebte, hinter mir ließ, sondern auf ein Leben zuging, in dem ich mir meiner Seele bewusst war und das mich kreativ erfüllte. Auch die Kreativität rettete mich. Eines Tages sprach ich mit einem genialen Professor namens Dwight Webb über meinen Wunsch zu schreiben. Ich erzählte ihm, dass es mir schwer falle, die Sehnsucht aufzugeben, als Schriftsteller zu arbeiten. Ich liebte die psychologische Beratung, aber irgendwie hatte ich immer gewusst, dass ich eigentlich Schriftsteller war. Er machte mir einen ganz einfachen Vorschlag: Warum nicht über die Beratung schreiben? Warum nicht meine Gefühle und inneren Erlebnisse auf diesem Gebiet für meinen Berufszweig in Gedichte und Artikel fassen?

Das war eine tolle Idee, aber aus irgendeinem Grunde hatte ich sie bislang nie in Erwägung gezogen. Sie inspirierte mich so stark, dass ich eine ganze Reihe von Gedichten über den Prozess der Beratung schrieb. Viele dieser Texte wurden in Zeitschriften für Beraterinnen und Berater veröffentlicht (und stellen meine ersten Publikationen in meinem neuen Beruf dar). Meine Gedichte erregten die Aufmerksamkeit eines Professors in Stanford, der mir half, ein Stipendium für meine Promotion an diesem großartigen Institut zu bekommen. Ich bin Dwight für seinen Vorschlag auf ewig dankbar und es gab viele Gelegenheiten, ihm das bei persönlichen und öffentlichen Anlässen zu sagen.

Ich war auf meinem Weg, mit einem buchstäblichen Schlag auf den Kopf als Inspiration und Leitvision.

Ich habe Ihnen von meinen ersten Begegnungen mit der lebendigen Weisheit eines bewussten Lebens erzählt – einer unkomplizierten als Kind und einer zweiten, härteren auf der vereisten Straße. Jetzt möchte ich die Uhr vorstellen auf 1974, fünf Jahre nach dem Schlag auf den Kopf in Neuengland, der meine ganze Welt veränderte. Die nächste Episode zeigt, wie man statt durch Hammerschläge auf den Hinterkopf auch federleicht eine Lektion erteilt bekommen kann.

Im Herbst diesen Jahres, seit kurzem hing mein Ph.D.-Zeugnis an der Wand, waren es nur noch wenige Tage bis zu meinem ersten Unterricht als graduierter Dozent an der University of Colorado. Es gab jedoch ein Problem: Ich war überzeugt davon, dass all mein Wissen im Grunde nichts wert war.

Als ich eines klaren Morgens in Green Mountain Falls in der Nähe meiner Hütte spazieren ging, grübelte ich über dieses Thema nach, das mich tief beunruhigte. Obwohl ich an einem prestigereichen Institut, das berühmt war für mein Gebiet, ausgebildet worden war und die Fachliteratur in- und auswendig kannte, fühlte ich mich der Aufgabe, die mir bevorstand, in keinster Weise gewachsen. In den Jahren intensiver Arbeit in Stanford hatte ich mir ausgezeichnete klinische Fähigkeiten angeeignet und war zum wissenschaftlich exakten Forscher geworden. Aber ich hatte in dieser Zeit auch den Kontakt zu meiner Essenz verloren. Datenorientierte Forschung galt als höchster Wert. Persönliche Erfahrungen wurden als Störfaktoren betrachtet und nicht etwa als Quelle von Weisheit. Auch wenn ich ein Dutzend effektiver Techniken von Biofeedback über Hypnose bis zu einfühlsamem Zuhören beherrschte, fühlte ich mich nicht imstande, auch nur irgendetwas zu lehren, was in meiner eigenen Seele einen Widerhall fand. In jenen Jahren, die ich in der Forschung verbrachte, hatte ich mich von der lebendigen Quelle der Weisheit entfernt, die mich doch ursprünglich dorthin geführt hatte.

Während ich an jenem Morgen durch die Wälder wanderte, spürte ich, wie sich in mir ein Gefühl von Panik auszubreiten begann: Wo sollte ich jetzt nach den Antworten suchen? Schließlich hatte ich bei den Besten und Weisesten studiert. Ich hatte die meisten wichtigen Fachbücher auf diesem Gebiet gelesen. Und doch hatte ich nicht den Faden in der Hand, der das alles zusammenhielt. Was sollte ich tun?

Plötzlich kam mir eine erstaunliche Idee. Statt nach Antworten zu suchen, konnte ich einfach Fragen stellen – dem Universum und mir selbst – und auf eine Antwort warten. Statt mein Bewusstsein damit zu strapazieren, außen eine Antwort zu finden, konnte ich stehen bleiben und nach innen lauschen. Und genau das tat ich.

Ich stellte folgende Fragen: Was ist es, was wir falsch machen und was all unsere Schwierigkeiten bewirkt? Was können wir stattdessen tun, um uns ein glückliches Leben zu schaffen, in dem wir produktiv dienen?

Ich stand unter einem Baum und wartete auf eine Antwort.

Und ich musste nicht lange warten. Sekunden später durchlief meinen Körper ein Strom von Energie, als wäre in mir ein Sturm der Leidenschaft entfacht worden. Das Gefühl war intensiv und elektrisch geladen und trotzdem vollkommen wohltuend. Es war genau das Gegenteil von beängstigend; mich ihm hinzugeben schenkte mir höchste Sicherheit. Ich ließ mich in diese Erfahrung hineinfallen und schwelgte endlos lange Minuten darin. Ich verlor dabei jedes Zeitgefühl, deswegen kann ich nur schätzen, dass dieses Erlebnis eine halbe Stunde oder länger dauerte. Als das energetische Geschehen seinen Höhepunkt überschritten hatte, wusste ich die Antwort auf meine Fragen. Und noch wichtiger, ich hatte mich wieder mit meiner inneren Quelle verbunden. Und weil ich ganz bestimmte Fragen gestellt hatte, bekam ich möglicherweise auch ganz bestimmte Antworten. Ein Lebensweg begann sich vor mir aufzutun.

Und hier die Erkenntnis, die der Ansturm von Energie hinterlassen hatte: Wir machen eines falsch, und das ist die Wurzel unserer Probleme: Wir versäumen es, unsere authentische Erfahrung zu achten und zu lieben, und ignorieren diese auch bei anderen. Wenn wir ängstlich oder traurig sind, versuchen wir uns von dieser Erfahrung zu distanzieren, statt sie zu fühlen, mit ihr mitzuschwingen und sie zu lieben. Wir fühlen nicht, was wir fühlen, und sagen anderen nicht die Wahrheit über unsere Gefühle. Wir leben in einer Trance der Verleugnung, in der wir unseren persönlichen Programmen den Vorrang vor dem Kontakt mit uns selbst oder der Verbundenheit mit anderen geben. Diese Programme unserer Persona – in der Kindheit übernommen, um zu überleben und Anerkennung zu finden – hindern uns daran, uns in dem weiten Raum unserer Essenz, den wir in unserem Körper fühlen und mit unserem Geist wahrnehmen können, zu Hause zu fühlen und niederzulassen.

Als ich dort unter den Bäumen stand, spürte ich meine Essenz wieder – wer ich wirklich war. Unter all meinen Gefühlen gab es den weiten Raum meines reinen Bewusstseins. Hinter all meinen Gedanken lag der Hintergrund des Bewusstseins – stetig, klar und strahlend vor heiterer Gelassenheit – und stand mir in seinem ganzen Glanz offen, wenn ich ihn nur wahrnahm. Indem ich mich mein ganzes Leben lang gegen meine Erfahrungen wehrte, hatte ich mir angewöhnt, mich auf Illusionen statt auf die Wirklichkeit zu konzentrieren. In jenem Augenblick ließ ich die Illusion los und gelangte in Einklang mit dem, was ist.

Damals erwachte ich aus der Trance, in die ich mit Beginn meiner Schulzeit geglitten war. Zweimal bereits – als kleiner Junge und mit 24 – war ich tief mit der Quelle in Berührung gewesen und jedes Mal wieder eingeschlafen. Dieses dritte Mal musste der Zauber gewirkt haben, denn seitdem habe ich den Kontakt zur Quelle nicht mehr verloren. Während ich dies schreibe, kann ich körperlich spüren, wie jener Augenblick mich geprägt hat.

Diese Erfahrung veränderte mein ganzes Leben. Ich erkannte, dass es nichts zu fürchten oder in mir zu verbergen gab. Ich begann die Wahrheit meiner Gefühle zu empfinden und sie offen auszusprechen. Die Woche vor diesem Erlebnis hatte meine Freundin mich gebeten, ihr offen zu sagen, wie ich es fände, wenn sie auf einer bevorstehenden Reise einen früheren Freund besuchen würde. Ich hatte ihr gesagt, das würde mir nichts ausmachen, es sei »okay«. Jetzt erkannte ich, dass ich meine wahren Gefühle unter der Persona meines »coolen kalifornischen Typs« verbarg. Der therapeutische Spruch stimmte: *Okay* war ein Wort mit vier Buchstaben für Verleugnung. In Wirklichkeit hatte ich Angst, dass sie mich nicht wirklich liebte, weil sie diesen anderen Mann immer noch sehen wollte. Ich war verletzt und verwirrt; wir hatten eine wunderbare Zeit zusammen verbracht und jetzt fuhr sie weg. Nach meinem Erlebnis unter den Bäumen erzählte ich ihr all diese Gefühle, und zu meiner großen Überraschung schien sie meine Worte zu schätzen und erleichtert zu sein, sie zu hören. Als sie von der Reise zurückkehrte, hatte sie abgeschlossen, was mit dem anderen Mann noch offen gewesen war. Sie wurde in unserer Beziehung viel präsenter.

Das Erlebnis unter den Bäumen führte auch zu tief greifenden Veränderungen in meiner therapeutischen Arbeit. Bis zu jenem Tag hatte ich mir die Probleme meiner Klientinnen und Klienten immer angehört und dann Lösungen vorgeschlagen, die sie mehr oder weniger erfolgreich ausprobierten. Diese Lösungen beruhten alle auf Techniken, die laut wissenschaftlicher Literatur funktionieren sollten. Jetzt konnte ich plötzlich die Gefühle sehen, die sich unter der Oberfläche dessen abspielten, was der Klient mitteilte. Ich erforschte diese Gefühle auf direktem Weg und erkannte sie, anstatt wegzuschauen; und wenn meine Klienten sich den eigenen emotionalen Tiefen stellten, ohne auszuweichen, kamen sie sehr schnell zu einer Lösung ihrer Probleme. Ich stellte fest, dass sie ihre Schwierigkeiten selbst viel kreativer bewältigen konnten als ich mit meinen Lösungsvorschlägen, wenn sie den Raum bekamen, durch alle ihre Gefühle zu gehen, um mit ihrer Essenz in Kontakt zu gelangen.

Mein Lebensweg kommt in die Welt

Nach dem Augenblick unter den Bäumen in Colorado fühlte ich mich sicher bei meinem Eintritt in die akademische Welt. Als meine ersten Bücher veröffentlicht worden waren und meine Karriere Formen angenommen hatte, hatte ich das Gefühl, beruflich im Nirwana angelangt zu sein. Ich hatte alles erreicht, was ich jemals erreichen wollte.

Außer Seminare zu geben, begleitete ich wöchentlich ein halbes Dutzend Therapieklientinnen und -klienten. Ich tat das, um nicht einzurosten, um aktuelle Daten für die Theorieentwicklung zu gewinnen und auch, ehrlich gesagt, um mein bescheidenes Gehalt aufzubessern. Und eine Zeit lang lief alles bestens.

Während ich mehr und mehr Erfahrungen sammelte, verlor das alte Therapiemodell für mich seinen Reiz. Es war so entsetzlich ineffizient. Mir schien, wir gingen die Dinge von hinten an. Statt Verkehrsschilder mit dem Hinweis »Langsam fahren, Schlaglöcher« aufzustellen, brachten wir Tausenden von Menschen bei, gebrochene Achsen zu reparieren. Das therapeutische Modell hinter mir lassend, begann ich mich für ein Lernmodell zu öffnen, bei dem die Betonung darauf lag, bewusst zu leben, statt Abhilfe zu schaffen.

Beim Therapiemodell konzentrieren Sie sich auf die Vergangenheit und hoffen, dass diese aufgrund einer Umschichtung Ihrer Wahrnehmung ihre Macht über Sie verliert und mehr kreative Energie für die Gegenwart freigesetzt wird. Manchmal wirkt diese Methode, oft aber auch nicht. Die negative Seite von Therapie besteht oft darin, dass Menschen nicht nur weiterhin auf die Vergangenheit schauen, sondern geradezu in deren Bann gezogen werden. Auch die Abhängigkeit von der Therapeutin oder vom Therapeuten kann zum Problem werden.

Beim Lernmodell versetzen Sie sich in die Zukunft und entwickeln bewusste Ziele für Ihr Leben. Wenn Sie sich auf Ihre Ziele verpflichten, fangen diese an, Sie in ihre Richtung zu ziehen. Dabei können, ähnlich wie beim therapeutischen Modell, alte Muster hochkommen. Aber der Kontext ist ein anderer; denn Sie befinden sich jetzt auf einer bewussten Lebensreise mit Blick nach vorn, statt in einen an der Vergangenheit orientierten Wiedergutmachungsprozess verwickelt zu sein. Ich fand das Lernmodell sehr viel effektiver. Haben Sie jemals erlebt, dass ein Pferd einen Wagen über die Landstraße schiebt?

Außer dem Therapiemodell begann ich jetzt auch das Lernmodell zu unterrichten, und meine Studentinnen und Studenten liebten es. Es machte ihnen große Freude, die Grundprinzipien für ein bewusstes Leben zu lernen, die, wenn sie wirklich angewendet werden, viel therapeutische Arbeit ersparen. Ich verglich das Lernmodell mit einem Lehrplan für Mediziner, der nicht nur Behandlungsmethoden, sondern auch vorbeugende Maßnahmen vermittelt.

Ich brachte ihnen die grundlegenden Fähigkeiten bei, die wir für das Leben und die Liebe brauchen:
- eigene Gefühle zu lokalisieren und diese richtig zu benennen
- innere Erfahrungen klar mitzuteilen
- Vereinbarungen zu treffen und einzuhalten
- den eigenen Lebenssinn zu finden und sich bewusste Ziele zu setzen

- sich selbst zu lieben und zu akzeptieren und damit die Grundlage für die Liebe zu anderen zu schaffen

In den 70er-Jahren definierte ich mein berufliches Ziel: die Essenz dessen, was Menschen über die Kunst des Lebens wirklich wissen müssen, herauszufiltern und in Form von Büchern und Seminaren in die Welt zu tragen. Es war nicht wichtig, ob diese Fähigkeiten auf Psychologie, Spiritualität oder den gesunden Menschenverstand zurückgingen. Das Einzige, worauf es ankam, war, dass sie in der realen Welt – in Beziehungen, im Beruf, gesundheitlich – positiv wirkten. Das erste Seminar, das ich entwickelte, hieß »Die Kunst des Lebens«, eine Hommage an den altgriechischen Philosophen des gesunden Menschenverstands, Epiktet. Zum ersten Treffen kamen sechs Leute. Aufgrund von Mund-zu-Mund-Propaganda trugen sich für das nächste Seminar 30 Menschen ein und beim dritten Mal waren es fast 300. Eine gute Entwicklung.

Nach einer Weile begann ich das Seminar in anderer Form anzubieten, über ein Kabelfernsehprogramm, das die Universität betrieb. Als der Kurs zum ersten Mal im Kabelfernsehen lief, traf ein Fanbrief ein. Die Botschaft, kaum leserlich mit Bleistift gekritzelt, machte mir Mut. Sie lautete: »Ich nehme an Ihrem Seminar nicht teil, sah es aber, als ich durch die Programme zappte. Was ist das? Es sieht so aus, als sprächen Sie darüber, was wir brauchen, um ein glückliches Leben zu führen. Warum gibt es im Fernsehen nicht mehr Sendungen wie diese? Danke.«

Genauso empfand ich auch. Als ich den Brief beantwortete, dankte ich dem Autor sowohl im Namen von Epiktet und Heraklit als auch in meinem eigenen.

TEIL I

Freude finden

Die unendliche Reise des suchenden Geistes

Bewusst leben

Um aus dem Geschenk des Lebens das Beste zu machen, müssen Sie und ich in unserer kurzen Zeit hier auf Erden zwei große Fragen beantworten.

Die eine lautet: Wie kann ich in Frieden mit mir selbst leben?

Und die zweite: Wie kann ich in Harmonie mit den Menschen um mich herum leben?

Um diese Fragen beantworten zu können, müssen wir herausfinden, wer wir in unserem Kern sind und wie wir das innerste Selbst von anderen erkennen können. Und wir müssen *lernen, wie wir lernen können*, mit unseren eigenen, ständig wechselnden Bedürfnissen und Gefühlen sowie denen der Menschen um uns herum umzugehen – was das Schwierigste von allem ist. Vor 2 500 Jahren verglich der griechische Philosoph Heraklit dieses Lernen mit einem Tanz auf fließendem Wasser, und es ist seitdem nicht leichter geworden.

Dieses Buch ist ein Handbuch für das Lösen der beiden wichtigsten Aufgaben, vor die ein bewusstes Leben uns stellt. Es gibt Ihnen präzise Werkzeuge in die Hand, mit denen Sie zu innerem Frieden und harmonischen Beziehungen finden können. Sie müssen nur wenige wichtige Lektionen lernen. Darüber hinaus zeige ich Ihnen mehrere bewusste innere Umstellungen, die Sie täglich üben sollten. Einmal gelernt, sind diese Umstellungen so leicht wie das Aufblicken von dem Buch, das Sie gerade lesen, um den Raum wahrzunehmen, der das Zimmer ausfüllt, in dem Sie sich gerade befinden. Diese Umstellungen sind im Labor des wirklichen Lebens sorgfältig erforscht und von Generation zu Generation weitergegeben worden. Sie und ich, wir sollten über diese Dinge Bescheid wissen – sie sind der notwendige Lehrplan des Lebens –, und zwar ab sofort. Unsere turbulenten Zeiten verlangen, dass wir zu einem festen Stand finden, von dem aus wir nach unserem höchsten Potenzial greifen können.

Große Fragen wie diese sind nicht mit unserem Verstand zu beantworten; nur Antworten, die den ganzen Körper einbeziehen, können uns zufrieden stellen. Es hat wenig Sinn, einfach nur zu *wissen*, wie wir innerlich oder in unseren Beziehungen in Frieden leben können. Solange wir uns im Kern unseres Selbst nicht wirklich wohl *fühlen* und solange wir keine liebevolle Verbindung zu unseren Freunden und Freundinnen *empfinden*, ist eine intellektuelle Diskussion über diese Fragen nicht nur inhaltsleer, sondern ein Abwehrmuster, das aus Verzweiflung geboren ist. Wir streiten nur dann über die großen Fragen des Lebens, wenn wir die Antworten nicht in unserem Körper fühlen können.

Die Fragen sind dringlich und sind immer schon dringlich gewesen. Wenn wir innerlich keinen Frieden finden, stellt nichts, was wir erreichen, uns zufrieden. Wenn wir nicht in Harmonie mit anderen Menschen leben, gehen wir an der Essenz des Lebens vorbei, dem Glanz der Liebe, die mit offenem Herzen und offenen Händen gegeben und empfangen wird. Wir beginnen erst dann bewusst zu leben, wenn wir uns auf diese immensen Aufgaben rückhaltlos einlassen und uns ihnen verpflichten.

Ich glaube, dass wir alle im Leben das Gleiche suchen. Ob wir es wissen oder nicht, wir befinden uns alle auf ein und derselben Reise. Auf der Suche nach einem reicheren Fluss von Glück und Liebe sind wir seit Tausenden von Jahren auf Pilgerfahrt gegangen, machen eine Therapie, besuchen die Kirche oder ziehen uns meditierend zurück. Bewusst leben ist nicht nur eine Philosophie; es ist eine lebendige, organische Quelle der Weisheit, die Sie in Ihrem Körper fühlen, mit Ihrem Verstand verstehen und auf jeden Augenblick Ihres Lebens anwenden können.

Bewusst leben heißt der Frage nachspüren, wie das Leben tatsächlich verläuft. Es handelt sich dabei nicht um Überzeugungen oder ein Glaubenssystem. Denken Sie als Vergleich an den Colorado River, der ein direkter Ausdruck der Naturgesetze ist. Sie müssen an den Fluss oder seine Schöpfung, den Grand Canyon nicht glauben und können ihn doch hautnah erleben, indem Sie dem Verlauf seines Flussbetts folgen, das ursprünglich von einem einfachen Strom geschaffen wurde. Wenn Sie die Reise des bewussten Lebens aufrichtig und mit offenem Herzen antreten, werden Sie sich nach und nach eine Reihe von Praktiken aneignen, mit deren Hilfe Sie jeden Augenblick Ihres Lebens willkommen heißen können.

Bewusst leben vermittelt Ihnen eine Art somatische Technologie – eine, die Sie in Ihrem Körper fühlen können –, mit der Sie den wichtigsten Herausforderungen im Leben begegnen können.

Bewusst leben heißt sich auf die Gegenwart konzentrieren, und nicht auf die Vergangenheit oder die Zukunft. Sie lernen auf diesem Weg, sich für den Fluss organischer, positiver innerer Gefühle und den Fluss echter Liebe für andere zu öffnen.

Bewusst leben ist die Kunst, sich ganz auf Wissen zu verpflichten und diese Haltung auszubalancieren durch die rückhaltlose Bereitschaft, staunend vor dem Unvereinbaren oder Unergründlichen zu stehen. Wo der Theologe nach einer Erklärung für das Leiden von Unschuldigen suchen mag – Karma, Sünde, Reinkarnation –, hält die Schülerin oder der Schüler der Kunst, bewusst zu leben, nach einem ganz weltlichen Weg Ausschau, das Leiden zu mildern, und bleibt doch offen dafür, sich über die Unfähigkeit zu wundern, das Paradoxe zu lösen.

Bewusst leben heißt wissen, wie Sie durch den Schmerz gehen können – ob körperlichen, geistigen oder spirituellen Schmerz –, um zu einem klaren Raum von Freiheit zu gelangen und sich dort niederzulassen. Sie lernen begreifen, wie Sie sich unnötigen Schmerz bereiten, und bekommen Präventivmaßnahmen vermittelt, um zukünftigen Schmerz zu vermeiden.

Bewusst leben heißt lernen, Ihr Leben neu zu planen, wenn Sie sich festgefahren fühlen, und die Gelegenheiten zu nutzen, die Ihre Schwierigkeiten bereithalten.

Sie erfahren, wie Sie Ihre Kräfte auf das richten können, was Sie wirklich erfüllt.

Sie bekommen Wege gezeigt, sich für Beziehungen zu öffnen, die Sie inspirieren, Ihre ganzen Fähigkeiten für Nähe und Kreativität zu entfalten.

Sie erhalten Anregungen, wie Sie etwas leichter auf dieser Welt leben und wie Sie sich an sozialen Aktivitäten beteiligen, die positive Ergebnisse nach sich ziehen.

Sie lernen, Ihr wahres Potenzial und letzten Endes das großartige Potenzial aller Menschen in Ihrem Leben zu wecken: Liebe zu geben und zu empfangen, so dass Ihre eigene Essenz und die der Menschen in Ihrer Umgebung voll aufblühen.

Die unendliche Suche

Ich bin überzeugt davon, dass ein bewusstes Leben das Beste von uns zum Vorschein bringt. Wenn wir Menschen voll aufblühen, feiern wir den suchenden Geist in uns. Wir suchen, wir staunen, wir erfinden, wir machen

Fehler und lernen daraus; die Suche geht weiter. Wenn der suchende Geist in uns lebt und atmet, können andere sich in unserer Gegenwart sicher fühlen. Wir regen durch unsere bloße Gegenwart Kreativität an. Wir sind die guten Zeiten, die darauf warten einzutreten.

Für mich begann die Reise des bewussten Lebens, die mich über dreißigmal rund um die Welt geführt hat, mit einem Ausflug, der mich in der verschlafenen, rückständigen Stadt im tiefen Süden der USA, in der ich aufwuchs, einmal quer durch das Wohnzimmer meiner Großeltern führte.

Meine Großeltern waren noch mit Schinken, Eiern und Hafergrütze beschäftigt, als ich, ein Vierjähriger, von meinem Stuhl kletterte und mich ernsthaft von ihnen verabschiedete. Ich sagte ihnen, ich müsse jetzt zur Arbeit gehen, und sie nickten bedeutungsvoll, um zu zeigen, wie wichtig sie meine dringenden Pflichten nahmen.

Ich stieg auf mein neues Dreirad, das ich erst am Tag zuvor zum Geburtstag bekommen hatte. An diesem regnerischen Tag hatte ich die Sondererlaubnis, im Haus zu fahren, vorausgesetzt, ich hielt mich an die Verkehrsregeln.

Ich fuhr vorsichtig über den Teppich zum anderen Ende der Wohnstube meiner Großmutter, wo ich einen großen Pappkarton aufgestellt hatte, in den eine Tür und ein Fenster geschnitten waren. Ich bremste und kam an der Stelle, die ich zu meinem Parkplatz bestimmt hatte, zum Halten. Ich trat durch die Tür in mein Büro und ließ mein Hinterteil auf einer orangefarbenen Kiste ruhen. Mein Großvater und ich hatten mit roter Kreide mein »Ladenschild« beschriftet, das ich jetzt nach draußen hing.

Auf dem Schild stand:

JETZT GEÖFFNET
»PROBLEME«

Mein Lebenswerk war voll im Gang.

Ich machte meiner Familie ganz klar, dass ich keine medizinischen Ratschläge geben würde; körperliche Probleme hielt ich meiner Aufmerksamkeit für unwürdig. Darum konnte sich ein älterer Arzt kümmern. Ich erklärte, ich sei ein ganz spezieller Arzt. Sie konnten mich gerne aufsuchen, wenn sie nicht wussten, wie sie sich innerlich besser fühlen und miteinander zurechtkommen konnten. Da mein Wortschatz begrenzt war, war es schwierig, ihnen meine Vorstellungen klar zu machen. Außerdem befanden wir uns in einer Zeit und einem Teil der Welt, wo Psychologie und Psychiatrie praktisch noch unbekannt waren. Ganz sicher galt das jedenfalls für mich. Aber innerlich wusste ich genau, wo mein tiefes Interesse lag. Mein Gebiet war das Grenzgebiet zwischen Herz, Verstand und Seele.

Das Geschäft entwickelte sich langsamer, als ich erwartet hatte. Im Gegenteil, ich kann mich nicht daran erinnern, dass jemals ein Mitglied der Familie bei mir Rat suchte. Sie waren eine sture Bande, mehr daran gewöhnt, kluge Ratschläge von sich zu geben als anzunehmen. Und außerdem war ihre Tendenz, Weisheiten zu verbreiten, weitaus größer als die, sie in ihrem Leben anzuwenden!

Ich kann jedoch verstehen, dass sie sich für meine Dienste nicht begeistern konnten. Wahrscheinlich ist es für den Durchschnittsbürger nicht einfach, Rat zum Thema »Bewusst leben« von einem Geschöpf in kurzen Hosen anzunehmen, vor allem, wenn es seine Praxis in einem Pappkarton hat und mit dem Dreirad zur Arbeit fährt. Nennen wir dies den Vertrauensfaktor.

Doch obwohl meine Praxis einen bescheidenen Anfang nahm, war ich zuversichtlich, dass meine Zeit kommen würde.

Die Reise macht uns
zu ganzen Menschen

Ganz einfach gefasst ist bewusst leben die Kunst, Ihre Gefühle zu fühlen, sich aufrichtig mitzuteilen, den Sinn Ihres Lebens zu kennen und so zu handeln, dass Sie zu Ihrem eigenen Wohlergehen und dem der anderen Menschen in Ihrem Umfeld beitragen. In dem Augenblick, wo wir uns dafür entscheiden, bewusst zu leben, brechen wir auf zu einer Reise voller Wunder, die uns durch die wirkliche Welt führt, und beschreiten einen heiligen Weg, der unendlich praktisch ausgerichtet ist. Wenn wir uns auf diese Reise einlassen, so meine Überzeugung, werden wir zu ganzen Menschen. Ich glaube auch, dass diese Reise, von ganzem Herzen unternommen, der beste Weg ist, uns für das Geschenk des Lebens zu bedanken. Das Leben kommt im Überfluss zu uns; eines Tages wachen wir auf und befinden uns mittendrin. Bewusst leben ist die Kunst, Dankbarkeit für das Geschenk des Lebens auszudrücken, indem wir bis zu unserem letzten Augenblick hier auf dieser Erde so viel wie möglich lernen und lieben. Bewusst lieben ist die Kunst, in unseren Beziehungen zu lernen und zu lieben – in unserer Beziehung zu uns selbst und zu anderen –, so dass wir mit der Zeit innen wie außen einen ständigen Strom von Liebe spüren.

Wir lernen die Lektionen für ein bewusstes Leben in den weit geöffneten Räumen aufrichtiger Neugier, und doch führt durch diese offenen Räume ein Pfad. Der Pfad des bewussten Lebens führt durch ein Land voller Wunder. Ihr Wunder wird in dem Augenblick lebendig, wo Sie von Ihren Überzeugungen zu Neugier übergehen. Die staunenden Reisenden ernten eine einzigartige Belohnung, die nur jenen winkt, die ihre Neugier lebendig halten: reine, unverfälschte, ungefilterte Erfahrung. In einem Augenblick mag diese Erfahrung segensreich sein, im nächsten unerträglich schmerzhaft oder unglaublich verwirrend, aber sie ist immer echt, direkt und ganz die Ihre.

Den Pfad eines *unbewussten* Lebens durchziehen tiefe, ausgefahrene Spurrillen. Rollen liefern Strukturen für das unbewusste Leben, Routine liefert Strukturen für den unbewussten Tag, Regeln liefern die Sicherheit, nichts Neues ersinnen zu müssen. Es kann jedoch kein Zweifel an der Popularität und dem Sog unbewussten Lebens bestehen. Und das aus gutem Grunde. Der Pfad eines unbewussten Lebens vermittelt eine gewisse Sicherheit – die Sicherheit, in einem überfüllten Bus mitzufahren oder sich auf festen Gleisen zu bewegen, geleitet durch Regeln und Regulierungen. Doch diese Art von Sicherheit fordert einen großen Preis. Vielleicht erleben wir kurze Momente von Behütetsein oder selbstgerechter Zufriedenheit, wenn wir der Menge zum Priester oder zum Guru folgen, um Antworten auf die großen Lebensfragen zu erhalten. Doch diese Augenblicke addieren sich schnell zu einem Leben in bequemer Betäubung oder sprachloser Empörung, das sehr unbefriedigend endet.

Wenn wir mit den großen Fragen, den unvereinbaren Paradoxien oder dem unerträglichen Kummer des Lebens konfrontiert sind, stehen wir zugleich vor der zentralen Entscheidung, bewusst zu leben oder nicht: ob wir uns staunend für das öffnen, was gelernt, gefühlt oder gelöst werden muss, oder ob wir uns verschließen, indem wir uns in Meinungen, Überzeugungen und Rechtfertigungen flüchten. Bewusst leben heißt in jedem Augenblick neu die Wahl zu haben. Alles, was wir von uns geben, dient immer nur zwei Absichten: etwas zu entdecken oder uns zu rechtfertigen. Bewusst leben ist eine jahrhundertealte Kunstform, bei der es darum geht, in jedem Augenblick lebendig zu staunen und die Kräfte der Abstumpfung in Schach zu halten, damit der Funke des Bewusstseins feiern, schöpfen und spielen kann.

Bewusst leben heißt kontinuierlich wählen. Wenn Sie beschließen, aus Rolle und Routine auszusteigen – wenn Sie den Mut finden, zu improvisieren und Neues zu wagen, so dass Sie und andere um Sie herum sich lebendiger und stärker miteinander verbunden fühlen –, dann leben Sie bewusst. Bewusst leben ist eine improvisierte Reise, die uns eine wohltuende ewige Wachheit beschert, da wir alle aufgrund unserer Erziehung, unserer Gesellschaft und unserer genetischen Geschichte aufmerksam für unbewusste Prägungen bleiben müssen. Wie der taoistische Lehrer für ein bewusstes Leben, Seng Ts'an, sagt: »Unser Weg ist nicht schwierig, bis auf das Wählen und Entscheiden.« Wenn wir die großen Lebensfragen nicht stellen und wir nicht den Mut aufbringen, über unsere Vergangenheit hinauszuwachsen, lassen wir zu, dass unser Leben von falschen Programmierungen gesteuert wird. Das bedeutet unbewusst leben, und viele Verlockungen winken hier, die von der Sofahockerei und dem unerforschten Leben bis zum Freudengeheul einer wilden Meute in Ekstase reichen.

Die Kunst, bewusst zu leben, hat eine lange Tradition

Zu Beginn des Christentums war die Suche nach einem bewussten Leben bereits seit vielen Hunderten von Jahren im Gang. Hätten Sie vor 2 500 Jahren in Griechenland oder in Rom gelebt, dann hätten Sie dort blühende philosophische Schulen vorgefunden, die den gleichen Fragen nachgingen, wie wir sie uns heute stellen. Diese Sucher hießen Stoiker, benannt nach der Stoa, einer Säulenhalle in Athen, wo weise Lehrer unterrichteten. Zur gleichen Zeit stellten auf der anderen Seite der Erde die taoistischen Philosophen Chinas nicht nur ebenfalls diese Fragen, sondern stießen auch auf die gleichen Antworten wie ihre griechischen und römischen Kollegen eine ganze Welt entfernt.

Ich habe meine Hand auf der Stoa in Griechenland ruhen lassen. Ich bin durch gebirgige Gebiete in China und Tibet gewandert und geradelt, um Einsiedeleien aufzusuchen, wo taoistische Mönche lehrten und immer noch lehren. Ich habe mit Dutzenden von östlichen Lehrern und Hunderten von weisen Therapeutinnen und Therapeuten aus meiner eigenen Zeit und Kultur zusammengesessen. Ich habe durch diese Abenteuer erkannt, dass die Menschheit seit Tausenden von Jahren von einem lebendigen Strom der Weisheit genährt wird. Er ist da für uns, die wir fragen, um uns durch die turbulente Reise wechselnder Zeiten zu geleiten. Wenn wir bewusst leben, haben wir einen festen Stand, der jedoch nicht darauf beruht, dass wir von etwas überzeugt wären, das nicht sichtbar ist, oder an etwas glaubten, das nicht in diesem Augenblick erfahrbar wäre. Ein bewusstes Leben hält größere Geschenke für uns bereit als Überzeugung und Glaube. Es vermittelt uns konkrete Prozesse, die wir in unserem Körper spüren können.

Wenn Sie die strahlende Präsenz des unendlichen Universums in einem schmerzenden Muskel oder einem wunden Herzen spüren können, brauchen Sie keinen Glauben. Sie haben es mit einem lebendigen Geschehen zu tun, auf das Sie sich verlassen können, in guten wie in schlechten Zeiten. Sie brauchen nur dann einen Glauben, wenn Ihr gegenwärtiges Leben Ihnen nicht schenkt, was Sie von Herzen gerne erleben möchten. Glauben müssen Sie nur, um in Berührung mit etwas zu bleiben, das Sie nicht konkret fühlen.

Ich kann aus eigener Erfahrung sprechen, denn auf meiner Reise habe ich unerträglichen Schmerz und unerträgliche Glückseligkeit erlebt. Ich kann Ihnen sagen, dass ich die Gegenwart des Göttlichen in den unterschiedlichsten Situationen mit gleicher Intensität empfunden habe – beim Meditieren und Beten, beim Liebesspiel und auf dem Zahnarztstuhl, wo mir ohne Betäubung ein Zahn gebohrt wurde. Die Prozesse bewussten Lebens – die gleichen, die wir in diesem Buch erforschen werden – machten mir das möglich und können es auch Ihnen möglich machen. Wenn Sie das Göttliche empfangen können, während Sie in tiefer Meditation sind oder Ihren Partner oder Ihre Partnerin lieben, dann sind Sie zutiefst gesegnet. Aber wenn Sie das Göttliche in einer Zahnwurzel oder einem Beziehungsstreit willkommen heißen können, dann betreten Sie möglicherweise neues Terrain.

Wir werden uns in diesem Buch auf das konzentrieren, was wirkt. Ich habe entdeckt, dass das, was für die Stoiker und Taoisten vor 2 500 Jahren Dinge in Bewegung gesetzt hat, auch heute noch bestens funktioniert. Die Entdeckung, dass die Essenz dessen, was ich aus meiner 30-jährigen Praxis als Therapeut und als Lehrer von Therapeuten gelernt habe, die gleiche Weisheit birgt wie die Psychologie der Alten, die auf Selbstveränderung abzielte, hat mir Mut gemacht. Seit Tausenden von Jahren durchströmt die Menschen derselbe tiefe Fluss der Weisheit und lässt uns jedes Mal dann lebendig werden, wenn wir sein Strömen spüren. Er führt uns zu den ozeanischen Weiten einer Welt, die über den Horizont unseres normalen Verständnisses hinausreicht.

Heilige Wirklichkeit

Dieses Buch ist nicht nur ein praktisches Handbuch für das Leben, sondern auch ein Buch über das Göttliche. Sie und ich, wir werden hier eine besondere Form von Göttlichkeit feiern: die heilige Wirklichkeit. Bei meiner eigenen Reise stieß ich auf eine grundlegende Überraschung: Jeder Aspekt der Wirklichkeit ist göttlich. Wenn wir tief in die Wirklichkeit vordringen, finden wir dort die Transzendenz, die unsere Seele sich so dringend ersehnt. Was traditionellerweise als heilig galt – Engel, Geister, himmlische Visionen, die Gegenwart Gottes –, ist für diejenigen, die es wahrnehmen, etwas Wunderbares. Doch hat nicht jeder Mensch Zugang dazu. Über all diese Erscheinungen lässt sich argumentieren, so heftig, dass Menschen sich im Streit darüber gegenseitig getötet haben.

Stattdessen werden wir einen anderen heiligen Ort betreten, die Kathedrale des Wirklichen. An diesem heiligen Ort können wir die Seele im Körper und den Körper in der Seele tatsächlich spüren. Wenn wir uns tief auf die Wirklichkeit einlassen – auf unsere Bedürfnisse, unsere Beziehungen, unseren Ärger, unsere Sexualität, unsere Träume und Wünsche –, dann entdecken wir, dass die lebendige, atmende Weite reinen Bewusstseins in alledem unmittelbar präsent ist. Nehmen Sie einen beliebigen Aspekt der Wirklichkeit – und sei es ein heißer, stürmischer Ärger in Ihrer Brust – und atmen Sie mehrmals hinein. Sie werden feststellen, dass sich der Ärger im Licht Ihrer willigen Aufmerksamkeit und durch die Kraft Ihres willigen Atems innerhalb weniger Atemzüge auflöst. Und einen Augenblick später treibt Ihr Ärger im offenen Raum des Bewusstseins. Ein Gefühl von Freiheit kommt auf und bildet schon bald den Hintergrund all dessen, was wir erleben. Wenn wir uns auf die Wirklichkeit statt auf unsere Fantasien konzentrieren, können wir eine Spiritualität spüren, die in unserem Körper lebendig ist.

Als ich meine eigene Suche vor vielen Jahren begann, war ich ein eingeschworener Skeptiker. Mein Skeptizismus schmolz angesichts einer überraschenden Entdeckung dahin: Der Geist ist leicht zu sehen und zu fühlen, wenn wir unsere Aufmerksamkeit in die richtige Richtung lenken. Hinter jedem Gedanken steht der strahlende Glanz des Universums und in der Lücke zwischen zwei Atemzügen finden wir den reinen Grund des Seins. Alle Dinge bergen in ihrem Zentrum ein heiliges Nichts, und dieses *ist in Wirklichkeit etwas*.

Vielleicht klingt das sehr groß – das ist es auch –, aber es ist auch unendlich praktisch. Ich möchte Ihnen ein konkretes Beispiel dafür geben. Ein Mann sitzt mir in meiner therapeutischen Praxis gegenüber. Seine geliebte Frau ist seit drei Monaten tot, und er ist zutiefst niedergeschlagen. Vor einem Monat hatte er eine spiritistische Sitzung mit einem berühmten Medium, um mit seiner Frau in Kontakt zu bleiben. Menschen mit unverarbeitetem Kummer sind natürlich leichte Beute für Medien, und mein Klient machte die übliche Erfahrung: »Er hat mir Dinge gesagt, die er überhaupt nicht von ihr wissen konnte!« Doch seine Depression wich nach der Sitzung nicht, und das Medium sagte ihm, er habe mit seiner Frau noch viele Dinge zu klären, was eine lange und teure Reihe von Sitzungen über einen Zeitraum von etwa einem Jahr erfordere. Er war unentschlossen, ob er sich darauf einlassen sollte, und suchte deswegen meinen Rat.

Ich behielt meine Meinung über das Medium bis auf weiteres für mich. Stattdessen bot ich ihm etwas völlig anderes an. »Was ist das Eine in Ihrem Leben, von dem Sie ganz sicher wissen, dass es real ist?«, fragte ich.

»Die Trauer, der Verlust, der Kummer«, sagte er und berührte seinen Brustkorb.

»Sie sind zu der spiritistischen Sitzung gegangen, um mit Ihrer Frau in Verbindung zu treten und all diese schmerzlichen Gefühle nicht mehr spüren zu müssen.«

Er nickte.

»Lassen Sie mich auf ein ganz reales Problem hinweisen. Aus völlig verständlichen Gründen möchten Sie diese Trauer nicht fühlen. Sie sagen sogar ›die Trauer‹, nicht ›meine Trauer‹. Sie möchten sich davon distanzieren. Sie verhalten sich also, als sei diese Trauer nicht gerechtfertigt. Sie suchen ein Medium auf, das sagt: ›Sie haben Recht, diese Trauer ist nicht gerechtfertigt, weil Ihre Frau gar nicht wirklich tot ist. Sie ist immer noch da, wenn auch in anderer Form.‹«

Er nickte wieder und begann zu verstehen.

»Das Medium sagt also, dass Ihre Trauer nicht heilig, nicht göttlich ist und als ›etwas Fremdes‹ behandelt zu werden verdient.«

Er atmete tiefer und begann zu schluchzen.

»Wir werden uns hier auf das konzentrieren, was wirklich ist – Ihre Trauer und Ihren Verlust, Ihre Verwirrung darüber, was der Sinn Ihres Lebens ist –, und wir werden dabei bleiben, bis Sie akzeptieren können, dass all das zu Ihnen gehört. Bis Sie tatsächlich fühlen können, wie heilig Ihre Empfindungen in Wirklichkeit sind.«

Und das taten wir eine Stunde lang. Ich lud ihn ein, seine Trauer als reine Erfahrung zu spüren, nicht gefiltert durch den distanzierenden Mechanismus eines Glaubens an das Leben nach dem Tod. Ich lud ihn in die Kathedrale des Wirklichen ein, wo die Trauer in seiner Brust ein heiliger Ort war. Indem er sich Augenblick für Augenblick auf das reale Gefühl konzentrierte, geschah eine erstaunliche Wandlung. Am Ende der Sitzung berührte er sanft seinen Brustkorb und sagte: »Dort lebt sie jetzt. Sie ist bei Gott, und Gott ist hier drinnen.«

Zu dieser Erkenntnis gelangte er mit Hilfe eines Scheinwerfers von außerordentlicher Lichtstärke, ein organisches Werkzeug, das uns allen frei zur Verfügung steht. Es ist der gleiche Scheinwerferkegel, den die Suchenden auf dem Weg des bewussten Lebens seit Tausenden von Jahren benutzen. Er heißt staunen und fragen, und wenn wir lernen können, ihn in aufrichtiger Absicht zu benutzen, führt er uns immer dorthin, wo wir sein müssen. Wenn Sie sich ein lebendiges Staunen und Fragen bewahren, befinden Sie sich auf dem Pfad des bewussten Lebens. Wenn dieses Staunen und Fragen stirbt – wenn Sie aufhören, die großen Fragen zu stellen, und sich mit Rollen, Regeln und Routinen (und zugegebenermaßen auch Bequemlichkeiten) eines Lebens voller Rechtfertigungen zufrieden geben, statt kontinuierlich zu forschen und zu suchen –, stirbt etwas sehr Kostbares.

Ich habe Hunderte von Klientinnen und Klienten aufgefordert, Kinderfotos von sich aus unterschiedlichen Lebensaltern in die Sitzung mitzubringen. Und immer ist darunter ein Foto, auf dem das Staunen und Fragen aus dem Gesicht verschwunden ist. Was ist geschehen?, frage ich. Was hat Ihr Staunen getötet? Wer hat es umgebracht? Und wie haben Sie die Lücke gefüllt, die dadurch gerissen wurde?

Als Kind ließ mich die Religion völlig kalt; sie war zu beschäftigt mit Hierarchien, Geboten und dem Glauben an Magisches wie Himmel, Reinkarnation und Erbsünde. Sie kümmerte sich zu wenig um das tatsächliche Leben. Ich beobachtete, wie meine Familienangehörigen aus der Kirche kamen und den zermürbenden Streit fortsetzten, den sie geführt hatten, als sie eine Stunde zuvor durch das Portal getreten waren. Sie hatten einfach nur eine Stunde auf den Pausenschalter gedrückt, um einer sozialen Verpflichtung nachzukommen. Ich suchte etwas anderes: Ich brauchte eine Religion, die Streitigkeiten beendete. Später machte ich mich daran, mir meine eigene Religion zu schaffen –

eine, die ich in meinem Körper fühlen konnte –, und stellte dann fest, dass Menschen wie ich seit langer, langer Zeit das Gleiche getan hatten. Es hat in der Geschichte viele Menschen gegeben, die auf Vorstellungen wie Glaube, Frömmigkeit, Engel und andere Dinge, die nicht für alle Anwesenden im Raum sichtbar waren, ebenso allergisch reagierten wie ich.

Um was geht es bei dieser Reise?

Als ich mich an jenem Tag auf mein Dreirad schwang, wusste ich nicht (zumindest nicht bewusst), dass sich Menschen seit mindestens hundert Generationen auf der Reise des bewussten Lebens befanden. Ich glaube, diese Reise ist wesentlich für uns; wir müssen nur beschließen, sie anzutreten. Ich glaube auch, dass unser Leben in dem Maße, wie wir uns bewusst für diese Reise entscheiden, reich gesegnet ist. Als ich mich von ganzem Herzen und ganzer Seele auf diese Reise einließ, begann mein Leben mit Segen förmlich überschüttet zu werden.

Als ich mich erst einmal für diesen Pfad entschieden hatte, entdeckte ich eine unglaubliche Form von Magie. Wenn wir uns auf etwas einlassen, das unserer Seele Zufriedenheit schenkt, bildet sich um uns herum offensichtlich ein Feld von Gnade. Unsichtbare Pfade durch das Universum öffnen sich. Wir begegnen Menschen, die sich auf einem ähnlichen Pfad befinden, und wir werden in einer Art und Weise unterstützt, die uns wie Zauberei vorkommt. All das geschah, als ich mich dafür öffnete, herauszufinden, wer ich war und worin mein wahrer Lebenssinn bestand.

Was geschah, als ich den Weg des bewussten Lebens für mich entdeckte, übertraf meine kühnsten Träume. Aber das Beste sollte noch kommen.

Ein vertrauenswürdiger Weg

Mache das Beste aus dem, was in deiner Macht liegt,
und nimmt den Rest hin, wie er sich natürlich entfaltet.

Epiktet

In meinem dritten Jahrzehnt als Therapeut arbeitete ich mit einer verängstigten Patientin, die sich vor Jahren aus einer Ehe gelöst hatte, in der sie misshandelt worden war, und die sich von den Verletzungen aus dieser Beziehung immer noch nicht erholt hatte. Wie die meisten erfahrenen Therapeutinnen und Therapeuten versuche ich mein Bestes, bei der Arbeit mit Menschen Herz und Verstand einzubringen. Mein Herz möchte den anderen akzeptieren und annehmen, während mein Verstand herauszufinden versucht, was er lernen und welche Grundsätze er meistern muss, damit er sich in Zukunft im Leben wohler fühlen kann.

Es wurde schnell klar, dass das Problem dieser Patientin um das Thema Kontrolle kreiste. Sie hatte zwar ihren Mann verlassen, der jeden Augenblick ihres Lebens zu kontrollieren versuchte, doch hatte sie seine Funktion selbst übernommen. Sie versuchte ihre Angst zu kontrollieren, indem sie sie verleugnete, den Atem anhielt und ihre Muskeln verspannte. Statt die Angst zu akzeptieren, zu fühlen und aufrichtig darüber zu sprechen, versuchte sie dieses Gefühl zu verbergen. Durch dieses Kontrollverhalten wurde alles nur noch schlimmer. Es war, als träte diese Frau mit einem Fuß auf die Bremse, während sie mit dem anderen Gas gab. Dadurch wurde die Fahrt sehr holprig und der Motor zeigte Verschleißerscheinungen. Ich wies sie auf das Problem hin und benutzte dabei zur Verdeutlichung das Bild von Bremse und Gaspedal. Ihr Gesicht hellte sich sichtbar auf, als sie die Botschaft verstand. Es war, als ob sich die Zellen ihres Körpers, die sich in einem permanenten Zustand der Anspannung befunden hatten, plötzlich entspannten.

Ich erklärte ihr, dass wir Angst nicht kontrollieren können. Wenn sie bereits existiert, können wir sie nicht mehr verändern. Also ist es besser, wenn Sie mit diesem Gefühl mitfließen – es sein lassen – und Ihre Energie in die Frage stecken, welche Schritte Sie unternehmen müssen. »Gefühle sind wie Regenschauer«, sagte ich, »sie haben einen Anfang, eine Mitte und ein Ende.« Die eigenartige Vorstellung, dass der beste Weg, eine unangenehme Situation loszuwerden, darin besteht, sie so zu belassen, wie sie ist, und nicht verändern zu wollen, war völlig überraschend für diese Patientin und veränderte ihr ganzes Gebaren. Sie richtete sich aus ihrer zusammengesunkenen Haltung auf und saß kerzengerade da.

»Sie meinen, alles, was bereits geschehen ist, unterliegt nicht unserer Kontrolle?« Ihre Stimme hatte einen ehrfürchtigen Klang, in dem die Frage mitschwang: ›Warum bin ich darauf bislang nicht selbst gekommen?‹

Ich nickte. »Das ist richtig. Sie können die Vergangenheit nicht ändern. Und auch die Dinge, die noch nicht geschehen sind – die Zukunft –, unterliegen nicht unserer Kontrolle. Sie können planen und Schritte unternehmen, um die Zukunft zu beeinflussen, aber letzten Endes müssen Sie die Kontrolle aufgeben und die Zukunft so nehmen, wie sie kommt.«

Ihr stand der Mund offen. Sie sagte: »Es fühlt sich an, als hätte ich meine ganze Kraft in den Wunsch gegeben, meine Ehe möge sich anders entwickeln. Ich war so wütend darüber, dass sie meinen Erwartungen nicht entsprach, dass ich keine Kraft mehr hatte, mir das im Leben zu schaffen, was ich wirklich will.«

Fast atemlos höre ich ihren treffenden Worten zu. Sie fasste das gesamte Unternehmen der Therapie in wenigen kurzen Sätzen zusammen. Wir sind so beschäftigt damit, die Vergangenheit zu bedauern und die Zukunft zu fürchten, dass wir keine Kraft mehr haben, herauszufinden, wer wir jetzt sind und was wir in diesem Augenblick schaffen möchten. In den nächsten beiden Kapiteln werde ich diese wichtige Weisheit als erste Lektion für ein bewusstes Leben erläutern. Diese Frau hatte sich im Vorfeld der ersten Lektion abgerackert: Statt mit den beiden Realitäten ihres Lebens – die Ehe ist beendet und ich bin traurig darüber – ins Reine zu kommen, hatte sie dagegen angekämpft. Aber die Dinge waren nun einmal so, wie sie waren.

Als sie die Wirklichkeit akzeptierte, neigte sie ihren Kopf und ihre Tränen begannen zu fließen.

Statt ihr diese Gefühle mit tröstlichen Worten auszureden, lud ich sie ein, auf ihre Traurigkeit und ihren Ärger den gleichen Grundsatz anzuwenden wie auf ihre Angst. »Geben Sie es auf, diese Gefühle kontrollieren zu wollen. Seien Sie stattdessen mit ihnen, atmen Sie mit ihnen und fließen Sie mit ihnen mit, bis sie auf natürlichem Wege zum Stillstand kommen. Mit anderen Worten, nehmen Sie den Fuß von der Bremse und spüren Sie, was wirklich passiert.« Meinen Worten folgend, verwandelte sie sich vor meinen Augen in wenigen Minuten vom schüchternen Opfer, das sich von der Vergangenheit verfolgt fühlte, in eine Reisende, die mit strahlendem Blick nach vorn schaute.

Wir verabschiedeten uns, und sie verließ meine Praxis. Sie war an diesem Tag meine letzte Patientin, und nachdem ich mir ein paar Notizen gemacht hatte, lehnte ich mich zurück, um die Freude zu genießen, die ich empfand. Dies sind die magischen Augenblicke in meinem Beruf. Ich wünsche, ich könnte sagen, dass jede Sitzung so verläuft, aber ich habe gelernt, mich glücklich zu schätzen, wenn von einem Dutzend Sitzungen eine mit solch einem Höhepunkt endet. Ich dachte über die Weisheit nach, die in dieser Sitzung der Schlüssel gewesen war. Wie viel eigene Lebenserfahrung hatte ich gebraucht, um diesen Grundsatz zu lernen! Wie viel eigene Kräfte hatte ich mit dem Versuch vergeudet, das Unkontrollierbare zu kontrollieren!

Meine Gedanken gingen noch weiter. Woher stammte dieser weise Grundsatz? Millionen von Menschen sprechen täglich das berühmte Gelassenheitsgebet: »Gott gebe mir die Gelassenheit, die Dinge zu akzeptieren, die ich nicht ändern kann, den Mut, die Dinge zu ändern, die ich ändern kann, und die Weisheit, das eine vom anderen zu unterscheiden.« Dieses Gebet beruhte auf dem gleichen Grundsatz, aber ich fragte mich, auf wen er zurückging. Und dann geschah ein kleines Wunder.

Meine Augen fielen auf ein Buch, eines von Hunderten im Bücherregal an der gegenüberliegenden Wand. Es war Epiktets *Encheiridion*, ein schmales Bändchen, das manchmal als *Handbüchlein der Moral* übersetzt wurde. Das Buch ist vor 2 000 Jahren in einer Zeit geschrieben worden, die mit ihren dramatischen Veränderungen der unseren glich. Epiktet wurde als Sklave geboren, aber aufgrund seiner Klugheit wurde er einer der größten Lehrer seiner Zeit. Als dann die erste Welle des christlichen Fundamentalismus Rom erfasste, wurden er und die meisten seiner Mitphilosophen aus der Stadt ins Hinterland verbannt.

Ich nahm das kleine Buch aus dem Regal und fragte mich, ob Epiktet etwas über Kontrolle zu sagen hatte. Ich schlug die erste Seite auf und las seinen ersten Satz: »Eins steht in unserer Gewalt, ein anderes nicht.« Ich hatte das Gefühl, dass Epiktet mir über die Jahrhunderte hinweg zuwinkte. Da stand in seiner konzentriertesten Form genau der Gedanke des bewussten Lebens formuliert, mit dem ich in meinen Therapiesitzungen arbeitete.

Letzten Endes geht es bei der Reise des bewussten Lebens und Liebens darum, genau solche Augenblicke möglich zu machen. Den unendlichen Raum im Kern unseres Selbst miteinander zu teilen – das ist Leben in seiner besten Form, das, wofür wir alle Voraussetzungen mitbringen. Bei Rilke heißt es, das sei die Aufgabe, »auf die alles andere nur Vorbereitung ist«. Und doch müssen wir für diese Aufgabe innerlich ganz sein. Sonst ist unser Lieben und Leben nichts als die Jagd nach dem, was uns fehlt.

Wir sind als Individuen mit einheitlichem Selbst angelegt. Wird unsere innere Vielschichtigkeit von der Fülle und dem Einssein im Kern unseres Selbst umarmt, fühlen wir uns glücklich. Wir können arbeiten, lieben, schöpfen und feiern, eingebettet in die umfassende und liebevolle Einheit im Kern unseres Selbst. Wenn wir als Individuum aus einem einheitlichen Selbst heraus agieren, können wir uns mit dem einheitlichen Selbst unserer Freunde und Familienangehörigen verbinden.

Diese Aufgabe ist jedoch niemals leicht, und zwar aufgrund eines einfachen, aber tief greifenden Problems: Zu der Zeit, in der wir mit der Schule beginnen, haben die meisten von uns zwei Gesichter und ein gespaltenes Selbst – unser Denken ist widersprüchlich, wir sind nicht in Kontakt mit unseren Gefühlen und bekämpfen unseren eigenen Körper. Wir spalten unser Selbst aus guten Gründen: um zu überleben. Damit unser wahres Selbst in der oft bedrohlichen Welt unseres jungen Lebens überleben kann, setzen wir nach außen hin ein falsches Gesicht auf. Ob dieses Gesicht ein lächelndes oder ein trauriges Gesicht ist, macht keinen großen Unterschied; das Einzige, was zählt, ist, ob wir die verschiedenen Fassetten unseres Selbst später wieder zusammensetzen können.

Bewusst leben ist die Kunst und Wissenschaft, die Teile unseres Selbst wieder zusammenzufügen.

Drei Quellen der Weisheit

Stellen Sie sich vor, wie Sie Hunderte von Generationen früher in Griechenland einen steinigen Pfad erklimmen, um dem Orakel von Delphi eine Frage zu stellen. Sie haben bereits schwere Prüfungen auf sich genommen, um dorthin zu gelangen, und müssen noch weitere bestehen, bevor Sie das Orakel befragen können. Aber über dem Eingang steht in deutlich lesbaren Buchstaben das wirkliche Geschenk, das Ihr Besuch dieses Ortes Ihnen verheißt. Auf dem Schild steht: Erkenne dich selbst. Diese Metapher ist kraftvoll: Wenn Sie Zugang zum Magischen bekommen und von Herz zu Herz mit dem Göttlichen sprechen wollen, müssen Sie wissen, wer Sie sind. Wissen Sie das nicht, kann keinerlei Magie Sie retten. Wenn Sie nicht aufrichtig erforschen, wer Sie sind, kann Magie Sie sogar zerstören oder vom Wege abbringen.

Ich beobachte jetzt mehr als die Hälfte meines Lebens, wie sich bei Menschen, die sich fragen: »Wer bin ich?«, die Magie entfaltet. Sobald wir die Reise mit aufrichtigem Herzen antreten und wir nach unseren Gefühlen, Bedürfnissen und den Kräften, die uns antreiben, suchen, werden wir belohnt mit dem unvorstellbaren Reichtum des Geistes. Aber wir müssen die Reise als Fragende unternehmen, nicht als Rechtfertigende. Viele Menschen sabotieren ihre eigenen Lernversuche, indem sie diese mit der Absicht angehen, ihre Position zu verteidigen, sich zu rechtfertigen oder abzuwerten. Wenn ich mich ganz offen frage: »Wer bin ich?«, bekomme ich völlig andere Antworten, als wenn ich diese Frage mit der Absicht stelle, mich zu verteidigen oder zu rechtfertigen. Ich möchte Sie dringend bitten, erkennen Sie, wie mächtig das Bedürfnis ist, sich – für was auch immer – zu rechtfertigen, und geben Sie es auf. Ich bin unter großen Schwierigkeiten zu der Erkenntnis gelangt, dass wir das wirklich nicht brauchen. Ich habe viel Zeit meines Lebens damit verbracht, mit dem Kopf gegen die Wand des Universums zu rennen, weil ich die richtigen Fragen aus falschen Motiven stellte – dem Bedürfnis, Recht zu haben, oder um zu beweisen, dass andere im Unrecht sind. Während ich, statt mich weiter zu rechtfertigen, dazu überging, aufrichtige Fragen zu stellen, stellte ich fest, dass all die Antworten, die ich benötigte, bereits in meinen Zellen und in der Luft, die mich umgab, lagen.

Ich glaube, wir sind Erben und Erbinnen einer organischen Philosophie vom bewussten Leben, die wir mit unserem Verstand erfassen und in unserem Körper spüren können. Dieses Geschenk empfangen wir, wenn wir unseren menschlichen Körper in Besitz nehmen wie eine Reihe von Gebrauchsanweisungen, die aus der kosmischen Fabrik stammen. Sie sind eingeladen, dieser Fabrik selbst einen Namen zu geben – sei es »Höhere Macht«, »Seele« oder »Geist«. Alles, worum ich Sie bitte, ist Ihre Bereitschaft, sich dieser Quelle der Weisheit zu öffnen, wie immer Sie sie nennen mögen, um Sie in Besitz nehmen und Ihre organische Verbundenheit mit all den Sucherinnen und Suchern der Wahrheit spüren zu können, die Ihnen vorausgegangen sind. Oft fließt dieser Strom der Weisheit in uns, ohne dass wir Zugang zu ihm suchen, meistens weil es inmitten der Turbulenzen unseres Lebens – Familienstress, emotionale Probleme, Armut – um unser rein körperliches Überleben geht. Es ist nicht leicht, das Glucksen des Flusses zu hören, wenn Ihr Baby schreit oder Ihre Miete fällig ist. Aber dieser Strom der Weisheit ist immer da, darauf wartend, dass wir einmal innehalten, um ihn wahrzunehmen und schätzen zu lernen.

Für die Beantwortung der Frage »Was muss ich am dringendsten wissen?« werde ich aus drei Quellen schöpfen, die nicht nur an jenen ewigen Strom der Weisheit angeschlossen sind, sondern die ihn auch auf großartige Weise praktisch nutzen. Ich werde mit der Quelle beginnen, die mir selbst am besten vertraut ist.

Die Gemeinschaft der Therapeutinnen und Therapeuten sowie der Heilerinnen und Heiler hat im Verlauf der letzten 100 Jahre eine Technologie der Veränderung entwickelt, die allgemein verständlich ist. Den meisten Schulen, in denen Psychologie und Psychiatrie gelehrt werden, fehlt jedoch eine spirituelle Grundlage. Diese Disziplinen wurden zum Teil als Reaktion auf die autoritären und dogmatischen Religionssysteme des 19. Jahrhunderts entwickelt und sind, um sich gegen diese klar abzugrenzen, selbst extrem weltlich geworden. Dabei haben Psychologie und Psychiatrie es jedoch versäumt, die tiefe Sehnsucht nach spiritueller Verbundenheit anzuerkennen, die in unserem innersten Kern lebt. Der Ansatz, bewusst zu leben, ist keine Reaktion auf etwas, und so kann er sowohl unser weltliches als auch unser spirituelles Selbst umarmen. Den größten Teil meines tiefen Wissens über das Göttliche habe ich erworben, indem ich selbst in meinem Leben große Veränderungen erlebt habe und dabei unterstützt worden bin von den weisen Werkzeugen, die ich noch beschreiben werde. Auch wenn diese enormen praktischen Wert besitzen, sind sie zugleich zutiefst spirituell, ohne sich selbst so zu bezeichnen.

Die wirklich nützlichen therapeutischen Werkzeuge – die den Test der Zeit bestanden haben – ähneln auf bemerkenswerte Weise zwei Strömen von Weisheit, die vor Tausenden von Jahren entsprangen.

Ein historischer Strom an Lehren vom bewussten Leben geht auf die Stoiker in Griechenland und Rom zurück. Diese außergewöhnlichen Lehrer haben eine höchst effektive

Philosophie der Selbstveränderung entwickelt. Die Stoiker lebten in einer Zeit, in welcher der Philosoph sowohl Therapeut als auch inspirierender Lehrer war, der die bewusste Begegnung mit dem täglichen Leben als sein Gebiet betrachtete. Auch Religion existierte damals, aber sie diente einem anderen Zweck. Sie war damit beschäftigt, die zahlreichen verschiedenen Götter und Göttinnen, die der Staat berief, anzubeten und ihnen Opfer darzubringen. Sie ging nicht der Frage nach, wie Menschen ein moralisches oder sinnvolles Leben führen können. Erst später, als der rationale Verstand der Stoiker mit dem magischen Herzen der neuen christlichen Religion eine Verbindung einging, wurde Religion zu jener Mischung aus Mysterium und Moral, die sie heute noch ist.

Die stoische Sichtweise wird heute gründlich missverstanden. Aufgrund von Fehlübersetzungen und anderen Faktoren meint »stoisch« heute eine sture Haltung der Distanz und Verleugnung. Oft bezeichnen wir Menschen als stoisch, die ohne mit der Wimper zu zucken Schmerzen hinnehmen können. Aber wenn Sie sich gründlich mit den Stoikern beschäftigen, stoßen Sie kaum auf Verleugnung. Tatsächlich finden Sie oft genau das Gegenteil. Das stoische Ideal war einfach: Lebe mit den Dingen, so, wie sie sind, in Harmonie. Sei im Einklang mit deinen Gefühlen und respektiere die Gefühle anderer, und dann handle aus dem offenen Raum heraus, der jenseits all deiner Gefühle liegt. Die ursprünglichen Stoiker sagen uns: Lasse deine Erwartungen und Überzeugungen los, wie die Dinge zu sein haben. Verwurzle dich fest in der Realität und entscheide dann sorgfältig, was du an anderen, der Welt oder dir selbst verändern möchtest. Um Dinge verändern zu können, musst du sie zuerst einmal so annehmen, wie sie sind.

Wenn Sie einen Stoiker lesen möchten, empfehle ich Ihnen wärmstens die jüngste Version von Epiktets *The Art of*

Living, sorgfältig bearbeitet von Sharon Lebell (auf Deutsch: *Handbüchlein der Moral*). Sie hat es meisterhaft verstanden, die Essenz von Epiktet in verständliche moderne Prosa zu übersetzen. Ich empfehle auch die *Selbstbetrachtungen* von Marc Aurel, obwohl es keine Übersetzung dieses Werkes gibt, die so brillant wäre wie Lebells Epiktet.

Ein weiterer tiefer Strom an Lehren vom bewussten Leben entspringt bei den Taoisten aus dem alten China. Es hat mich immer in Erstaunen versetzt, dass sowohl die Stoiker als auch die Taoisten vor etwa 2 500 Jahren zur gleichen Zeit die gleichen Ideen entwickelt haben. Es ist, als wäre damals im alten Europa und in China gleichzeitig ein Streifen leuchtender Weisheit am Horizont aufgegangen, der auch heute noch scheint. Das *Tao Te King* ist in seinen vielen Übersetzungen immer noch eines meiner Lieblingsbücher.

In den 70er-Jahren reiste ich oft zur Stillpoint Foundation, einem taoistischen Zentrum in Colorado, um seinen Begründer, den späten Gia Fu Feng, zu besuchen. Gia Fu hat zwei taoistische Klassiker übersetzt, das *Tao Te King* und *Inner Chapters of Chuang-Tzu*. Meistens saßen wir mit gekreuzten Beinen auf dem Fußboden seines Wohnzimmers, umgeben von chinesischen, englischen und deutschen Übersetzungen, und tranken zusammen Tee. Den Großteil der Zeit verbrachten wir damit, einzelne Textabschnitte zu studieren und darüber zu debattieren, wie die verschiedenen Übersetzungen die dargelegten Gedanken wiedergaben. Gia Fu liebte es, stundenlang in der Badewanne zu sitzen, bis zum Kinn im heißen Wasser. Bei vielen meiner Besuche saß ich, während er in der Wanne lag, auf dem Fußboden seines Badezimmers und versuchte die Bücher trocken zu halten, wenn er voller Begeisterung über eine Idee die Arme hochwarf.

Manchmal hatte Gia Fu selbst Eingebungen und Perlen eigener taoistischer Weisheiten tropften aus seinem Mund.

Eine Erinnerung bringt mich immer noch zum Schmunzeln. Ich hatte einen Absatz im 21. Kapitel seiner Übersetzung des *Tao Te King* gefunden, der meiner Meinung nach seine eigene Auslegung des Verses enthielt und sich ziemlich weit von dessen ursprünglicher Bedeutung entfernt hatte. Er war sehr interessiert an Gestalttherapie, und freundlich stichelnd versuchte ich ihm nahe zu bringen, dass dieser Absatz zu sehr nach Gestalt schmeckte. Er überlegte einen Augenblick und sagte dann, auf bewundernswerte Weise davon absehend, sich zu verteidigen: »Ja, ich glaube, ich habe mir an dieser Stelle viele Freiheiten genommen.« Dann seufzte er glücklich und rutschte noch tiefer ins warme Wasser. »Ah«, sagte er, »Kritik erträgt man doch am besten, wenn man bereits im heißen Wasser sitzt.«

Ich empfinde es als Privileg, dass ich Gelegenheit hatte, mich in die lebendige Gegenwart des Tao zu versenken, statt das, was ich weiß, nur über die wissenschaftliche Lehre gelernt zu haben.

Die große Schönheit der weisen Lehre vom bewussten Leben, ob sie nun auf den Taoismus, den Stoizismus oder Ihren Nachbarn nebenan zurückgeht, besteht darin, dass sie uns eine ganze Reihe von praktischen Werkzeugen in die Hand gibt. Sämtliche großen Lehren vom bewussten Leben bestehen nicht nur aus gedanklichen Konzepten, sondern zeigen uns auch »Umstellungen« und »Schritte«. Diese Umstellungen beruhen auf Ideen, die so konkret und klar erklärt werden, dass wir sie körperlich spüren können. Ein Schritt ist ein Gedanke, der Ihnen praktisch zeigt, wie Sie mit den ganz realen täglichen Problemen tanzen und ringen können. Umstellungen und Schritte sind praktische Hilfen für schwierige Zeiten im Leben und zur Vertiefung Ihres Glücks in guten Zeiten. Ein bewusstes Leben birgt eine Fülle von Umstellungen und Schritten, und ich werde Ihnen im Verlauf unserer Reise die besten von ihnen beschreiben, so gut ich kann.

Fünf Lektionen, die für die Reise erforderlich sind

In diesem Kapitel schauen wir uns fünf Schlüssellektionen für ein bewusstes Leben an. Diese Ideen haben mein Leben verändert, und ich habe beobachtet, wie sie auch das Leben von Tausenden von anderen Menschen verändert haben. Während Sie diese Lektionen lernen, unterrichtet Sie das Leben selbst. Sie gehen eine unmittelbare Beziehung zum Universum ein, so dass Sie Ihre Lehren über das Leben direkt von der Quelle beziehen. Bei den fünf Kardinallektionen für ein bewusstes Leben geht es immer darum, Ihr Leben selbst in die Hand zu nehmen und Ihren Platz im Universum zu finden. »In die Hand nehmen« kann sich anhören, als erfordere das eine Willensanstrengung, aber das ist nicht der Fall. Sie nehmen Ihr Leben in die Hand, indem Sie sich harmonisch auf die Gesetze des Universums einstimmen.

Wenn Sie sich auf diese Ideen bis in die Zellen harmonisch einschwingen, können Sie sich von Ihren Ikonen und Gurus verabschieden. Vielleicht haben Sie sich mit ihnen sowieso nie besonders wohl gefühlt. Als ich die Grundideen für ein bewusstes Leben wirklich verstanden hatte, war es, als ob das Universums selbst zu mir sagte: »Lächle, mein Freund, du hast gerade deine Seele zurückbekommen.«

Wenn Sie auf Ihr Leben zurückschauen, werden Sie feststellen, dass Sie bestimmte Lektionen so lange immer wieder erteilt bekommen, bis Sie sie gelernt haben. Das

Gleiche gilt seit Tausenden von Jahren auch für andere Sucherinnen und Sucher. Bestimmte Lektionen gehen so tief und sind so schwer zu meistern, dass wir bei einer stecken bleiben und unser ganzes Leben damit verbringen können, uns die Zähne daran auszubeißen. Bei meiner beruflichen Arbeit mit Menschen und meinem Studium bei den großen Lehrerinnen und Lehrern der letzten Jahrtausende habe ich erkannt, dass wir alle fünf Grundlektionen des Lebens lernen müssen. Wenn wir sie begreifen, ist unser Leben erfüllt. Lernen wir sie nicht, bleiben wir unbefriedigt. Diese Lektionen sind für ein bewusstes Leben erforderlich. Fast jeder von uns bekommt täglich die gleichen schwierigen Lektionen vorgesetzt, und wir definieren unser Leben dadurch, ob wir uns weigern, sie zu lernen, oder ob wir die Herausforderung bereitwillig und leidenschaftlich annehmen. Leider warten viele Menschen bis zu ihren letzten Atemzügen, bevor sie mit einem letzten Schlucken wach werden für die gleiche Lektion, die ihnen bereits zu Beginn ihres Lebens erteilt wurde.

Und hier ein Beispiel für sämtliche fünf Lektionen, die für ein bewusstes Leben erforderlich sind:

Fühlen Sie all Ihre Gefühle intensiv.

Während unserer Zeit hier auf der Erde erleben wir als menschliche Wesen immer wieder Augenblicke wie den, den ich gleich beschreiben werde. Ich habe solche Momente erlebt, und Sie wahrscheinlich auch. In diesen Zeit bekommen wir die Kardinallektionen für ein bewusstes Leben präsentiert, um sie auf ein drängendes Problem anzuwenden. Ich beschreibe diese Lektionen später in diesem Kapitel so gründlich, wie es mir möglich ist; jetzt jedoch möchte ich Sie bitten, einfach zu beobachten und zuzuhören, wie wir mit diesen Lektionen in unserem Leben auf ganz praktische Weise konfrontiert werden.

Sie sind eines Abends allein und fühlen sich traurig, weil eine enge Beziehung zu Ende gegangen ist. Sie sind verlassen worden, und das ist Ihnen noch nie passiert. Sie empfinden das starke Bedürfnis, sich von den schmerzlichen Gefühlen abzulenken, indem Sie Schokolade essen oder den Fernseher einschalten. Aber Sie haben sich versprochen, bewusster zu leben, also gehen Sie keiner der üblichen Zerstreuungen nach. Und aufgrund dieses Versprechens tut sich ein neuer Weg für Sie auf.

Sie wenden sich Ihren Gefühlen direkt zu und richten Ihre Aufmerksamkeit auf die Empfindungen der Traurigkeit in Ihrem Brustkorb und Ihrer Kehle. Sie lassen Ihre Aufmerksamkeit dort ein paar Sekunden ruhen und nehmen dann wahr, wie sich etwas verändert. Sie sind sich der Traurigkeit immer noch bewusst, aber jetzt spüren Sie, wie sich durch die Traurigkeit ein klarer Raum öffnet, der über diese hinausgeht. Nun wächst dieses Gefühl von Raum, der etwa so groß ist wie ein weitläufiger Spielplatz, während die Traurigkeit das einsame Kind ist, das allein auf einer der Schaukeln sitzt. Aus diesem neuen, umfassenderen Blickwinkel erkennen Sie, dass da Traurigkeit in Ihnen ist, aber dass diese Traurigkeit Sie nicht beherrscht. Sie empfinden eine tiefe Erleichterung. Die Traurigkeit, so begreifen Sie, hat sich infolge eines bestimmten Ereignisses eingestellt und wird wahrscheinlich verschwinden, wenn Sie dieses bewältigt haben. Ihr ständiges Zuhause jedoch ist dieses weite, klare Gefühl – das ist es, was Sie wirklich sind.

Sie haben gerade die erste Kardinallektion für ein bewusstes Leben gelernt: Fühlen Sie all Ihre Gefühle intensiv und fühlen Sie auch, wie Sie über diese Gefühle zu dem weiten Raum der Seele gelangen, in dem alle Gefühle geborgen sind. Indem Sie sich all Ihren Gefühlen stellen und tief mit ihnen mitschwingen, verlieren diese ihre Macht über Sie, so dass Sie aus dem klaren Raum heraus handeln können, der zwar durch Ihre Gefühle informiert, nicht aber von diesen beherrscht wird.

Suchen Sie Ihr wahres Selbst.
Als Nächstes erkennen Sie, dass der Verlust dieses Menschen unvermeidlich war. Vielleicht haben Sie zu sehr darauf gedrängt, dass die Beziehung gut geht, ohne auf die Anzeichen zu achten, die deutlich machten, dass Sie für keinen von Ihnen wirklich stimmig war. Während Sie die Traurigkeit und den Verlust akzeptieren, wird Ihnen etwas klar. Sie begreifen, dass die Beziehung auf einer Ihrer Personas beruhte, einer sozialen Maske, die Sie angenommen haben, um als Kind zu überleben. In diesem Fall ist die Persona die Fürsorgliche, es könnte aber auch eine der vielen anderen Masken sein, die wir alle tragen. Sie sind diese Beziehung eingegangen, um sich um diesen anderen Menschen zu kümmern, und das war nicht das, was dieser wollte. Also brach sie auseinander, so wie alles, was auf falschen Voraussetzungen beruht, enden muss. Sie fragen sich: Wer bin ich, wenn nicht die Fürsorgliche? Wer ist das wahre Selbst unter all meinen Masken? In Ihnen beginnt sich das Gefühl eines authentischen Selbst zu entfalten, und Sie versprechen sich, Ihre nächste Beziehung auf der Grundlage dieses neuen, wachsenden Gefühls für Ihr wahres Selbst einzugehen.

Dies ist die zweite Kardinallektion für ein bewusstes Leben: Lassen Sie Ihr Leben zu einer Suche nach der Entdeckung Ihres authentischen Selbst werden. Wenn Sie Ihrem Innenleben höchste Priorität einräumen, wird Ihr äußeres Leben blühen und gedeihen, weil es in einer Grundlage wurzelt, die es stützt und nährt.

Lassen Sie das Unkontrollierbare los.
Aus dieser neuen Bewusstheit heraus tun sich innerlich plötzlich viele neue Möglichkeiten auf. Bei den jetzt folgenden Schritten bekommen Sie ein Gefühl von heiterer Gelassenheit: Sie geben den Versuch auf, die alte Beziehung zu reparieren, und spüren, dass Sie sie so akzeptieren, wie sie

ist. Die Vergangenheit ist bereits geschehen – sie entzieht sich völlig Ihrer Kontrolle. Also lassen Sie sie los. Sie akzeptieren Ihre Traurigkeit und all Ihre Gefühle und erkennen, dass Sie in Wirklichkeit sowieso nie Kontrolle darüber hatten. Körper und Denken gleiten in ein Gefühl von Leichtigkeit und versuchen nicht länger, das Unkontrollierbare zu kontrollieren. Sie fragen sich, was genau kann ich denn an dieser Situation ändern oder beeinflussen? Nun, Sie könnten telefonieren ... und genau das tun Sie. Sie rufen den Menschen an, der Sie verlassen hat, und sagen: »Ich kann unsere Situation jetzt so akzeptieren, wie sie ist. Danke für alles.« Sie legen auf und wissen, dass der Tag noch lange nicht vorbei ist. Es liegt bei Ihnen, ob Sie zu Hause bleiben oder noch ausgehen. Sie suchen zum Beispiel einen Buchladen auf und verbringen einige Zeit damit, nach Büchern zu stöbern.

Wenn Sie den Versuch aufgeben, das Unkontrollierbare zu kontrollieren – indem Sie die Realität so akzeptieren, wie sie ist –, und sich auf die Dinge konzentrieren, die Sie kontrollieren *können*, lernen Sie die dritte Lektion für ein bewusstes Leben, und diese beginnt ihre Magie in Ihrem Leben zu entfalten.

Wir sind alle aus demselben Stoff gemacht.
Während Sie in der Abteilung für Religion und Spiritualität herumstöbern, gebären Sie innerlich eine radikal neue Idee. Sie erkennen, dass Sie immer außerhalb von sich nach spirituellen und religiösen Lehren gesucht haben. Das heißt nicht, dass Sie etwas falsch gemacht haben, aber Sie öffnen sich für eine neue Möglichkeit. Sie sehen, dass Ihr alter Weg auf einer falschen Vorstellung beruhte – der Vorstellung eines spirituellen Mangels, den Sie ausgleichen müssen, indem Sie die vorgesetzte Spiritualität von anderen konsumieren. Jetzt sehen Sie diesen Irrtum und fühlen, wie sich innerlich etwas verändert: Sie sind in Ihrem innersten Kern

ein spirituelles Wesen. Sie müssen nichts tun, um spirituell zu werden; Sie sind bereits spirituell und werden es immer sein, und das gilt für alle anderen Menschen auch. Sie müssen lediglich den Versuch aufgeben, etwas zu sein, was Sie nicht sind! Ihr spiritueller Kern war immer da, darauf wartend, dass Sie ihn akzeptieren und als Ihren erkennen. Sie sind erfüllt von Ihrer eigenen organischen Spiritualität und fühlen sich wie neugeboren.

Dies ist die vierte Lektion für ein bewusstes Leben: Wir sind aus demselben Stoff, wie alles andere in diesem Universum auch. Alles ist lebendig und gleich – der kürzeste Weg zu wahrer Spiritualität im Universum und in uns selbst besteht darin, uns nach innen zu unserem Kern zu wenden und uns nicht äußerlich an den Erfahrungen anderer Menschen zu orientieren.

Das Leben erfüllt uns dann am meisten, wenn wir uns selbst gegenüber völlig aufrichtig sind.

Während Sie abends nach Hause gehen, ganz belebt von den neuen Empfindungen, die Sie durchströmen, bleiben Sie stehen, um zu den Sternen hochzuschauen. Sie begreifen, dass Sie ein Stern in Ihrem eigenen Universum sind. Sie fragen sich: Habe ich den Mut, mich an den tiefen Brunnen meiner Kreativität anzuschließen und diese in der Welt zum Ausdruck zu bringen? Während Sie weitergehen, stellen Sie sich eine weitere Frage: Was würde ich am liebsten schaffen, um mich selbst zu nähren und in der Welt meinen einzigartigen Beitrag zu leisten? Drei Dinge kommen Ihnen sofort in den Sinn: Sie möchten Gedichte schreiben, Sie möchten wieder Cello spielen, nachdem Sie viele Jahre aufgehört hatten, und Sie möchten im Lake District in England wandern gehen. Als Sie zu Hause ankommen, stehen Ihre Pläne fest: Sie werden einen Kurs in kreativem Schreiben besuchen, in einem Pflegeheim in der Nähe Cello spielen und sich, um sich inspirieren und informieren zu lassen, das Video einer Freundin über deren Reise ins Lake District anschauen.

Hier tritt die fünfte Lektion in Aktion: dass unser Leben dann zur vollen Blüte gelangt, wenn wir unsere kreativen Wünsche und die Schätze, mit denen wir gesegnet sind, nach außen bringen und in der Welt entsprechend handeln.

Das Leben versucht in jedem Augenblick, uns diese fünf Lektionen beizubringen. Wenn wir sie lernen, ist unser Leben voller Freude und Erfüllung. Wenn nicht, stehen wir von der Festtafel des Lebens hungrig und unbefriedigt auf.

Diese fünf Lektionen enthalten die grundlegenden Wahrheiten über das Leben, die wir alle kennen sollten. Sowohl die Stoiker als auch die Taoisten haben sie gelehrt und sie spielen täglich in Tausenden von Therapiesitzungen eine entscheidende Rolle. Diese Wahrheiten sind so tief greifend, dass Therapeutinnen und Therapeuten wahrscheinlich allein dadurch eine erfolgreiche Praxis führen könnten, dass sie diese Lehren als einzige therapeutische Technik vermitteln.

Betrachten wir jede dieser Lektionen einmal genauer, beginnend mit dem Prinzip, das die Grundlage für ein bewusstes Leben bildet.

Die erste Lektion für ein bewusstes Leben: Fühlen Sie all Ihre Gefühle intensiv

Nehmen Sie immer und in jedem Augenblick alles an, was in Ihnen real ist, und konzentrieren Sie sich auf das, was außerhalb von Ihnen real ist. Nehmen Sie all Ihre Gefühle an – ob angenehm, unangenehm oder neutral – und erkennen Sie, dass diese Gefühle in dem umfassenderen Raum der Essenz dessen geschehen, wer Sie wirklich sind. Ihre Gefühle haben einen Anfang, eine Mitte und ein Ende, und nichts davon ist wichtiger als das andere. Ihre Essenz ist, wer Sie unter all Ihren Gefühlen und den unterschiedlichen Erfahrungen, die Sie in Ihrem Leben machen, wirklich sind. Durch Ihre Essenz sind Sie verbunden mit demselben Raum, in dem alles im Universum ruht. Wenn Sie Ihre Gefühle frei kommen und gehen lassen – das heißt aufhören, Widerstand dagegen zu leisten oder sich an sie zu klammern –, ruhen Sie in Ihrem ständigen Zuhause, einer klaren, unerschütterlichen Sicht, aus der heraus Sie zu Ihrem eigenen Wohle und zum Wohle anderer handeln.

Dieses Prinzip kann ganz unterschiedlich beschrieben werden. Ein Dichter würde vielleicht sagen: Identifiziere dich mit dem Himmel statt mit den vorbeiziehenden Wolken, die ihn verdunkeln. Ein Surfer würde raten: Nimm das Leben so wie das Meer. Fühle dich als Teil davon – genieße es einzutauchen. Wenn die Wellen kommen, steige mit ihnen auf, kippe mit ihnen über oder nutze ihre Kraft, um auf ihnen ans Ufer deiner gewählten Ziele zu gelangen. Kehre ihnen nicht den Rücken zu und verschließe nicht die Augen vor ihnen. Die Wellen sind nicht nur real, sie sind auch Ausdruck des Göttlichen. Mit ihnen fließen heißt das Göttliche berühren. Sie ignorieren heißt am Leben vorbeigehen und – schlimmstenfalls – von ihnen herumgeschleudert und vielleicht vernichtet zu werden.

Ganz gleich, mit welchen Worten wir sie beschreiben, die erste Lektion lädt uns ein, unser Herz für die Wirklichkeit zu öffnen und diese so, wie sie ist, zu feiern, ohne uns etwas zurechtzubasteln. Wenn wir uns in dem Raum, der alles birgt, heimisch einrichten, nimmt die Wahrscheinlichkeit ab, dass wir vom Kommen und Gehen der Gedanken und Emotionen ergriffen werden. Wir haben einen festen Platz, an dem wir stehen, in dem Raum, der zuerst nirgendwo zu sein schien, allmählich aber überall sichtbar wird.

Zuerst leuchtet Ihnen der Gedanke vielleicht nicht ein, Raum könne ein fester Platz sein, an dem Sie stehen können. Als ich das selbst entdeckte, ging ich gerade durch eine Phase, in der ich überhaupt nicht mehr wusste, wer ich war. Plötzlich konnte ich meine Persönlichkeit sehen und fühlen, aber ich war nicht wirklich daran gebunden. Als ich mich in den Raum hineinentspannte – der sämtliche Persönlichkeiten in sich enthält –, erkannte ich, dass meine Persönlichkeit wie eine Verkleidung war, die ich überstreifen konnte, um in der Welt anderen Menschen zu begegnen, die ebenfalls eine Verkleidung ihrer Persönlichkeit trugen. Keine Verkleidung war besser oder schlechter als die andere, und keine stellte dar, was wir wirklich waren. Unsere Persönlichkeiten beruhten einfach auf bestimmten Übereinkünften. Um zu überleben, vor allem zu Beginn unseres Leben, kamen wir überein, dass wir »abhängig«, »dominant« oder »niedlich« sein mussten. Wir hatten diese unbewusste Übereinkunft meistens bereits vor Eintritt in den Kindergarten getroffen. Wenn ich mich mit meiner Persönlichkeit identifizierte – und dachte, das sei alles, was ich bin –, musste ich sie rechtfertigen und gegen andere verteidigen. Verlagerte ich meine Identität hingegen auf den Raum, den ich innerlich wahrnahm, war ich plötzlich frei. Ich konnte eine Persönlichkeit besitzen, ohne dass diese mich besaß.

Das Gleiche, so stellte ich fest, galt für meine Gefühle und Gedanken. Wenn ich mich mit einem bestimmten Gefühl identifizierte – in meinem Fall meistens Ärger –, war ich darin gefangen, weil ich es entweder rechtfertigte oder abwertete. Verteidigte ich meinen Ärger, war ich in der falschen Vorstellung befangen, jemand anderes habe ihn verursacht. Wertete ich ihn ab, versteckte ich ihn und versuchte ihn mit meiner Scham zu bezwingen. Nichts davon brachte mich weiter. Ich konnte den ganzen Tag lang zwischen diesen Möglichkeiten hin und her pendeln und meine Gefühle verteidigen oder heruntermachen, und trotzdem waren sie noch da, wenn ich abends zu Bett ging. Ich wurde nur dann frei davon, wenn ich meine Identität auf den Raum verlagerte, der all meine Gefühle in sich barg.

All meine Gedanken, meine Meinungen und kostbaren Sichtweisen – auch sie wurden zur Falle, wenn ich mich mit ihnen identifizierte. Ganz gleich, welche Sicht der Dinge ich rechtfertigte oder abwertete, ich nagelte sie damit fest und schränkte meine Freiheit ein. Ich hatte so viel Zeit meines Lebens damit verbracht, Meinungen zu vertreten und für meine Sicht der Dinge zu argumentieren: Jetzt erkannte ich, dass all diese Sichtweisen und Überzeugungen gleich waren – klebrige Stellen, die mich daran hinderten, frei durchs Leben zu tanzen. Ich setzte mich auf Meinungsdiät, indem ich aufhörte, mir neue Meinungen zu bilden und die alten zu verteidigen. Meiner Frau gefiel diese Diät sehr; sie fand die neue, schlankere Version meines früheren Dickkopfs sehr viel bekömmlicher.

Wir unterliegen als menschliche Wesen einer großen Illusion. Wir glauben, unsere Sicherheit beruhe darauf, dass wir an unseren Meinungen festhalten, sie rechtfertigen und verteidigen. Das Problem dieser Haltung liegt darin, dass wir uns, auf der Suche nach der größeren Sicherheit der Herde, mit anderen Menschen zusammenschließen müssen, die unsere Meinungen teilen. Man könnte denken, solch ein Haufen von Menschen, welche die gleichen Meinungen vertreten, lebte glücklich und in Harmonie. Aber in Wirklichkeit ist genau das Gegenteil der Fall. Schon bald wird der ganze Stamm sich unter einem autoritären Führer zusammenrotten und losmarschieren, um Gruppen zu bekämpfen, die andere Meinungen vertreten. Und wenn es keine »anderen« gibt, die zu bekämpfen wären, wird die Gruppe in Fraktionen zerfallen, die sich zerstreiten, geheime Gesellschaften gründen, denen nur ein Geschlecht beitreten kann, und andere zerstörerische Wege finden, um die Zeit zwischen den Kriegen totzuschlagen.

Die einzige wirkliche Sicherheit finden wir in dem Raum, der sämtliche Meinungen in sich birgt. In diesem Raum gelangte ich zu der Erkenntnis, dass meine Meinungen und die Meinungen der anderen sich in nichts voneinander unterschieden. Sie alle stellten Wege dar, die Welt aus einer bestimmten Position zu betrachten. Wir alle beugen uns vornüber, hocken uns hin oder kauern uns zusammen, spähen durch unsere Beine hindurch nach hinten und glauben, die Welt so zu sehen, wie sie ist. Mit dieser Haltung begrenzen wir nicht nur unsere Sicht, sondern sind auch anfällig für Tritte.

Und das Leben tritt uns; das muss es, damit wir uns aufrichten, um die Dinge so zu sehen, wie sie wirklich sind. Aber in Wirklichkeit sind wir es natürlich, die zutreten. Wir alle sind verbunden mit dem Raum, ob wir uns zusammenziehen und davon entfernen oder die Welt aus der Sicherheit seiner Weite annehmen. Dieser Raum hat keine Richtung. Die meisten Schwierigkeiten im Leben bereiten wir uns selbst, um uns auf diese Weise die erste Lektion beizubringen: Nimm das Leben so, wie es ist. Fühle es, atme damit, lasse es los. Es gibt einen inneren Raum, aus dem heraus alle Dinge sind, wie sie sind, frei, in diese Existenz einzutreten und wieder zu gehen. Diesen Raum habe ich zu feiern beschlossen, und wenn ich seine ruhige Weite ehre, weitet er sich in mir und um mich herum sogar noch aus.

Die erste Lektion lädt uns ein, mit dem Leben mitzuschwingen und über unsere Gefühle zum größeren Raum unseres ganzen, ungeteilten Selbst zu gelangen. Stellen Sie sich einmal vor, Sie seien eine wunderschöne akustische Gitarre. Das Leben spielt ständig auf Ihren Saiten, manchmal auch ziemlich unsanft. Wenn wir versuchen, das Leben abzuwehren – so dass nie an unseren Saiten gezupft wird –, können wir die Musik nicht hören. Lassen wir unsere Saiten erschlaffen, weil wir sie nicht benutzen und nicht regelmäßig nachspannen, erfahren wir nie, wie wir klingen könnten. Bleiben wir hingegen auf uns eingestimmt, können wir sämtliche Untertöne und Schwingungen und auch die der Nachbarsaiten hören. Der Raum in der Gitarre ist es, der den Klang erzeugt. Sind wir sensibel, können wir den stillen Raum im Herzen und in der Seele unseres Instruments hören, die Quelle, aus der alle Töne hervorsprudeln.

Die erste Lektion handelt nicht von Eindimensionalität

Ein nur oberflächliches Verständnis der ersten Lektion hat einige Menschen veranlasst, den Stoikern und Taoisten Eindimensionalität vorzuwerfen. Aber es geht bei der ersten Lektion keinesfalls um eine eingeschränkte Sicht der Dinge, sondern darum, uns selbst und das Leben aus der Sicht des Ganzen zu feiern. Wenn Sie Ihr Herz für alles Leben öffnen – ohne sich an irgendetwas zu klammern –, nehmen Sie voll am Leben teil. Sie konzentrieren sich nicht auf einen Bereich des Lebens, um sich nur darauf zu beschränken und zu sagen:»Darum geht es!«

Die erste Lektion zeigt uns, dass die Wirklichkeit heilig ist. Der Ärger, den Sie empfinden mögen, entspringt Ihrer Ganzheit und birgt diese Ganzheit in sich. Wenn Sie zulassen, dass Ihre Aufmerksamkeit ohne Urteil auf dem Ärger ruht, erleben Sie die glückliche Überraschung, deren Widerspiegelung ich als Therapeut auf den Gesichtern Tausender von Klientinnen und Klienten gesehen habe: Ihr Ärger löst sich wieder auf in die Ganzheit. Die Quantenphysik vermittelt uns das Gleiche wie die Mystiker: Das Ganze ist in allem. Die göttliche Natur des Universums erschließt sich denen, die sich ihr zuwenden und ihr lauschen, und schimmert selbst in den Aspekten des Lebens durch, die völlig weltlich scheinen.

Die erste Lektion verhilft Ihnen zu innerem Frieden und entfaltet ihre Magie in Ihren Beziehungen. Wenn Sie sich erst einmal im weiten Raum der Essenz heimisch niederlassen, können Sie auch die Essenz anderer Menschen viel leichter wahrnehmen. Sie verwickeln sich nicht in die Emotionen anderer Menschen und deren Projektionen auf Sie, weil Sie sehen können, wer der andere in seiner Essenz wirklich ist. Damit wird wirkliche Beziehung – anderen Menschen von Essenz zu Essenz begegnen – schließlich doch möglich.

Natürlich wünschte ich, diese Weisheit bereits in einigen der wirklich schwierigen Phasen meines Lebens besessen zu haben. Es gab eine lange Zeit in meinem Leben, in der ich meinem wahren Selbst entfremdet war. Da ich nicht in mir ruhte, hielt ich meine Persönlichkeit für das, was ich wirklich war. Ich glaubte nicht mehr zu sein als ein Streber, ein Macher und ein Mensch, der es allen recht machen wollte. Da ich keinen Zugang zu dem offenen Raum hatte, der meine Gefühle barg, wurde ich von meinen Gefühlen beherrscht – entweder ich verleugnete sie, ließ mich von ihnen mitreißen oder rechtfertigte sie. Es kam mir nie in den Sinn, einfach mit meinen Gefühlen zu sein oder sie anzuerkennen. Da ich das »Sein« meines Menschseins nicht gefunden hatte, nahm ich all das flüchtige Kommen und Gehen an der Oberfläche viel zu ernst.

Die Macht der Essenz

Es liegt sehr viel Macht darin, den Raum reinen Bewusstseins in sich zu finden. Wenn Sie diesen Raum erst einmal spüren können, haben Sie keinerlei Zweifel mehr an der göttlichen Natur des Universums und Ihrer Verbundenheit damit. Der Raum, den Sie in Ihrem Körper und Ihrem Geist fühlen, geht nahtlos über in den umfassenderen Raum des Kosmos. Dieser Raum ist etwas ebenso Göttliches wie das Trinken von Wasser, das unseren Durst löscht, der nicht dadurch gestillt wird, dass wir die chemische Formel von Wasser auf einer Tafel lesen. Der Zen-Autor Daisetz T. Suzuki schreibt, »die Entdeckung, dass das Universum und wir nichts Getrenntes sind, sondern ein innig verwobenes, pulsierendes Ganzes, fährt wie ein Donnerschlag in uns«.

Im 20. Jahrhundert hat der Visionär Black Elk, ein amerikanischer Ureinwohner, seine Version dieses Grundsatzes folgendermaßen formuliert: »Der erste und wichtigste Frieden ist der, der in der Seele von Menschen entsteht, wenn sie ihre Beziehung zum Universum sowie ihre Einheit mit all seinen Kräften erkennen und begreifen, dass im Zentrum des Universums der Große Geist wohnt und dieses Zentrum wirklich überall ist. Es ist in jedem von uns.«

Von einem völlig anderen Hintergrund ausgehend – dem der Quantenmechanik –, beschreibt der Physiker David Bohm im Wesentlichen das Gleiche. Er beruft sich auf einen primären Zustand der Einheit, den er als »implizite Ordnung« bezeichnet, in der alles enthalten ist und aus der alles hervorgeht. Aus diesem Raum heraus entfaltet sich alles, was im Universum existiert, und findet zu sich selbst. Jedes Element des Universums enthält in sich die Ganzheit, der es gleichzeitig entstammt. Wir sind in die Ganzheit des Kosmos ebenso eingebettet wie diese in uns.

Das Faszinierende der ersten Lektion liegt unter anderem darin, dass sich diese großartige Idee ganz einfach beweisen lässt. Eine nur zehn Sekunden dauernde Übung wird jeden Anflug eines Zweifels beiseite räumen. Gehen Sie von einem ganz realen augenblicklichen Geschehen aus – vielleicht einer Verspannung in Ihren Schultern, einem ständig wiederkehrenden Gedanken oder dem Gefühl von Angst in der Magengrube. Lassen Sie Ihre Aufmerksamkeit, ohne zu urteilen, auf dieser Wirklichkeit ruhen, und zwar so lange, bis Sie eine Veränderung spüren. Wenn Sie ein paar Sekunden bei dieser Übung bleiben, werden Sie wahrscheinlich nacheinander Folgendes empfinden: Gehen wir einmal davon aus, dass Sie sich auf ein Gefühl von Müdigkeit in den Schultern konzentrieren. Zuerst nehmen Sie diese Empfindung als etwas fest Umrissenes wahr. Sie fühlt sich vielleicht an wie eine Blockierung oder ein verspanntes Band. Wenn Sie Ihre Aufmerksamkeit weiter auf diese Empfindungen richten, verwandeln sie sich in etwas Schillerndes und Bewegliches. Jetzt nehmen Sie keine fest umrissene Empfindung mehr wahr, sondern vielmehr ein Kribbeln, Vibrieren oder Pulsieren. Wenn Sie bei diesen neuen Empfindungen bleiben, empfangen Sie wenige Sekunden später die eigentliche Belohnung für diese Übung. Plötzlich wird dort, wo Sie bislang eine Blockierung empfunden haben, ein Gefühl von Raum spürbar. Wie ist das möglich?

Das ist deswegen möglich, weil das, was schaut – Ihr Bewusstsein –, zugleich das ist, wonach Sie Ausschau halten. Auf dem Grund von allem, was ist, ist Bewusstsein, und alles, was uns ausmacht, geht daraus hervor. Wenn Sie also Ihr Bewusstsein bewusst einsetzen, um etwas zu erforschen, findet es schnell zu sich selbst. Das muss so sein, denn es ist Hintergrund und Vordergrund von allem, was existiert.

Die Antwort auf die Frage: Wer bin ich?

Die erste Frage wendet sich an das Herz dessen, wer wir im Universum sind. Sie besagt, dass wir alle gleiche Teile eines Ganzen sind; wenn wir so tun, als sei jeder von uns etwas Besonderes, ist das nicht nur eine bloße Fantasie, sondern sogar eine potenziell verheerende. Wie Thaddeus Golas, Autor von *The Lazy Man's Guide to Enlightenment*, schreibt: »Wir sind alle gleiche Wesen, und das Universum besteht aus unseren Beziehungen zueinander.« Wir müssen auf der Hut sein vor Überzeugungen, die uns aus der Einheit mit dem Universum herausfallen lassen. In dem Augenblick, wo wir diese Vorstellungen übernehmen, wird unser Kraftfeld dicht und undurchdringlich. Wenn wir glauben, wir seien gefallene Engel, weiterentwickelte Affen oder reinkarnierte Lamas, hören wir auf, mit der Ganzheit zu schwingen. Dann beginnt der Konflikt, der erst beendet ist, wenn wir die Einheit wieder umarmen.

Diese Idee hat enorm praktischen Wert. Wenn wir mit dem Ganzen schwingen, öffnen wir uns für eine innige Verbindung mit dem unterstützenden Nährboden, der unser Universum ist. Es kann kein Zweifel daran bestehen, dass das Universum uns kontinuierlich unterstützt. Denken Sie zum Beispiel zurück an den Beginn Ihres Lebens. Vielleicht waren Sie bei der Empfängnis ungeplant oder ungewollt und damit vielen negativen Energien ausgesetzt, während Sie im Schoß Ihrer Mutter heranwuchsen; und doch erhielten Sie gleichzeitig ständig Unterstützung von dem nährenden Umfeld, in dem Sie sich entwickelten. Sie bezogen Nahrung aus dem Blutkreislauf eines anderen Menschen, und selbst wenn Sie mit Nikotin, Alkohol oder Angstgedanken belastet wurden, reichte diese Nahrung für Sie zum Überleben aus.

Wenn wir, Sie und ich, uns heute durch die Welt bewegen, werden wir unterstützt von einem weitläufigen Umfeld von Menschen und Dingen, die für uns da sind. Die Person, die Ihr Steuerrad neu justiert, der Bürger von Macao, der die Trainingshosen genäht hat, die ich gerade trage, die Genies, die das erstaunliche Gerät konstruierten, auf dem meine Finger diese Worte tippen, und natürlich die Menschen, die mir zu schreiben und Ihnen zu lesen beibrachten – sie alle sind Teil des nährenden Umfelds, in dem wir leben. Ich halte nicht oft inne, um das anzuerkennen und mich für alles zu bedanken, was ich bekomme, aber wenn ich es tue, dann fühle ich mich besser. Wenn ich meine Dankbarkeit zum Ausdruck bringe, indem ich meinen Hochschulprofessoren oder dem Geistlichen aus meiner Jugendzeit eine Dankeskarte schreibe, dann fühle ich mich mit mir selbst und der Welt, die mich umgibt, stärker verbunden.

Die erste Lektion lehrt uns, Kontakt herzustellen mit unserer Essenz und mit der Ganzheit des Universums in Einklang zu kommen. Wenn wir nicht wissen, wer wir wirklich sind, und wir mit dem Rest des Lebens keine Verbindung haben, können wir nicht handeln. Dann können wir lediglich reagieren, und daraus kann nichts wirklich Kreatives entstehen. Aber wenn wir die erste Lektion verinnerlichen, verändert sich plötzlich alles. Wissen, wer wir sind, uns in Einklang mit unserer Umgebung fühlen – das ist unsere Ausgangsposition. Von hier aus können wir zum Handeln übergehen, das dann unserer Ganzheit entspringt. Und damit wird die zweite Lektion für ein bewusstes Leben relevant.

Die zweite Lektion für ein bewusstes Leben: Suchen Sie Ihr wahres Selbst

Bei der zweiten Lektion geht es darum, *die richtigen Prioritäten zu setzen. Konzentrieren Sie sich zuerst auf die Frage, wer Sie sind, und richten Sie dann Ihr Handeln nach diesem Ort tiefer Selbstkenntnis aus.* Ihr Innenleben muss ebenso genährt und gepflegt werden wie Ihr physischer Körper. Konzentrieren Sie sich nicht nur auf äußere Erscheinungen und Errungenschaften, während Sie Ihr Innenleben verkommen lassen.

Viele von uns leben in einer verkehrten Welt. Wir richten unsere Aufmerksamkeit auf äußere Dinge. Wir gründen unser äußeres Leben nicht auf die lebendige, atmende und beständige Frage, wer wir im Kern unseres Wesens sind. Ohne eine Nabe kann das Rad unseres Lebens sich nicht wirksam drehen.

Auch diese Lektion hat einen enorm praktischen Wert. Sie hat mir das Leben unendlich erleichtert und mir wachsenden Erfolg beschert. Bevor ich die zweite Lektion entdeckte, bin ich mit Hindernissen völlig anders umgegangen. Wenn ich in der äußeren Welt auf Widerstand stieß, habe ich entweder aufgegeben oder versucht mich durchzukämpfen. Ich hielt die Hindernisse für ein reales äußeres Geschehen. Ich möchte Ihnen nicht raten, die rote Ampel auf dem Weg zur Arbeit morgen Früh für eine Halluzination zu halten. Sie ist ohne Zweifel real. Aber vielleicht wäre sie grün, wenn Sie nicht so in Eile wären. In früheren Zeit habe ich so oft auf Ampeln geschimpft, dass ich nie zu der entscheidenden Frage vordrang: Was ist es in mir, das mich ständig auf Hindernisse stoßen lässt?

Lassen Sie mich ein Beispiel dafür geben, wie diese Lektion die Richtung unseres Lebens verändern kann. In den 70er-Jahren war ich in Bezug auf ein bestimmtes Thema sehr gespalten. Ich fühlte mich mit Herz und Seele zu einer Psychologie und einer Spiritualität hingezogen, die sich im Leben praktisch anwenden ließen. Ich wollte mich bei den Texten, die ich schrieb, auf praktische Schritte konzentrieren, die jeder in seinem täglichen Leben sofort anwenden konnte. Ich ging noch weiter und fand, wir sollten das Fach Psychologie umbenennen in »bewusst leben«. Wenn Menschen an einem Psychologieseminar teilnahmen, dann sollten sie eine Stunde oder ein Semester später aus der Tür gehen und wissen, wie sie erfüllter leben konnten. Ich war völlig überzeugt davon, dass die Psychologie nur da wirklich nützlich war, wo sie Menschen half, nach eigenem Plan statt aus dem Mangel heraus zu leben. Hier war ich, ein akademischer Psychologe – zuerst in Standford, dann an der University of Colorado –, und plötzlich wachte ich auf, um eine äußerst schmerzliche Entdeckung zu machen: Die akademische Psychologie ist überwiegend wertlos und, noch schlimmer, sie vergeudet die Kräfte vieler kluger Menschen.

Eines Tages, als ein intelligenter neuer Student aus dem Nahen Osten auftauchte, um sich seinen Traum von einem Psychologiestudium in Amerika zu erfüllen, hatte ich so etwas wie eine negative Eingebung. Er erzählte mir, sein Professor habe ihm gerade aufgetragen, das Verhalten einer bestimmten Ameisenart zu erforschen, wenn diese Licht ausgesetzt wurde. »Ich bin sehr enttäuscht«, sagte er. »Ich kann meinem Vater, der sehr große Opfer gebracht hat, damit ich hier studieren kann, doch nicht erzählen, dass ich Ameisen beobachte. Ich habe mir das Psychologiestudium völlig anders vorgestellt.«

Ich knirschte stumm mit den Zähnen. »Ich auch«, sagte ich.

Ich unterrichtete die höheren Fachsemester an einer großen Universität, an der man, um aufzusteigen, in den einschlägigen Fachzeitschriften veröffentlichen musste. In den ersten Jahren meines Berufsweges schrieb ich auch einige entsprechende Artikel, aber ich tat es nur widerstrebend und halbherzig. Es fühlte sich wie Zeitverschwendung an, vor allem verglichen mit der freudigen Erregung, die ich empfand, wenn ich tat, was ich wirklich wollte.

Sogar an der konservativen Forschungseinrichtung von Stanford stritt ich mit meinen Professoren darum, unsere effektiven Modelle aus dem Elfenbeinturm »auf die Straße« zu bringen, damit Menschen sie praktisch anwenden konnten. Wir besaßen etwas so Wertvolles, dass wir jede Anstrengung unternehmen sollten, um es Menschen in die Hände zu geben. Das war zu einer Zeit, wo Selbsthilfebücher noch nicht so populär waren wie heute, deswegen konnte ich nicht auf entsprechende Beispiele verweisen. Ich wusste jedoch in meinem Herzen, dass Menschen Interesse an diesem Wissen zeigen würden, wenn wir nur Wege fänden, es ihnen zukommen zu lassen.

Der Tag, der alles veränderte – und damit der Tag, an dem ich die zweite Lektion praktisch anwandte –, begann mit einem unerfreulichen Erlebnis. Mein erstes Buch sollte in den nächsten Tagen herauskommen, und ich wartete ungeduldig darauf, dass es eintraf. Es war ein Buch, in dem ich Entspannungs- und Konzentrationsübungen beschrieb, die Lehrerinnen und Lehrer an Schulen einsetzen konnten, damit die Kinder wacher und entspannter wurden. Schließlich war es so weit. Ich öffnete eines der Pakete und fand darin nicht nur das nagelneue Buch, sondern auch eine wunderbare Nachricht. Ein Buchclub für Lehrer hatte mein Buch zum Buch des Monats gewählt, und das hieß, es würde an Tausende von Lehrerinnen und Lehrer verschickt, die an Schulen unterrichteten. Das übertraf meine kühnsten Träume.

Fast hüpfend vor Aufregung zeigte ich mein Buch einem Kollegen, der vor den Briefkästen stand und seine Post durchging. Während ich ihm begeistert von der Sache mit dem Buchclub erzählte, nahm er das Buch in die Hand und beäugte es geringschätzig. Ohne es aufzuschlagen, reichte er es mir zurück und sagte: »Ich nehme an, es macht Spaß, so etwas zu schreiben, aber wozu soll das gut sein?« Mit dem gleichen Kraftaufwand, sagte er, hätte ich auch wirkliche psychologische Fachliteratur schreiben können (damit meinte er eine experimentelle Studie mit Statistiken für eine Fachzeitschrift, die die Texte in Kleinschrift veröffentlichte). Sich mit einem trübsinnigen Kopfschütteln abwendend, sagte er, er wünschte, er hätte die Zeit, »nur aus Spaß an der Freude etwas zu schreiben«.

Ich war ärgerlich über seinen Dämpfer, aber neben dem Ärger fühlte ich eine tiefe Traurigkeit und Angst. Traurig war ich, weil mein Beitrag keine Anerkennung fand, und Angst empfand ich, weil ich vielleicht auf dem falschen Weg war. (Später fand ich heraus, dass bei diesem Gespräch möglicherweise auch Neid im Spiel war. Mein Kollege hatte vor einigen Jahren selbst ein Handbuch für unterrichtende Lehrer geschrieben, von dem nur 500 Exemplare verkauft worden waren und das man nie neu aufgelegt hatte.)

An jenem Abend setzte ich mich zu Hause hin und spürte den Schmerz über die vernichtende Verachtung meines Kollegen. Innerlich schwankte ich zwischen Vorwürfen und Scham. Einerseits dachte ich, wie Unrecht er hatte, aber im nächsten Augenblick überstürzten sich die Gedanken, die mir einredeten, das sei alles mein Problem. Während meine Gefühle heftiger wurden, überschlugen sich in meinem Kopf Gedanken, die vor übertriebenen Verallgemeinerungen strotzten. Schon bald war ich das einsame, missverstandene Genie im Kampf gegen die Kräfte des verfluchten Fundamentalismus, der mein geliebtes Fachgebiet bedrohte. Dann wechselte meine innere Haltung: Ich begriff plötzlich, dass ich diese Spaltung so lange empfinden würde, wie ich mir über meine Absicht nicht im Klaren war. Wenn ich mir meiner Absicht wirklich sicher wäre – genau wüsste, was ich wollte –, würde ich sie auch wirkungsvoll vermitteln können, so dass meine Kolleginnen und Kollegen zumindest wüssten, wodurch mein Handeln motiviert war. Auch wenn sie meinen Aktivitäten nicht Beifall klatschen würden, würden sie sie zumindest respektieren, weil sie auf klaren Intentionen beruhten.

Und genauso kam es. Während ich zu Hause dasaß, stellte ich mir folgende Frage: Worin besteht der Sinn meines Lebens? Zunächst kam nichts, aber während ich dieser Frage weiter nachsann, begann sich eine Antwort zu formen, ähnlich wie ein Foto, das in der Dunkelkammer allmählich Konturen annimmt. Als sie schließlich klar war, empfand ich ein Gefühl von Frieden und Gelöstheit, das sich in meinem ganzen Körper ausbreitete. Der Sinn meines Lebens war folgender: Liebe und Kreativität täglich in mir wachsen zu lassen und Menschen zu unterstützen, die ebenfalls liebevoller und kreativer werden wollten. Ich hatte die ordnende Grundlage für mein Leben und meine Arbeit gefunden.

Den Sinn Ihres Lebens zu kennen ist deswegen so wertvoll, weil Sie all Ihr Handeln sofort daran überprüfen können. Dient das dem Sinn meines Lebens oder nicht? Meine Arbeit an der Universität veränderte sich einschneidend. Ich hörte auf, jemand sein zu wollen, der ich nicht war. Ich hatte mehr Interesse an der Welt der Beziehungen und Verbindungen als an statistischer Signifikanz und Beweisführung. Das Wichtigste, was ich in meinem Fachgebiet gelernt hatte, ging vor allem auf Kontakte mit anderen Menschen zurück, bei denen etwas Entscheidendes passierte. Ich hatte in Fachzeitschriften nie etwas gelesen, das auch nur annähernd so nützlich gewesen wäre wie die Erfahrung, einfach nur eine Stunde mit einer Klientin zusammenzusitzen.

Als mir der Sinn meines Lebens klar wurde, begann ich meine Werte zu formulieren. Ich wurde zum öffentlichen Sprecher für eine Forschungsrichtung, für die menschliche Nähe und Herzensbetonung zentral waren und die keine der üblichen Statistiken benutzte. Plötzlich schienen meine Kolleginnen und Kollegen ganz verändert. Sie waren nicht mehr verächtlich, sondern brachten mir Respekt entgegen – zunächst widerstrebend, schließlich aber um meine Arbeit aufrichtig zu schätzen. Zu meinem großen Erstaunen gewann ich einmal sogar den jährlichen Preis für herausragende Forschungsprojekte! Zu der Zeit kam mir das wie ein Wunder vor, aber später begriff ich, dass das eine der Auswirkungen war, in deren Genuss wir kommen, wenn wir den Sinn unseres Lebens kennen.

Wenn andere uns Respekt entgegenbringen, ist das eine schöne Sache, aber entscheidend ist unsere Selbstachtung. Es ist schwer, uns selbst zu achten, wenn wir nicht wissen, was wir tun und warum wir es tun. Wenn unser Handeln nicht auf der Grundlage des Wissens um unseren Sinn im Leben und der Selbstachtung beruht, die daraus entsteht, ist nichts, was wir tun, fruchtbar. Dieser stoische Gedanke wurde von der neuen Religion des Christentums übernommen und im Jakobusbrief mit den schönen Worten ausgedrückt: »Ein Mensch mit geteilter Seele ist haltlos auf all seinen Wegen.«

Es gibt viele Wege, festzustellen, worin Ihr Sinn im Leben besteht. Ich habe erkannt, dass das größte Hindernis der Glaube ist, eine mystische Quelle außerhalb von uns würde uns diesen Sinn liefern. Da ich zahlreichen Menschen geholfen habe, herauszufinden, worin ihr Lebenssinn besteht, weiß ich, dass genau das Gegenteil der Fall ist. Der beste Weg, Ihren Lebenssinn zu entdecken, besteht darin, ihn innerlich zu empfangen. Stellen Sie sich zu diesem Zweck Fragen wie:
- Was tue ich am allerliebsten?
- Welche Tätigkeit könnte mich so faszinieren, dass ich nie in den Ruhestand treten möchte?
- Was habe ich wirklich vor im Leben?
- Wie könnte ich den Sinn meines Lebens so weit fassen, dass er sich in allem, was ich tue – beim Schneeschaufeln, beim Liebesspiel, wenn ich im Bus sitze – ausdrücken kann?

Wenn Sie mit Ihrem Sinn im Leben tiefer in Einklang kommen, werden auch Ihre Ziele deutlicher. Ein eindeutiger Sinn scheint auch das klare Wissen nach sich zu ziehen, wie wir ihn zum Ausdruck bringen können.

Die erste und die zweite Lektion für ein bewusstes Leben bringen uns bei, uns selbst bedingungslos anzunehmen und uns für ein Gefühl tiefer Verbundenheit mit dem Universum und dessen Bewohnern zu öffnen. Weil Sie sich selbst besser kennen und sich mit dem Ganzen verbunden fühlen, beschleunigt sich Ihre Entwicklung. Jetzt brauchen Sie ein Steuerungsinstrument, mit dem Sie die Route festlegen. Und genau das ist die dritte Lektion für ein bewusstes Leben. Epiktet hat uns ebenso dringend geraten, es zu benutzen, wie Dutzende von weiteren Philosophen und Tausende von Therapeutinnen und Therapeuten. Ich habe selbst beobachtet, wie dieses Instrument im Leben von Menschen von dem Augenblick an, wo sie es verstanden haben, Wunder wirkte.

Die dritte Lektion für ein bewusstes Leben: Lassen Sie das Unkontrollierbare los

Wie bahnen wir uns unseren Weg durch das Gewirr von Informationen, denen wir tagtäglich ausgesetzt sind? Wie finden wir Sinn in den Abertausenden von Gedanken, Gefühlen und Handlungen, aus denen unser Tag besteht? Der menschliche Verstand springt, wenn er unkontrolliert und unkoordiniert ist, zwischen Fantasie und Realität, Vergangenheit und Gegenwart stündlich Hunderte von Malen hin und her. Er kaut besessen auf einem unwichtigen Gedanken herum, der uns in keiner Weise glücklicher oder kreativer macht, während er offensichtliche und wirklich wertvolle Möglichkeiten völlig übersieht. Die Alten erkannten dieses Problem und entwickelten Strategien, um damit umzugehen. Epiktet, der Stoiker, fand das folgende Prinzip so wichtig, dass er sein *Handbüchlein der Moral* damit einleitete:

»Eins steht in unserer Gewalt, ein anderes nicht.«

Diese Lektion ist bereits als solche ein äußerst wirkungsvolles Werkzeug für Selbstveränderung. Ich habe mit seiner Hilfe sowohl mein eigenes Leben revolutioniert als auch Tausenden von Patientinnen und Patienten gezeigt, wie sie ihres damit von Grund auf verändern können. Ich habe an früherer Stelle erwähnt, dass ich als Kind fettleibig war und zu einer bestimmten Zeit fast 50 Kilo Übergewicht hatte. Ich habe mit Hilfe der dritten Lektion abgenommen und erreicht, was nur wenigen Menschen gelingt. Es heißt, dass 90 Prozent der Menschen, die viel abnehmen, im Lauf der Zeit das meiste davon wieder zunehmen. Ich gehöre nicht zu ihnen. Ich habe viel Gewicht verloren und es in 25 Jahren nicht wieder angesetzt. Ein Grund dafür ist die dritte Lektion.

Die meisten Menschen konzentrieren sich so stark auf die Dinge, die sich nicht verändern lassen, dass ihnen die Energie fehlt, die wirklich veränderbaren Dinge zu verändern. Vielleicht sitzen wir zu Hause herum, grübeln über eine Beziehung nach, die in der Krise steckt, und übersehen dabei völlig die simple Möglichkeit, ans Telefon zu gehen und den Menschen anzurufen. Das Gleiche gilt für das Abnehmen. Niemand von uns kann sein Gewicht kontrollieren.

Stellen Sie sich vor, in Ihrem Verstand stünden zwei Aktenordner. Auf dem einen steht »Dinge, die ich kontrollieren kann«, und auf dem anderen »Dinge, die ich nicht kontrollieren kann«. Unser Gewicht gehört eindeutig in den Ordner mit der Aufschrift »Dinge, die ich nicht kontrollieren kann«.

Wenn Sie glauben, Ihr Gewicht kontrollieren zu können, dann sollten Sie sich einmal auf die Wage stellen und beschließen, zwei Kilo abzunehmen. Sie werden sehen, dass der Zeiger der Wage sich bei dieser Entscheidung nicht bewegt. (Sollten Sie damit Erfolg haben, nehmen Sie bitte sofort Kontakt mit mir auf, denn dann könnten wir ein spannendes geschäftliches Unternehmen starten.) Tatsache ist, wir haben keine Kontrolle über unser Gewicht. Und trotzdem beschäftigen sich viele Menschen wie besessen mit ihrem Gewicht, während sie immer mehr zunehmen. Ich habe mit Klientinnen und Klienten gearbeitet, die sich am Tag zwanzig- bis dreißigmal wogen. Ihre Besessenheit vom Unkontrollierbaren frisst sämtliche Energien, die besser auf die Dinge gerichtet werden sollten, welche tatsächlich ihrer Kontrolle unterliegen.

Zwei Dinge, die Ihr Gewicht beeinflussen, gehören in Ihren Ordner mit der Aufschrift »Dinge, die ich kontrollieren kann«: die Art Ihrer Ernährung und das Maß an Bewegung, dass Sie sich verschaffen. Wenn Sie Ihr Gewicht als Realität annehmen und aufhören, sich ständig Gedanken darüber zu machen, haben Sie genügend Energie, darauf zu achten, was Sie zu sich nehmen und ob Sie täglich für ausreichend Bewegung sorgen.

Unser Leben beginnt sich erst dann zu ändern, wenn wir die volle Verantwortung für den neuen Weg übernehmen, und für diesen neuen Weg brauchen wir unsere ganze Kraft. Das erfordert, dass wir aufhören, uns auf Dinge zu konzentrieren, die nicht unserer Kontrolle unterliegen, und dass wir unsere gewaltigen Energien bündeln, um sie auf die Dinge zu richten, die wir kontrollieren können.

Als ich mein Gewichtsproblem aus dieser Perspektive betrachtete, tat sich eine völlig neue Möglichkeit auf. Ich hörte auf, mir über mein Gewicht Sorgen zu machen, und richtete meine Aufmerksamkeit einfach auf die Dinge, die meiner Kontrolle unterlagen. Ich bedachte sorgfältig jeden Bissen, den ich zu mir nahm. Ich nahm in einem Monat 14 Kilo ab und fühlte mich besser als je zuvor in meinem Leben. Ich kaufte mir ein billiges Fahrrad und machte meine erste Fahrradtour seit Jahren. Schon bald konnte ich ohne meine täglichen Übungen gar nicht mehr auskommen. In sechs Monaten nahm ich fast 35 Kilo ab und verlor im nächsten halben Jahr, wenn auch langsamer, noch mehr Pfunde. 25 Jahre später habe ich immer noch die Tendenz, schnell zuzunehmen. Aber ich sorge weiterhin jeden Tag für ausreichend Bewegung und achte darauf, was ich esse. Diese Dinge kann ich kontrollieren; mein Gewicht hingegen nicht.

Die meisten Dinge entziehen sich unserer Kontrolle. Ob andere uns mögen oder nicht, die Gefühle der Menschen in unserem Leben – wie auch unsere eigenen Gedanken und Gefühle – können wir ganz offensichtlich nicht kontrollieren. Bei anderen Dingen ist nicht so offensichtlich, dass sie sich unserer Kontrolle entziehen.

Selbst wenn manche Dinge Ihrer Kontrolle unterliegen – zum Beispiel Sport zu treiben oder nur Gemüse zu essen –, bekommen Sie diese erst dann in den Griff, wenn Sie sich verbindlich dafür entscheiden, sie zu verfolgen, und einen entsprechenden Plan entwickeln. Wenn Sie etwas nicht kontrollieren können und weder eine Entscheidung gefällt noch einen Plan haben, dann gibt es nur eine gesunde Alternative: reine Akzeptanz. Mit »rein« meine ich eine bedingungslose, totale, ganz im Körper verankerte Akzeptanz, bei der Sie jeden Versuch der Kontrolle aufgeben. Dieser Schritt ist sehr wirkungsvoll. Alkoholiker, die von den Anonymen Alkoholikern profitieren, verändern mit diesem Schritt ihr Leben. Sie stellen sich vor die Gruppe hin und sagen: »Hallo, ich heiße ... und bin Alkoholiker/in.« Sie geben zu, machtlos über den Alkohol zu sein. Sie nennen die Dinge beim Namen und bekennen, dass sie mit Alkohol nicht umgehen können. Bis zu dem Tag haben sie oft jahrelang versucht, sich selbst, ihrer Familie sowie Freundinnen und Freunden einzureden, dass sie kein Problem mit dem Trinken hätten. Wenn sie ihre defensive Haltung aufgeben und ihren Alkoholismus akzeptieren, wird Energie frei für ihr Schlüsselunternehmen: heute keinen einzigen Schluck Alkohol zu trinken. Das funktioniert aufgrund der dritten Lektion. Wenn Sie etwas akzeptieren, was Sie nicht verändern oder kontrollieren können, können Sie Ihre ganze Aufmerksamkeit auf das richten, worüber Sie die absolute Kontrolle haben – ob Sie das Glas Wein zum Mund führen und einen Schluck nehmen oder nicht.

Die dritte Lektion lässt sich auch auf Gefühle anwenden.

Wenn Sie auf einen Fahrstuhl zugehen und eine altbekannte Angst in Ihnen aufsteigt, sollten Sie auf keinen Fall versuchen, diese zu kontrollieren. Das können Sie sowieso nicht, denn wenn Sie sie kontrollieren könnten, würden Sie sie wahrscheinlich nicht empfinden. Angst entzieht sich ohne Zweifel unserer Kontrolle. Darin liegen die Macht und der Gewinn. Wenn Sie Angst nicht kontrollieren können, besteht die einzig gesunde Alternative darin, sich zu entspannen und dieses Gefühl ganz zu akzeptieren. Wie ein Surfer, der sich einer großen Welle stellt, können Sie auf der Angst reiten und sich auf eine größere Version von sich selbst zubewegen. Der wesentliche Schritt besteht darin, den Fahrstuhl zu betreten. Ganz gleich, wie sehr Sie Ihre Gefühle akzeptieren, was wirklich zählt, ist der Handlungsschritt. Wenn Sie Ihre Angst akzeptieren, statt Widerstand dagegen zu leisten, ist es sehr viel leichter, den Fahrstuhl zu betreten. Im Augenblick des Akzeptierens kommen Sie in Einklang mit sich selbst, und damit wird dieser Moment zum Sprungbrett für wirkungsvolles Handeln.

Die ungesunden Alternativen sehen so düster aus, dass es schmerzlich ist, sie anzuschauen. Wenn Sie die Realität nicht so akzeptieren, wie sie ist, sind Sie dazu verdammt, Widerstand dagegen zu leisten. Sie verurteilen sich selbst dazu, einen Augenblick oder ein ganzes Leben lang zu wünschen, Sie würden die Erfahrung nicht machen, die Sie gerade machen, während Sie gleichzeitig nichts unternehmen, um sie zu verändern. Das ist tatsächlich die Hölle auf Erden. Doch selbst in der Hölle ist Akzeptanz nur einen Atemzug entfernt.

Ich bekam die ganze Macht der dritten Lektion in einer dunklen Zeit der Depression zu spüren. Vor langer Zeit befand ich mich einmal allein in einer Hütte in den Bergen und fühlte mich völlig verloren und einsam. Meine Freundin war auf Reisen und besuchte ihren anderen Freund, so dass ich außer mit Einsamkeit auch noch mit Eifersucht kämpfte. Mein alter VW-Bus war verrostet und stark mitgenommen, ich hatte kaum 100 Dollar auf meinem Konto, draußen fror es und das Wetter war miserabel. Während ich in meinem Wohnzimmer stand und ins Feuer starrte, kam mir eine Idee. Ich konnte all das genau so akzeptieren, wie es war. Statt mir zu wünschen, mich anders zu fühlen, statt mein ganzes Leben anders haben zu wollen, konnte ich die Kontrolle aufgeben und es so akzeptieren, wie es war. Als ich meinen Widerstand aufgab, spürte ich, wie plötzlich Energie in mir aufstieg. Wahrscheinlich verwandelte sich mein ganzes Elend genau in dem Augenblick in Licht und Energie, in dem ich innerlich von »Widerstand« auf »Akzeptanz« umschaltete. Plötzlich empfand ich die reine Ekstase – eine Welle nach der anderen –, und das hielt drei Tage an! Bevor ich es selbst erlebte, hätte ich so etwas nie für möglich gehalten. Das ist die Macht der dritten Lektion.

Die vierte Lektion für ein bewusstes Leben: Wir sind alle aus demselben Stoff

Mindestens 500 Jahre vor Beginn des Christentums entwickelte sich im Mittelmeerraum und im Fernen Osten eine bemerkenswerte Idee. Später würden wir sie in der Bibel wiederfinden, wo geschrieben steht: »Das Himmelreich ist in uns.« Aber die frühere Version dieses Gedankens wurde von Epiktet folgendermaßen formuliert: »Du bist ein entscheidender Teil der Essenz Gottes und trägst selbst einen Teil von Gott in dir.« Mehrere hundert Jahre später drückte der Prophet des Islam diesen Gedanken mit den Worten aus: »Wer sich selbst kennt, der kennt Gott.«

Wo immer wir stehen und gehen, wir tragen das Universum und dessen göttliche Essenz in uns. Das ist ein radikaler Gedanke – radikal stammt ab vom lateinischen radix = Wurzel –, weil er unsere Wahrnehmung von uns selbst grundlegend wandelt.

Die vierte Lektion besagt: *Wenn wir uns tief genug in die Essenz dessen versenken, wer wir sind und wer andere sind, machen wir die Erfahrung, dass wir alle mit dem Göttlichen verbunden sind.* Wenn wir unsere Konditionierungen hinter uns lassen, dann bleibt in unserem Kern die göttliche Essenz des Universums, die uns erfüllt. Wenden Sie sich nach innen, um das Göttliche zu kosten, nicht nach außen an die zusammengefassten Erfahrungen anderer Menschen.

Nehmen wir an, Sie haben Nackenschmerzen. Sie können dagegen angehen, als sei der Schmerz ein Eindringling, ein Angreifer, eine Verschwörung gegen Sie. Oder Sie sind der Ansicht, dass Sie von ihm etwas lernen können – dass er tatsächlich Ihr Freund ist. Natürlich können Sie in beiden Fällen ein Schmerzmittel nehmen, aber im zweiten Fall lernen Sie zusätzlich etwas.

Gehen wir einmal davon aus, Sie schlagen den Weg des Lernens ein. Der erste Schritt besteht darin, dass Sie den Schmerz befragen. Wie ist er entstanden? Wann ist er Ihnen zum ersten Mal aufgefallen? War das beim Aufwachen? Oder unmittelbar nach dem überraschenden Anruf Ihres Chefs, der Ihnen mitteilte, dass Sie wieder einmal Mist gebaut haben?

Viele Menschen finden solche Fragen lächerlich. Ich kann Ihnen aufgrund meiner Behandlung von Hunderten von Klientinnen und Klienten mit chronischen Schmerzen aber sagen, dass genau der Menschentyp, der diese Fragen für lächerlich hält, bevorzugt zu chronischen Schmerzen neigt. Menschen, die unter chronischen Schmerzen leiden, sind oft die Ersten, die Ihnen erzählen, dass ihr Schmerz überhaupt nichts mit ihnen selbst zu tun hat. Sie lehnen die Vorstellung vehement ab, dass ihr Schmerz in irgendeiner Form durch ihr eigenes Verhalten bedingt sein könnte. Und vor allem hassen sie den Gedanken, er könne darauf zurückgehen, dass sie ihre Gefühle nicht in vernünftiger Form zum Ausdruck bringen. Hingegen lieben sie den Gedanken, dass ihr Kopfschmerz durch das Wetter, negative Ionen, Hefepilze, Biorhythmen, schlechte Gene oder Hunderte von anderen Umständen bedingt ist, die ich im Laufe der Jahre von meinen Patienten gehört habe. Sie hängen an der Idee, dass ihr Schmerz wegoperiert, ausradiert, wegtherapiert, ausgemerzt werden kann – welche Form von »aus« und »weg« auch immer. Das kosmische Paradoxon ist hier natürlich, dass genau diese Art des Denkens – »Mein Schmerz ist nicht richtig und muss weg« – der Grund dafür ist, warum die betroffene Person Schmerzen hat.

Aber Sie beschließen, über Ihre Nackenschmerzen anders zu denken. Sie vertreten eine Sichtweise, die sich aus der vierten Lektion für ein bewusstes Leben ergibt, dass nämlich selbst Ihren Nackenschmerzen etwas Göttliches innewohnt. Sie können etwas so Alltägliches als Ihren Weg zum Göttlichen benutzen.

Also erforschen Sie den Schmerz. Sie spielen damit, drehen Ihren Kopf in verschiedene Richtungen. Sie stoßen auf ein Ziehen zwischen Ihrem rechten Schulterblatt und Ihrer Wirbelsäule. Statt hier mit einem »Na und?« abzubrechen und sich ein Glas Wasser zu holen, forschen Sie weiter. Sie spielen mit der Verbindung zwischen dem Schmerz im Nacken – Nein! *Ihrem* Nacken! – und dieser kleinen Stelle in der Nähe Ihres Schulterblatts. Plötzlich kommt Ihnen ein Gedanke. Der Schmerz begann am Abend zuvor, als Sie in den Nachrichten Zeuge einer Tragödie wurden, bei der Sie sich völlig hilflos fühlten. Sie erkennen, dass Sie wütend waren über das, was man Unschuldigen angetan hat (Unbekannte hatten eine Bombe auf einen Schulbus geworfen), aber Sie wussten nicht, was Sie dagegen unternehmen konnten, und so haben Sie das alles vergessen. Aber Ihr Körper hat es nicht vergessen. Er hat sich die ganze Nacht über daran erinnert und ist vor Ihnen aufgewacht, um Sie heute daran zu erinnern.

Während Sie diesen Zusammenhang herstellen, spüren Sie, wie Ihr Nackenschmerz nachlässt. Aber Sie machen hier nicht Halt. Sie fahren fort, die Empfindungen zu erforschen, und dann bekommen Sie Ihre große Belohnung. Sie fühlen sich den unschuldigen Menschen in jenem Bus verbunden. Sie öffnen sich für die Herzensverbindung mit den verletzten Personen in jenem Bus und der verletzten Unschuld in Ihnen selbst. Ihr Schmerz ist der Schmerz der anderen, und deren Schmerz ist Ihr Schmerz. Sie begreifen, dass es weder in dieser Welt noch in irgendwelchen anderen Welten so etwas wie Trennung gibt. Und Sie erkennen auch, dass Schmerz durch Trennung bedingt ist, durch unseren Versuch, so zu tun, als wären wir »anders als andere« oder »verschieden« von dem, was wir außerhalb von uns wähnen.

So ist nicht nur Ihr Nackenschmerz verschwunden, Sie haben an seiner Stelle auch Ihre ursprüngliche kosmische Verbundenheit mit der Welt wiedergefunden. Wir sind alle eins und wir sind alle göttlich. Selbst Ihr Nackenschmerz ist ein Ausdruck des Göttlichen, wenn Sie wissen, wie Sie sich sein spirituelles Potenzial erschließen können.

Ich benutze diese Methode seit Jahrzehnten in der Arbeit mit Menschen, die unter chronischen Schmerzen leiden. Diese Art des Denkens hat mir sehr viel gebracht, und es funktioniert. Ich habe bei Hunderten von Menschen erlebt, wie ihre Kopf- und Rückenschmerzen langsam abnahmen, wenn sie genauso vorgingen, wie ich es gerade beschrieben habe. In einigen bemerkenswerten Fällen passierte das so schnell, dass es mir vorkam wie ein Wunder, das sich vor meinen Augen vollzog.

Der Gedanke der vierten Lektion war für die Taoisten ebenso zentral wie für die Stoiker. Auch Therapeutinnen und Therapeuten arbeiten täglich damit, ob es ihnen bewusst ist oder nicht. Therapeutisch arbeiten heißt vermitteln, dass wir den organischen Prozessen menschlicher Wesen vertrauen. Wenn unsere Klienten zum Beispiel traurig sind, laden wir sie ein, diese Emotion in der Tiefe zu spüren, statt sie zu zerreden. Wir bitten sie, ihre Aufmerksamkeit nach innen auf die Quelle des Gefühls zu richten, statt nach außen. Dieses Vorgehen beruht auf der vierten Lektion. Sie vermittelt uns, dass wir uns selbst vertrauen können, weil wir, wenn wir mit unserer Aufmerksamkeit tief genug nach innen wandern, schließlich dem Göttlichen begegnen. Deshalb müssen wir auf dem Weg nichts fürchten. Wir wissen mit Black Elk, Epiktet und Lao-tse, dass wir in unserem Innersten aus demselben Stoff gemacht sind, der das gesamte Universum gestaltet, und dass letzten Endes nur die Weite des inneren und äußeren Raumes existiert.

Viele Menschen verstricken sich in ein Dilemma, wenn

sie überlegen, ihr Leben zu verändern. Sie fragen sich, ob es besser ist, Ziele zu bestimmen und mit ihrer Willenskraft zu erreichen, was sie im Leben wollen, oder ohne Ziele zu leben, offen für den Fluss des Universums. Das Geheimnis besteht darin, beides zu tun. Um Erfüllung im Leben zu finden, müssen wir offen sein für das große Mysterium und in dessen weitläufigem Raum ein sinnvolles Leben führen.

Die Stoiker und die Taoisten raten uns, den Raum unangetastet zu lassen und ihn nicht mit den Überzeugungen auszufüllen, die wir von ihm haben. »Verliere nie eine heilige Neugier«, sagte Albert Einstein und lud uns damit ein, die Mysterien der Existenz niemals abschließend erklären zu wollen. Wir kommen aus dem großen Mysterium und werden dorthin auch zurückkehren. Riegeln wir das Mysterium nicht ab, während wir hier sind, sondern halten wir es lebendig, indem wir jeden Augenblick feiern. Geben Sie sich nicht mit oberflächlichen Erklärungen des Mysteriums zufrieden. Genießen Sie es, tanzen Sie mit ihm, bringen Sie einen Toast auf es aus, aber geben Sie nicht vor, alle Antworten auf das Unerklärliche zu kennen.

Diese Vorstellung widerspricht dem Gedankengut des Fundamentalismus, der in der alten Welt vorherrschend war und in unserer Zeit wieder aufgelebt ist. Die Fundamentalisten haben fertige Erklärungen für das Mysterium. Sie wissen, wer es erschaffen hat und wer es auf Erden repräsentiert. Kriege sind über diese Themen geführt worden und Millionen von Menschen infolge der Debatten über sich widersprechende Erklärungen des Mysteriums gestorben. Für die Stoiker und Taoisten hingegen ist nichts, über das man streiten kann, wert, dass darüber gestritten wird. Sie halten es für das Beste, wenn wir das Mysterium einfach würdigen – das Wasser zu trinken, statt über dessen chemische Formel zu diskutieren – und uns nicht zu sehr an bestimmte Theorien darüber klammern.

Sowohl nach den Stoikern als auch den Taoisten beruht unser spirituelles Wachstum letzten Endes darauf, dass wir uns den großen Realitäten des Lebens – wie Tod und Unglück – ohne Fantasien und Ausweichmanöver stellen. Wenn wir uns die Tatsachen und Katastrophen des Lebens ohne Illusionen anschauen, wächst unsere Fähigkeit, in der Essenz zentriert zu bleiben und die tiefere Weisheit in sämtlichen Erscheinungen der Natur zu erfassen. Und vor allem lässt uns der stetige Blick auf die Wirklichkeit erkennen, was – wenn überhaupt – zu tun ist und was so akzeptiert werden muss, wie es ist.

Die fünfte Lektion für ein bewusstes Leben: Das Leben erfüllt uns dann am meisten, wenn wir uns selbst gegenüber völlig aufrichtig sind

Wenn Sie zum Ausdruck bringen, was Sie innerlich ausdrücken müssen, sind Sie glücklich und erfüllt. Wenn Sie das nicht tun, sind Sie es nicht.

So einfach ist das, aber viele von uns verbringen Ihr ganzes Leben damit, die Dinge komplizierter zu machen. Wir gehen sehr weit, um auszublenden, was wir zum Ausdruck bringen müssten. Wir betäuben uns innerlich, indem wir Alkohol trinken, über andere herziehen, Drogen nehmen oder wie hypnotisiert auf flimmernde Fernsehbilder starren.

Manchmal müssen wir unsere Geheimnisse ans Licht bringen. Oft lassen wir die beschämenden und schmerzlichen Augenblicke des Lebens im Dunkeln. Ohne die frische Luft des Bewusstseins schwelt dieser weggeschobene Schmerz vor sich hin, bis wir uns ihm zuwenden. Ich habe bei Hunderten von Menschen erlebt, wie in ihrem Leben Wunder geschahen, nachdem sie ein schuldbeladenes Geheimnis mitteilten. Und ich habe mit Ehrfurcht noch dramatischere Fälle beobachtet, in denen lebensbedrohliche körperliche Krankheiten verschwanden, nachdem die Erkrankten ein uraltes Geheimnis ans Licht brachten. Vor einigen Jahren wurde ich gebeten, mit einem Mann therapeutisch zu arbeiten, der zu einer Haftstrafe verurteilt worden war. Sein Rechtsanwalt war ebenfalls ein Klient von mir, und er bat mich, ihm den Gefallen zu tun, den Mann auf den Schock vorzubereiten, mit Mitte 40 seine Freiheit zu verlieren. Obwohl dieser Mann immer wieder seine Unschuld beteuerte, hatte das Gericht ihn des Verbrechens für schuldig erklärt. Zu meiner großen Überraschung gestand der Klient nach zwei Sitzungen, dass er die Tat wirklich begangen hatte. Es war, als würde das Leben selbst in seinen Körper einströmen, als er aus den Nebeln der Täuschung, in denen er ein Jahr gelebt hatte, heraustrat. Er kam natürlich trotzdem ins Gefängnis, aber er erfuhr dort eine tiefe Wandlung. Seine Haftdauer wurde zu einer Zeit spirituellen Wachstums, in der er literarische Veranstaltungen für seine Mitgefangenen organisierte und ihnen auch auf andere Weise diente.

Manchmal ist das Geheimnis ein nicht gelebtes Potenzial. »Sie sind eine Dichterin«, sagte ich einmal zu einer Patientin in mittleren Jahren, nachdem sie mir eine aufrichtig empfundene und wunderschön geschriebene Passage aus ihrem Tagebuch vorgelesen hatte. Diese Randbemerkung brachte sie dazu, Gedichte zu schreiben, was sie seit Beginn der High School nicht mehr getan hatte. Im Verlauf der nächsten Monate beobachtete ich mit staunender Ehrfurcht, wie sich ganze Ströme von Poesie aus ihr ergossen. Dieses neue Selbstbild veränderte ihr Leben. Es war, als ob ein Teil von ihr, der seit ihrer Jugend in Schlaf gefallen war, nur darauf gewartet hätte, durch die richtigen Umstände wieder zum Leben erweckt zu werden. Jetzt, wo sie allmählich aufwachte, wuchs ihr Selbstvertrauen als Dichterin und als Mensch. Als Nächstes erfuhr ich, dass mehrere Gedichte von ihr veröffentlicht worden waren und sie eine Lesung veranstaltet hatte. Und das als Person, die früher so viel Angst vor öffentlichen Kontakten gehabt hatte, dass sie nicht einmal einen kleinen Flohmarkt im Garten durchstand.

Die fünfte Lektion lehrt uns, dass innerer Frieden nur dann möglich ist, wenn wir uns voll und ganz am Leben beteiligen. Das bedeutet, für unser ganzes Spektrum offen zu sein, vom ruhigen Pulsieren unserer verborgenen Gefühle im Hintergrund bis zur überschäumenden Kreativität, die darauf wartet, Früchte tragen zu dürfen.

Zusammenfassung

Nach 20 000 Therapiesitzungen in den letzten 30 Jahren bin ich heute durch und durch überzeugt von Folgendem: Wenn wir für das Lernen offen sind, kommen unsere Lektionen freundlich daher. Weigern wir uns hingegen, aufmerksam zu sein, lehrt das Leben uns mit der Holzhammermethode. Sind wir jedoch bereit zu lernen, vermittelt es uns die gleiche Lektion mit einem kitzelnden Federstrich. Wir können durchaus sagen, dass wir für die Reise eines bewussten Lebens zu Beginn Schläge mit dem Holzhammer brauchen, bis wir zulassen, wachgekitzelt zu werden, um klarer zu sehen. Lernen Sie die fünf notwendigen Lektionen, und Sie können Ihren harten Schädel zur Ruhe kommen lassen. Statt zu Tode geknüppelt zu werden, können Sie sich selbst in die Unendlichkeit kitzeln.

Innere Umstellungen und äußere Schritte,
die uns ein bewusstes Leben eröffnen

Lassen Sie uns jetzt herausfinden, wie wir die fünf Lektionen für ein bewusstes Leben auf die Probleme anwenden können, mit denen wir alle täglich konfrontiert sind. Ich habe festgestellt, dass die Prinzipien durch innere Umstellungen und das, was ich als »Schritte« bezeichne, lebendig werden. Der große Wert eines bewussten Lebens liegt darin, dass es uns lehrt, diese Prinzipien mit unserem ganzen Körper umzusetzen. Ohne diese Ganzkörperschritte wäre der Prozess wertlos – lediglich eine Reihe nutzloser Ideen.

Als Kinder lernen wir eine Straße sicher zu überqueren, doch was wirklich für unsere Sicherheit sorgt, ist, dass wir nach rechts und nach links schauen und bei dieser Bewegung den ganzen Körper mit einbeziehen. Ich habe einen Großteil meines Lebens damit verbracht, Menschen die Schritte zu vermitteln, die ein bewusstes Leben ausmachen, und war oft verzweifelt darüber, dass wir so lange warten, bevor wir sie lernen. In einer idealen Welt würden wir diese Schritte in der Grundschule unterrichten, statt Kindern Dinge wie die Namen von Hauptstädten beizubringen. Ich weiß noch, wie ich mich einmal ein oder zwei Wochen damit quälte, die Hauptstädte der amerikanischen Bundesstaaten auswendig zu lernen, ein Wissen, das ich heute nur selten brauche. Tatsächlich warte ich jetzt schon seit 40 Jahren darauf, dass jemand mich nach dem Namen der Hauptstadt von Montana fragt, um dann herausplatzen zu können: »Helena!« Bislang wird diese Information ungenutzt in meinem Langzeitspeicher aufbewahrt. Man hätte mir in diesen Wochen ebenso gut die folgenden Schritte und damit Fähigkeiten beibringen können, die ich täglich hätte anwenden können, um mein Leben zu verbessern. Mir wäre viel Schmerz erspart geblieben, hätte ich diese Kenntnisse schon früher erworben.

Diese Schritte sind so einfach, wie den Blick von einem Gegenstand zum anderen zu verlagern, und doch gehen sie so tief wie die Verwandlung der Raupe zum Schmetterling. Sie verlangen Übung, aber wenn Sie sie erst einmal gelernt haben, beherrschen Sie sie so selbstverständlich wie das Schwimmen oder Radfahren. Sie können dann nicht mehr tun, als ob Sie nicht wüssten, wie es geht.

Es gibt eine wunderschöne Geschichte aus der Tradition des Zen, die zeigt, was ich meine. Ein neuer Schüler fragt einen Zen-Meister, wo er mit der Praxis des Zen beginnen soll.

»Wo soll ich mit Zen anfangen?«, fragte der Schüler.

»Hörst du das Murmeln des Flusses hinter uns?«, fragte der Meister.

Der Schüler lauschte und bejahte.

»Beginne dort«, sagte der Meister.

Wenn der Wandel erst einmal vollzogen ist – vom Nichthören zum Hören des Flusses –, können wir nicht mehr zurück. Von jetzt an geht es lediglich um die Frage der Praxis, darum, dass wir lernen, aufmerksam zu sein.

Ein bewusstes Leben beruht auf der Art und Weise, wie wir uns in kurzen und ganz speziellen Augenblicken verhalten. In den 30 Jahren, die ich Menschen jetzt helfe, habe ich gelernt, dass unsere Entscheidungen uns mit Sicherheit stärker prägen als unsere Gene und unsere Vergangenheit. Letzteres spielt natürlich ebenfalls eine Rolle, aber ich habe die Ehrfurcht gebietende Macht menschlicher Entscheidungen wirklich erlebt. Ich sehe, dass wir immer wieder vor die gleiche Wahl gestellt werden und unser Schicksal durch unsere Entscheidungen stärker bestimmt wird als durch sämtliche anderen Faktoren.

Unsere Schulen und besonders unsere Kirchen erweisen uns einen sehr schlechten Dienst, wenn sie uns lehren, uns auf Meinungen und Überzeugungen zu konzentrieren. Stattdessen sollten sie uns zeigen, wie wir Entscheidungen treffen können, mit deren Hilfe wir unser Leben bewusst gestalten. Viele Menschen sind voller spiritueller Überzeugungen und treffen doch täglich Entscheidungen, welche dieser Spiritualität zuwiderlaufen und verhindern, dass sie in ihrem Leben zur Realität wird.

Die Entscheidungen, die wir uns gründlicher anschauen werden, betreffen vier Hauptaspekte: sich der Realität stellen, sie akzeptieren, entscheiden und handeln. (Im Amerikanischen: facing, accepting, choosing und taking action. Deswegen kann es hier weiter heißen: Wenn ich sie an einer Tafel buchstabiere, schreibe ich sie oft wie folgt: F*A*C*T mit einem Sternchen zwischen jedem Buchstaben, um darauf hinzuweisen, dass jeder dieser Schritte den Schlüssel zu unserem Erfolg birgt.)

Und so geht es:

Der erste entscheidende Schritt: sich der Realität stellen

Alles beginnt mit unserer Entscheidung, uns der Realität zu stellen oder ihr aus dem Weg zu gehen. Der Schritt, sich der Realität zu stellen, rettet die meisten Leben. Sich ihr nicht zu stellen, zerstört die meisten Leben. Wenn Sie nicht glücklich und kreativ sind, sollten Sie sich zuerst einmal fragen, was Sie sich in Ihrem Leben nicht anschauen. Wenn in unserem Leben etwas nicht richtig funktioniert, gibt es immer mindestens eine Sache, der wir uns nicht stellen. Vielleicht ignorieren wir, dass wir

- unsere Arbeit hassen,
- ein Alkoholproblem haben,
- in jemand anderes verliebt sind als unseren Partner/unsere Partnerin,
- uns mehr um unseren Körper kümmern müssen.

Oder tausend andere Dinge. Die Wurzel unseres Problems ist immer, dass wir Angst haben, uns bestimmte Dinge in unserem Leben anzuschauen. Oft zerstören wir unser Leben, um uns nicht stellen zu müssen, und, was noch schlimmer ist, reißen dabei andere – manchmal unschuldige Kinder – mit.

Was immer es ist, das Sie meiden, stellen Sie sich vor, sich aufrichtig damit zu konfrontieren. Das ist der Schritt. Um ihn einfach zu gestalten, schauen Sie sich zuerst drei Bereiche an.

Vielleicht stellen Sie sich einem bestimmten Gefühl nicht. Sie erlauben sich nicht, etwas bewusst zu empfinden. Vielleicht haben Sie wegen eines Verhaltens Schuldgefühle, die erst dann aufhören, an Ihnen zu nagen, wenn Sie sich das bewusst eingestehen. Vielleicht ärgern Sie sich über etwas, haben Angst oder sind verletzt. Wir müssen uns unseren Gefühlen stellen. Wenn wir das nicht tun, fordert die Energie, die wir damit verbrauchen, etwas kontinuierlich zu verdrängen, seinen Preis von uns und unserem Leben insgesamt. Gefühle müssen wir uns als Erstes anschauen.

Als Zweites müssen Sie sich fragen, welche Wahrheiten Sie meiden. Diese Wahrheiten sind meistens einfach und offensichtlich. Vielleicht haben Sie etwas getan, das Ihnen Schuldgefühle bereitet, und sind mit der entsprechenden Person nicht im Reinen. Vielleicht sind Sie ärgerlich auf jemanden oder verletzt durch etwas, was ein anderer Mensch gesagt hat, ohne es ihm direkt mitzuteilen. Wenn wir nicht offen die Wahrheit sagen, fühlen wir uns nicht gut. Ihr inneres Selbst wird Sie in Form ungebetener Gedanken oder unangenehmer Körperempfindungen ständig mahnen, bis Sie mitteilen, was gesagt werden muss.

Drittens müssen Sie sich anschauen, ob Sie Ihre Vereinbarungen eingehalten haben. Vielleicht haben Sie eine Vereinbarung gebrochen, ohne das zu klären. Möglicherweise haben Sie jemandem ein Versprechen gegeben, ohne es zu erfüllen. Oder jemandem versprochen, etwas auf keinen Fall zu tun, und es trotzdem getan. Diese Unzuverlässigkeiten werden von unserem inneren Selbst registriert und fordern ihren Tribut mittels unangenehmer Gefühle, wenn nicht weiterer Beschwerden, bis wir uns offen damit auseinander setzen.

Das meiste Unglück im Leben geht auf diese drei Ursachen zurück. Stellen Sie sich diesen Dingen, und Sie werden sich wohler im Leben fühlen. Machen Sie es sich zur Gewohnheit, mit folgender Frage zu leben: Was muss ich mir in meinem Leben in diesem Augenblick am dringendsten anschauen?

Der zweite entscheidende Schritt: akzeptieren

Der zweite entscheidende Schritt besteht im Akzeptieren. Sich stellen heißt die Realität sehen; akzeptieren heißt mit dieser Realität in Einklang kommen. Haben wir uns erst einmal etwas eingestanden, müssen wir es in unsere Ganzheit integrieren. Wenn Sie sich zum Beispiel klar machen, dass Sie sich sexuell zu einem anderen Menschen als Ihrem Partner oder Ihrer Partnerin hingezogen fühlen, haben Sie einen entscheidenden Schritt getan. Viele Menschen stellen sich solchen Situationen nicht aufrichtig. Sie weichen der Realität aus und lösen damit eine innere Unruhe aus. Aber Sie können dort nicht stehen bleiben. Damit die Unruhe sich legen kann, müssen Sie sämtliche Gefühle in sich akzeptieren. Jedes Gefühl hat seine eigenen Tiefen: Wenn wir uns zum ersten Mal mit einem Gefühl konfrontieren, zeigt sich uns meistens nur die Spitze des Eisbergs. Wahrscheinlich gibt es noch tiefere Ebenen, und dort beginnt das wirkliche Lernen. Wenn Sie sich Ihre sexuellen Gefühle für einen anderen Menschen als Ihren Partner genau anschauen, könnten Sie zum Beispiel herausfinden, dass es gar nicht um Sexualität geht. Die sexuellen Gefühle an der Oberfläche sind real, daran kann kein Zweifel bestehen, aber wenn Sie tiefer gehen, können Sie feststellen, dass es in Wirklichkeit um die Sehnsucht geht, sich mit Ihrer Kreativität zu verbinden. Genau das ist mir vor einer Weile passiert, deswegen spreche ich hier aus eigener Erfahrung.

1995 fühlte ich mich sexuell zu einer anderen Frau hingezogen. Glücklicherweise haben meine Frau Kathlyn und ich zwei Vereinbarungen getroffen, die es uns viel leichter machen, mit solchen Situationen umzugehen. Zum einen waren wir übereingekommen, uns vom anderen die ungeschminkte Wahrheit anzuhören. Und zum anderen haben wir uns verpflichtet, uns gegenseitig die Wahrheit zu sagen, sobald wir uns ihrer bewusst sind. Die Geschichte fing auf einer Party an, deswegen konnte ich Kathlyn meine Gefühle schon Sekunden später mitteilen. Sie war wütend und sagte mir das auch, teilte mir dann aber mit, sie wisse es zu schätzen, dass ich offen mit ihr rede. Ich erlaubte mir, diese sexuelle Anziehung bewusst zu fühlen, statt sie schuldbewusst zu verheimlichen. Ich erzählte auch der anderen Frau von meinen Gefühlen, und wir drei verbrachten 20 (anregende) Minuten im gemeinsamen Gespräch über diese Situation.

Als ich mich weiter in meine Gefühle vertiefte, wurde mir klar, dass ich nicht wirklich Sex mit dieser Frau haben wollte. Tiefer in mich hineinlauschend, erkannte ich, dass sie für etwas stand, womit ich selbst innerlich den Kontakt verloren hatte. Sie war jung, lebendig und offenherzig. Ich spürte, dass ich dabei war, diese Qualitäten zu verlieren, um ein wohlhabender, gesetzter Bürger zu werden. Mich dafür zu öffnen, meine sexuellen Gefühle zu akzeptieren, hieß auch, mich für die Seite in mir zu öffnen, die ich mir wirklich anschauen musste. Ich war gerade 50 geworden, und während ich die Früchte von 25 Jahren konzentrierter Arbeit erntete, verlor ich den Kontakt zu dem mittellosen jungen Typen, der sein ganzes Hab und Gut in einem VW-Bus untergebracht hatte. Ich fantasierte immer wieder, mich mit dieser jungen Frau in die Redwoods in Nordkalifornien abzusetzen, und ihre glänzenden blonden Haare flatterten im Wind. Wir würden in den Wäldern leben, weit entfernt von Faxgeräten und 30 000 Dollar monatlichen Fixkosten. Wir würden Biogemüse anbauen, in Bergbächen schwimmen und uns ständig und überall lieben.

Als ich diese Gefühle bewusst akzeptierte, wurden mir noch viele weitere Dinge klar, die ich akzeptieren musste: der Verlust meiner Jugend, die Unausweichlichkeit des Todes, die Notwendigkeit, wieder etwas Abenteuer in mein Leben zu bringen. Als ich all das innerlich bejahte – nicht ohne dass meine psychischen Bremsklötze manchmal aufquietschten –, fühlte ich mich wieder mit meiner Essenz verbunden.

Ich erkannte, dass ich der Verführung der Bequemlichkeit und ihrer Begleiterscheinungen, einrosten und träge werden, erlegen war. Ich verlor den Kontakt mit meiner Essenz, weil ich versuchte, ständig für alle Menschen um mich herum da zu sein. Während ich einen gewissen Erfolg in der Welt errang, hatte ich auch einen ganzen Kreis von Abhängigen um mich herum versammelt: Teammitglieder, Familie, Journalisten usw. Alle schienen ständig etwas von mir zu wollen, und das am besten schon gestern. Ich hatte nicht bemerkt, wie in mir ein ganzes Buschfeuer an unbewusstem Groll zu schwelen begonnen hatte. Gott sei gedankt für die sexuelle Anziehung zu der bezaubernden jungen Frau, die meinen Blick auf sich gezogen hatte. Indem ich bis zum Kern dieser Gefühle vordrang, erfuhr ich etwas über mich, was mir keine reale sexuelle Begegnung hätte enthüllen können. Tatsächlich hätte eine körperliche Beziehung mich in ein Drama verwickelt, das wahrscheinlich die tatsächlichen Themen erst recht vernebelt hätte. Meine Beziehung zu Kathlyn wurde nach dieser Erfahrung noch inniger, und die abenteuerlustige junge Frau, die all das in Gang brachte, ist uns beiden eine liebe Freundin geworden. Sie und ihr zukünftiger Ehemann baten uns sogar, an ihrer Hochzeitsfeier teilzunehmen.

Ich glaube nicht, dass ich so reich geerntet und so viel über mich erfahren hätte, wenn ich mir nicht die ganze Wahrheit über mich eingestanden und diese akzeptiert hätte – sowohl die sexuellen Gefühle als auch alles Weitere, was damit verbunden war. Indem ich das tat, kam mir eine Flut von Erkenntnissen, die mein Leben unglaublich bereicherten. Ich lernte, mir in meinem Leben kontinuierlich die Frage zu stellen: Was muss ich am dringendsten akzeptieren und in meine Ganzheit integrieren?

Der dritte entscheidende Schritt: Entscheidungen treffen und sich daran halten

Es gibt Momente, in denen Sie wichtige Entscheidungen treffen müssen. Und wenn Sie sich entschieden haben, geht es darum, sich daran zu halten. Treffen Sie Ihre Entscheidungen von ganzem Herzen und ganzer Seele? Als ich 35 war, verliebte ich mich in Kathlyn und machte ihr den Vorschlag, nach Colorado zu ziehen, um mit mir zusammenzuleben. Dann war ich mit einer weiteren Entscheidung konfrontiert: Würde ich mich wirklich ganz auf die Beziehung einlassen oder mir eine Hintertür offen halten? Es war eine alte Angewohnheit von mir, Entscheidungen nur halbherzig zu treffen. Mir wurde allmählich klar, dass meine Weigerung, mich ganz einzulassen, auf meiner Angst beruhte, einem anderen Menschen wirklich nahe zu kommen. Ich erkannte das Törichte meines Verhaltens gerade noch rechtzeitig und schloss die Hintertür, um ganz zu der Beziehung zu stehen. Eines magischen Tages schaute ich Kathlyn in die Augen und sagte: »Hier bin ich. Du kannst auf mich zählen. Ich gebe dir ein Versprechen, das größer ist als meine alte Angewohnheit wegzulaufen.«

Unsere Entscheidungen werden nur dadurch real, dass wir uns an sie halten. Rund 20 Jahre später ist meine Beziehung zu Kathlyn immer noch lebendig, kostbar und eine wahre Freude. Nichts davon wäre möglich, wenn ich nicht eine Entscheidung getroffen und mich daran gehalten hätte. Darum empfehle ich Ihnen: Wenn Sie sich nicht gut fühlen, schauen Sie sich an, welche Entscheidungen in Ihrem

Leben noch offen sind. Und fragen Sie sich dann, in welchen Bereichen Ihres Lebens Sie sich nicht wirklich einlassen. Hinter jedem Lebensdrama verbirgt sich eine Entscheidung, die getroffen werden will, und durch die Verpflichtung, sich daran zu halten, wird die Entscheidung zur lebendigen Realität.

Es gibt keine 99-prozentigen Entscheidungen. Entweder wir lassen uns 100-prozentig ein oder gar nicht. Ich war erstaunt, als ich das entdeckte, weil ich einen Lebensstil daraus entwickelt hatte, mich nur halbherzig – und damit, wie sich herausstellte, gar nicht – einzulassen. Ich verstand allmählich, dass ich mich nur bedingt einließ. Um den Schmerz früherer Ablehnungen zu bewältigen, hatte ich beschlossen: »Ich spiele nicht mit.« Wenn ich nicht mitspielte, konnte ich auch nicht verlieren. Und wenn man mich zwang mitzuspielen, hatte ich immer noch die Möglichkeit, nur halbherzig mitzumachen. Wenn ich verlor, konnte ich sagen: Nicht so wichtig, denn ich hatte es ja nicht wirklich versucht. Ich brauchte viele Jahre, um zu erkennen, dass ich, wenn ich mich nicht einließ, gar nicht am Spiel beteiligt war. Körperlich war ich vielleicht auf dem Spielfeld anwesend, aber meine Seele blieb auf der Zuschauerbank sitzen. Und ein seelenloses Spiel ist schlimmer, als gar nicht mitzuspielen.

Der vierte entscheidende Schritt: handeln

Stellen Sie sich vor, Sie stehen sechs Meter über dem Wasser auf einem Sprungbrett. Um dorthin zu gelangen, haben Sie sich Ihren Ängsten gestellt und beschlossen, die Leiter hochzuklettern. Sie haben sich entschlossen zu springen. Das alles zählt jedoch erst dann, wenn Ihre Füße sich vom Sprungbrett lösen und Sie wirklich springen. Handeln ist alles.

Solange wir nicht handeln, liegt unser Potenzial brach. Wenn ich in meinem Leben nicht handeln würde, könnten meine Freunde bei meiner Beerdigung sagen: »Er war ein liebenswerter Mensch, und Junge, wie konnte er sich der Wirklichkeit stellen! Es war fantastisch, wie er Entscheidungen traf und sich daran hielt. Leider hat er nie gehandelt. Wir gehen jedoch davon aus, er hätte es gekonnt.« Eine solche Trauerrede würde mir nicht gefallen.

Besser, wir tauchen ganz ins Leben ein. Buckminster Fuller sagte einmal, sein Erfolg ginge nur auf einen einzigen Faktor zurück: Er sei bereit gewesen, mehr Fehler zu machen als sämtliche anderen Menschen, die er kannte. Es ist für mich ein Segen, dass ich das bereits in jungen Jahren erkannte. Mitte 20 löste ich mich aus einer gescheiterten Ehe, obwohl meine Mutter sagte, das sei »die erste und einzige Scheidung in unserer gesamten Familiengeschichte«. (Ich muss jedoch zu ihren Gunsten sagen, dass sie darauf lediglich einige Hundert Mal verwies!) Später, dafür sei sie gesegnet, bekannte sie jedoch, dass ihre Missbilligung auf Neid beruht habe. Insgeheim bewunderte sie mich dafür, dass ich aufs Ganze ging und Dinge tat, die andere gar nicht erst versuchten. Als ich das hörte, wurde ich innerlich ruhiger und konnte sowohl sie als auch mich selbst mehr schätzen.

Ich habe gelernt, mich in diesem Augenblick und in Tausenden anderen Augenblicken immer wieder zu fragen: Welchen entscheidenden nächsten Schritt muss ich tun?

Die Freiheit
liegt in diesem Augenblick

Ich bin dankbar dafür, dass ich erkannt habe, welch mächtigen Einfluss diese vier Schritte auf mein Leben haben. Ich habe inzwischen großen Respekt vor ihnen und auch vor der Macht unserer Widerstände dagegen. Ich beobachte immer wieder, wie Menschen in der Therapie alles Mögliche anstellen, um etwas zu meiden, sich nicht einzulassen oder nicht zu handeln. Ich frage mich oft, warum wir uns so heftig gegen diese Schritte wehren. Wenn wir nur sehen könnten, dass unsere Begrenzungen meistens keinerlei substanziellen Hintergrund haben.

Nehmen wir zum Beispiel die Vergangenheit. Wir halten sie für »etwas«, aber in Wirklichkeit ist sie nichts. Machen Sie sich auf die Suche danach, und Sie werden sie nicht finden. Wir alle gehen davon aus, dass wir von der Vergangenheit geprägt wurden, und viele von uns glauben, dass sie uns Grenzen auferlegt. Die Wahrheit ist, dass wir beide, Sie und ich, eine Vergangenheit haben. Sie ist machtvoll und oft schmerzlich gewesen und hat uns, mehr, als wir wissen, geprägt.

Nachdem ich das gesagt habe, lade ich Sie ein, es wieder zu vergessen. Die Vergangenheit ist, ganz praktisch betrachtet, unwichtig. Sie hat nur in dem Maße Macht über uns, wie wir ihr diese Macht einräumen. Sie geben ihr Macht durch die Schritte, die Sie in jedem Augenblick tun. Wir bekommen täglich aufs Neue Gelegenheit, die Vergangenheit wieder zu wecken oder eine völlig neue Zukunft zu schaffen. Hören Sie auf, über Vergangenheit und Zukunft nachzudenken, und konzentrieren Sie sich stattdessen auf das Hier und Jetzt. Ich verspreche Ihnen, Sie werden es nicht bereuen.

Ganz gleich, wie Ihre Vergangenheit aussieht – wo Sie gelebt und was Sie getan haben –, genauso wie ich gestalten Sie Ihr Leben in diesem Augenblick durch Ihre Entscheidungen. Sie beschließen, in diesem Moment ein Buch zu lesen, statt sich einen Baseballhandschuh überzustreifen. Ich sage damit nicht, dass Sie die richtige Entscheidung treffen, sondern lediglich, *dass* Sie eine Entscheidung treffen. Zufällig gefällt mir Ihre Entscheidung, auch wenn ich ab und zu selbst gern Baseball spiele.

Wenn Sie glauben, dass Sie das Produkt Ihrer Vergangenheit sind, geben Sie ihr Macht über Ihre Entscheidungen in Bezug auf Dinge, die nicht Ihrer Kontrolle unterliegen. Die Vergangenheit ist bereits geschehen und Sie können nichts mehr daran ändern. Real ist der jetzige Moment, und hier haben Sie grundlegende Wahlmöglichkeiten.

Unsere Persönlichkeit zeigt sich in Augenblicken, in denen wir die Wahl haben. Vor einer Weile besuchte ich zusammen mit einer Gruppe von Leuten, von denen einige Freunde waren, während ich andere nicht so gut kannte, ein marokkanisches Restaurant. Während unser Mahl zu Ende ging, trat eine Bauchtänzerin auf. Nach einer Weile lud sie ihre Zuschauer ein, sich ihrem Tanz anzuschließen. Dieses Angebot barg viele Möglichkeiten. Wir hätten unseren Spaß haben und neue Ausdrucksmöglichkeiten erproben können, während wir mittanzten. Und gleichzeitig war die Möglichkeit groß, dass wir uns zum Narren machten.

Ein anderer Mann und ich standen auf und tanzten.

Ich will nicht sagen, dass wir die richtige oder die beste Entscheidung getroffen haben, aber wir sind durch unsere Entscheidung sichtbar geworden. Auch die Persönlichkeiten der anderen Menschen am Tisch wurden durch ihre Entscheidungen deutlich. Ein Mann sagte: »Nein, ich kann überhaupt nicht tanzen«, und ließ damit sichtbar werden, welche Grenzen er verinnerlicht hatte. Seine Partnerin schloss sich mit den Worten an: »Wenn er nicht tanzt, mache ich auch nicht mit«, und brachte damit zum Ausdruck, dass ihr Mann in der Beziehung den Ton angab (worüber sie sich übrigens häufig beklagte). Eine weitere Frau witzelte, das wäre ihrer unwürdig (ob Witz oder nicht, sie hielt sich damit vom Tanzen ab). Eine andere wendete ihre Augen schüchtern von der ganzen Szene ab.

Wir beiden Männer erlebten auf der Tanzfläche wunderbare fünf Minuten voll lebendiger Freude.

Ich las einmal an der Wand eines Klosters, das ich besuchte, einen Spruch, den jemand dort angeheftet hatte.

Es gibt Narren, die tanzen, und Narren, die dem Tanz der anderen zuschauen.
Wenn ich ein Narr sein muss, dann lass mich ein tanzender Narr sein.

Mein Freund und ich erwiesen uns als tanzende Narren. Worauf es ankommt: Wir alle machen uns erkennbar in Augenblicken, in denen wir die Wahl haben. Die Frage ist, ob Sie und ich unsere Entscheidungen auf dem Hintergrund unserer Vergangenheit treffen oder ob wir uns fragen, wer wir im Hier und Jetzt sein möchten, und entsprechend handeln. Ich plädiere dafür, dass wir uns auf der Grundlage einer positiven Gegenwart und Zukunft, für die wir uns bewusst entscheiden, ständig neu erschaffen. Das ist mein Weg. Wenn ich mir mein Leben und das Leben der Menschen anschaue, mit denen ich arbeite, fällt mir auf, dass bestimmte Momente entscheidend sind für unser Schicksal und unglaubliche Macht über unser Leben haben. Vielleicht denken wir, Schicksal sei eine große Sache, aber in Wirklichkeit entsteht es in winzigen Momenten.

Jeder von uns ist immer wieder mit Augenblicken konfrontiert, die bestimmen, ob unser Leben glücklich und erfolgreich verläuft oder nicht. Ich kann die Wichtigkeit dieser Augenblicke, in denen wir die Wahl haben, gar nicht genug betonen. Vielleicht erscheinen sie sehr subtil oder einfach, aber sie haben Folgen, die unser Leben verändern (und gefährden) können. Ich habe immer wieder erlebt, wie eine falsche Entscheidung eine Spirale nach unten einleitete und die betroffene Person Jahre brauchte, um wieder hochzukommen.

Beginnen wir mit einer Entscheidung, vor die wir täglich mehrere Hundert Mal gestellt sind.

Die grundlegende Umstellung: entscheiden, worauf wir unsere Aufmerksamkeit richten

Die erste Entscheidung, vor der wir stehen, gilt immer der Frage, auf was wir unsere Aufmerksamkeit richten sollen. Auf einen kleinen Ausschnitt unseres Bewusstseins oder auf unsere Essenz?

Ich würde diese erste Umstellung gern aus verschiedenen Blickwinkeln betrachten und länger bei ihr verweilen als bei den anderen, denn sie bildet Herz und Seele eines bewussten Lebens. Lassen Sie mich Ihnen diese innere Umstellung anhand einer persönlichen Erfahrung verdeutlichen.

Ich gehe in der Stadt eine Straße entlang und habe auf »Autopilot« geschaltet. Ich überquere Straßen, ohne dass mir etwas passiert, und weiche eiligen Passanten aus, die mich überholen. Ansonsten bin ich quasi völlig blind. In dem Augenblick, wo ich meine Blindheit bemerke, wird mir bewusst, dass ich innerlich ständig den gleichen Dialog führe, bei jedem Durchgang lediglich kleinere Abweichungen vornehmend. Das Problem ist nur, dass dieses Gespräch gestern stattgefunden hat. Es gibt gar keinen Grund dafür, dass ich mich wie besessen damit beschäftige, es sei denn, ich hege noch Gefühle, die bei der gestrigen Begegnung nicht zum Ausdruck gekommen sind. Als ich mich meinen Gefühle zuwende, wird mir klar, dass mich einiges an dem Gespräch geärgert hat. Während ich, statt in Gedanken verloren zu bleiben, meine Aufmerksamkeit auf meine körperlichen Empfindungen richte, spüre ich, wie mein Atem tiefer geht und mein Körper sich entspannt.

Dann beschließe ich, mich innerlich grundlegend umzustellen: Ich entspanne mich noch weiter und nehme den weiten, offenen Himmel des Bewusstseins wahr, der den Hintergrund all meiner Gedanken und Gefühle bildet. Da ich blind meinen Gedanken nachhing, habe ich die Verbindung zum reinen Bewusstsein, das alles durchdringt, verloren. In dem Augenblick, wo ich dazu übergehe, das Bewusstsein – die Essenz – zu spüren, fühle ich mich frei. Freiheit heißt in Berührung sein mit dem Himmel, der alles in sich birgt, und als ich durch die Wolken schaue, erkenne ich, dass der Himmel immer da gewesen ist.

Das ist die grundlegende Umstellung. Sie geschieht in dem Augenblick, in dem Sie nicht länger an einem bestimmten Ausschnitt des Bewusstseins festhalten, sondern Ihre Aufmerksamkeit auf das Bewusstsein selbst verlagern. Dieser Wechsel hat aus einem bestimmten Grund Vorrang. Warum, können wir sehen, wenn wir uns zum Beispiel dem Gefühl Ärger zuwenden. Solange wir nicht vom Ärger zur Essenz wechseln, ist der Ärger größer als wir. Er hat uns im Griff. In dem Augenblick, wo wir uns auf die Essenz umstellen, haben wir zwar ärgerliche Gefühle, aber diese haben uns nicht mehr im Griff. Unsere Essenz ist größer als sie. Dieser Unterschied ist immens und beeinflusst sämtliche Aspekte menschlichen Lebens.

Lassen Sie mich Ihnen einen kleinen Ausschnitt aus einem Gespräch mitteilen, einem von Tausenden, die ich im Laufe der Zeit mitgeschnitten habe. Ich hebe sie auf, weil sie einen bestimmten Punkt deutlicher beleuchten als alles, was ich mir ausdenken könnte.

Ich: »Mir ist aufgefallen, dass Sie mit der Hand Ihren Brustkorb berührt haben. Spüren Sie einmal nach, was Sie dort empfinden.«
Dorie (eine 28-jährige Internistin im letzten Jahr ihrer Assistenzzeit): »Meine Hand? Ach ja. Hm, ich fühle da eine Enge, einen Druck ... im Bereich meiner Lungen.«
»Und während Sie das spüren, bemerken Sie da eine Emotion, die Sie benennen könnten?«
(Pause) »Ich spüre den Verlust von Edward. Ich habe mich so um unsere Beziehung bemüht. Jetzt weiß ich, dass sie nie gut gehen wird. Im Kopf weiß ich das, aber im Herzen tut mir das immer noch weh.«
»Wenden Sie sich der Traurigkeit zu. Lassen Sie sie atmen.«
(Dorie weint eine Weile.) »Das ist schwer.«
»Ich weiß.«
»Und trotzdem weiß ich, dass es richtig ist.«
»Ja, wahrscheinlich ist das so, aber lassen Sie Ihren Körper wissen, dass es in Ordnung ist zu trauern. Sie haben sich von dieser Beziehung sehr viel erhofft, und wenn Ihre Hoffnungen zerbrechen, reagiert Ihr Körper stark.«
(Dorie nimmt einen tiefen Atemzug.) »Jaah. Wissen Sie, das ist komisch, aber ich bin gleichzeitig glücklich.«
»Erzählen Sie mir davon.«
»Nun, es ist, als wäre die Traurigkeit von einem Lichtschein umgeben, als ruhte sie in etwas Größerem.«
»Ah, ja. Weil Sie sich Ihre Traurigkeit haben fühlen lassen, können Sie den offenen Raum wahrnehmen, der immer da ist.«

Ein Experiment
zum sofortigen Ausprobieren

Versuchen Sie diese grundlegende Umstellung jetzt einmal mit meiner Hilfe zu vollziehen. Sie können diesen inneren Wechsel jederzeit vornehmen. Achten Sie auf Ihre Gefühle oder Körperempfindungen. Im Augenblick verspüre ich ein leichtes Völlegefühl im Magen, vielleicht weil ich vor einer halben Stunde Pfannkuchen aus Haferschrot gegessen habe. Wenn ich meine Aufmerksamkeit bei dieser Empfindung verweilen lasse, kann ich sie genauer spüren. Sie befindet sich eher links als rechts und ist nicht so fest umrissen, wie es anfangs schien. In Wirklichkeit besteht sie aus vielen kleinen Empfindungswellen.

Lassen Sie Ihre Aufmerksamkeit auf der Empfindung ruhen, für die Sie sich entschieden haben, und bleiben Sie wirklich eine Weile dabei. Finden Sie heraus, was Sie daraus lernen können.

Jetzt bemerke ich, dass da auch Schuldgefühle und Angst sind. Ich will für den Auftritt in einer Fernsehshow abnehmen und befürchte, dass ich mein eigenes Vorhaben sabotiert habe. Ich nehme einen tiefen Atemzug und lasse den Atem mit einem »Schschsch« gehen.

Während ich mir meiner Empfindungen genauer bewusst werde, spüre ich hinter und jenseits ihrer Oberfläche eine Wärme und Weitläufigkeit – die Essenz, den Hintergrund von allem, was ist. Während ich mich darauf einstimme, verändert sich das Völlegefühl tatsächlich und wird angenehmer. Wahrscheinlich ist das deswegen so, weil sich alles, was wir in unserer Essenz willkommen heißen, angenehmer anfühlt.

Diese grundlegende Umstellung zu vollziehen heißt ein Gefühl oder einen Gedanken anzuerkennen, ohne sich in es/ihn zu verwickeln oder es/ihn für wirklich zu halten. Wie viel glücklicher wir Menschen wären, wenn wir wüssten, wie wir dieses simple Umschwenken bewerkstelligen können! Wenn wir sehen könnten, dass unsere Gedanken einfach nur Gedanken und unsere Gefühle einfach nur Gefühle sind, wären wir besser imstande, bewusst zu leben. Wir würden begreifen, dass unsere Gedanken in 99 von 100 Fällen lediglich die Stimmung widerspiegeln, in der wir uns zufällig gerade befinden. Wir brauchen sie nicht zu ernst nehmen, da sie gar kein genaues Abbild der Wirklichkeit sind. Und wir müssen mit Sicherheit nicht nach ihnen handeln.

Eines Tages, als ich einen Fahrradausflug unternahm, konnte ich das ganz deutlich sehen. In den ersten 20 Minuten radelte ich auf meinem Weg in die Berge am Haus eines Kollegen vorbei. Es war ein kühler, frischer Morgen, die Luft machte lebendig und ich freute mich auf die Berge. Als ich am Haus des Kollegen vorbeiflitzte, kam mir eine ganze Reihe von positiven Gedanken über ihn. Mir fielen die Leistungen ein, die er auf seinem Gebiet erbracht hatte, und ich freute mich darüber, dass er in einer zweiten Ehe sein Glück gefunden hatte. Als sein Haus außer Sicht war, dachte ich nicht mehr an ihn. Erst auf dem Rückweg fiel er mir wieder ein. Nach einer anstrengenden Tour war ich jetzt hundemüde, hungrig, verspürte leichte Kopfschmerzen und hatte es eilig, nach Hause zu kommen. Als ich an seinem Haus vorbeifuhr, kamen mir wieder viele Gedanken über ihn, aber diesmal waren sie völlig anders gefärbt. Ich dachte, wie unangenehm seine neue Frau war, wie Leid er mir tat, dass er das offensichtlich nicht sah, und wie sehr er sich geirrt hatte, als er bei mehreren Universitätsversammlungen gegen mich gestimmt hatte. Als ich mir diese Gedanken ansah, musste ich lachen. Das Einzige, was sich verändert hatte, war meine Stimmung. Er war derselbe geblieben und außerdem war er wahrscheinlich noch nicht einmal zu Hause. Weil ich müde war, sah ich ihn, seine Ehe und sein Verhalten an der Universität in einem negativen Licht. Meine Gedanken spiegelten einfach nur wider, wie ich mich innerlich fühlte.

Ich freue mich darüber, dass ich jetzt weiß, wie unser Verstand arbeitet. Ich war imstande, mich innerlich grundlegend umzustellen und mich gut zu fühlen, statt diesem unproduktiven Gedankenstrom nachzuhängen. Als ich bemerkte, welchen negativen Beigeschmack meine Gedanken hatten, stieg ich einfach aus, stellte mich ans Ufer und beobachtete, wie der Strom vorbeizog. Stellen Sie sich vor, welche Fortschritte es für Friedensgespräche bedeuten würde, wenn unsere Politikerinnen und Politiker die Fähigkeit besäßen, innerlich so umzuschwenken. Wie viel glücklicher wären wir alle, wenn uns der einfache Hintergrund, wie unser Verstand arbeitet, bekannt wäre.

Die grundlegende Umstellung beginnt mit der vorbehaltlosen Bereitschaft, Ihre Aufmerksamkeit auf die unbestreitbare Realität zu richten. Dieser Satz birgt sehr viel konzentrierte Weisheit, deswegen wollen wir uns ihn einmal gründlicher anschauen.

Was heißt »vorbehaltlose Bereitschaft«? Begleiten Sie mich in eine Therapiesitzung, damit ich es Ihnen zeigen kann. Zwischen Joyce und Leo läuft eine hitzige Diskussion. Beide streiten um die Opferrolle und werfen sich gegenseitig eine ganze Reihe von Gemeinheiten vor. Ich unterbreche sie mitten im Satz:

»Halten Sie einen Augenblick inne, genau dort, wo Sie gerade sind.« (Sie schauen mich beide an wie zwei Rehe, die vom Scheinwerferlicht erfasst wurden, so überrascht sind sie.) »Nehmen Sie einfach einen tiefen Atemzug.« (Sie folgen meinen Anweisungen.) »Hören Sie einen Moment auf, sich zu streiten, und richten Sie Ihre Aufmerksamkeit auf etwas Unbestreitbares, etwas, das in Ihrem Körper vor sich geht. Tei-

len Sie eine Wahrheit mit, die der andere nicht bestreiten kann. Ich weiß aus langer Erfahrung, dass niemand jemals ein Problem gelöst hat, indem er anderen Vorwürfe macht.«
Leo (gereizt): »Was?«
Joyce (schaut auf ihre Uhr): »Er versteht das nicht.«

Unsere Persönlichkeit zeigt sich in der Art und Weise, wie wir uns weigern, einen klaren Blick auf die Wirklichkeit zu werfen. Ich habe die beiden gebeten, etwas Wahres zu sagen. Stattdessen gerät sie in Verwirrung, schaut auf ihre Uhr und zupft ihr Haar zurecht. Seine Persönlichkeit beruht unter anderem auf der Reizbarkeit, mit der er die Realität abwehrt; sie hingegen spielt die Stumme und beschäftigt sich mit Nichtigkeiten. Ihr »Hauptsport« ist einkaufen, seiner Tennis. Über beides streiten sie sich endlos.

Ich fahre fort: »Als ich Ihnen vorschlug, Ihre Aufmerksamkeit auf Ihren Körper zu richten, mit dem Streiten aufzuhören und die Realität wahrzunehmen, ist mir aufgefallen, dass Sie beide auf Ihre Art meinen Vorschlag umgingen. Leo, Sie schauten mich gereizt an und sagten: ›Was?‹ Joyce, Sie haben verwirrt auf Ihre Uhr geschaut und sich an Ihrer Frisur zu schaffen gemacht.«

Damit verfolge ich zwei Absichten. Ich möchte hinweisen auf das, was einer meiner Lehrer »das schwer fassbare Offensichtliche« nannte. Die beiden tanzen diesen Tanz schon so lange, dass ihnen nicht mehr auffällt, was alle anderen sehen: Er macht sie nicht glücklich. Ich möchte ihnen mit meinem Feedback helfen, das zu erkennen. Und außerdem möchte ich, dass sie ärgerlich auf mich werden, zumindest für einen Moment, damit sie sich gegen einen Dritten verbünden und auf diesen statt aufeinander wütend sind. Sie tun mir diesen Gefallen schnell:

Leo: »Wieso kommen Sie uns plötzlich mit all diesen Pingeligkeiten?«
Joyce: »Ist unsere Zeit nicht schon bald um? Ich möchte nicht unsere ganze Zeit mit diesen Dingen verbringen.«

Sie werden beide ärgerlich auf mich, weil ich ihr unbewusstes Spiel mit einem schrillen Pfiff unterbrochen habe. Viele Menschen empfinden es als sehr bedrohlich, ihre Aufmerksamkeit auf die Schmerzen – ob physische, emotionale oder seelische – in ihrem Körper zu richten. Sie lassen sich zu Ihrer Verteidigung alles Mögliche einfallen, zum Beispiel, dass sie den Überbringer der Neuigkeiten attackieren. Ich habe einmal erlebt, wie ein Mann in dem Augenblick einschlief, als ich ihn bat, sich auf ein Gefühl im Körper einzustellen. Gewöhnlich – auf einer Party oder auf dem Tennisplatz – machen wir uns gegenseitig nicht auf unsere Abwehrmechanismen aufmerksam. Die therapeutische Situation ist jedoch eine besondere. Jede Minute kostet bares Geld, und ich wäre ein schlechter Therapeut, wenn ich meine Klienten nicht auf ihre destruktiven Spiele aufmerksam machte. Also lade ich sie ein, sich auf ihren Körper einzustimmen, und trete zurück, um zu sehen, was passiert.

Nach etwas abwehrendem Geplänkel tun sie, worum ich sie bitte, lassen los und richten ihre Aufmerksamkeit nach innen. Jetzt ist das Spiel vorbei. Sie befinden sich in der Welt des Realen. Leo konfrontiert sich mit seinem Schmerz über den Tod seines Vaters, der starb, als Leo neun Jahre alt war. Er erkennt, dass seine ganze Persönlichkeit – seine Feindseligkeit, sein Ordnungszwang, seine übertriebene Wut auf seine Frau – auf die Qual der Verlassenheit zurückgeht, der er sich bisher nie gestellt hat. Joyce öffnet sich für ihre Traurigkeit und ihren Ärger über eine ganze Reihe von Verlusten. Sie arbeiten sich beide durch mehrere Schichten von Schmerz und Geröll hindurch, bis sie die Essenz spüren, auf die wir bei jeder aufrichtigen Erforschung unseres Inneren stoßen.

Am Ende der Sitzung halten Joyce und Leo sich an den Händen. Mit der Essenz in Berührung, sind beide auf der Reise des bewussten Lebens zu Verbündeten geworden. Sie haben sich angeschaut, was sie für das Schlimmste in sich hielten, und haben herausgefunden, dass es nur aus dem Stoff besteht, aus dem Gedanken gewoben sind. Jetzt können sie ihre Aufmerksamkeit auf die Frage richten, wie sie ihr Leben gern leben möchten, statt ihre Energie mit dem endlosen Opfer-Täter-Spiel zu vergeuden.

Die Umstellung auf die Wahrheit: entscheiden, sein wahres Selbst zu zeigen

Eine zweite tief greifende Umstellung trägt ebenfalls nachhaltig zur Gestaltung Ihres Schicksals bei. Dutzende Male sind wir täglich mit folgender Frage konfrontiert: Sage ich die Wahrheit oder nicht? Wir Menschen halten oft ganz entscheidende Wahrheiten zurück. Damit gefährden wir unser Glück und steuern unser Schicksal Richtung Unglück. Dabei bergen genau diese Wahrheiten den Schlüssel zu unserer Befreiung, wenn wir lernen, offen und entspannt darüber zu sprechen. Dabei geht es um Tatsachen, Gefühle und Fantasien.

Am häufigsten kommt bei Menschen in der Therapie hoch, dass sie etwas getan haben, das ihnen Schuldgefühle bereitet, ohne dass sie mit der Person, die es betrifft, darüber sprechen.

Meistens sieht das so aus: Etwas macht Sie wütend, traurig oder vergnügt, und Sie schenken sich nicht die zehn Sekunden reiner Aufmerksamkeit, durch die diese Gefühle (und damit die meisten Gefühle) sich lösen können. Mit anderen Worten: Sie haben weder sich noch der oder den anderen beteiligten Personen die ganze Wahrheit über sich gesagt. Diese Lügen erschüttern Ihr ganzes Wesen, und Sie finden nur dann wieder Ruhe, wenn Sie sich offen mitteilen. Wir leben Tag für Tag in einem Strom von Gefühlen, und das Einzige, worauf es ankommt, ist, ob wir offen über diese Gefühle sprechen oder sie zurückhalten. Wenn Sie diese Empfindungen vor sich verbergen, fühlen Sie sich wie betäubt und werden von zahlreichen verschiedenen Symptomen geplagt. Wenn Sie sie vor anderen verstecken, bleiben Sie den Menschen in Ihrem Umkreis fremd. Sprechen Sie hingegen offen über Ihre Gefühle, schwingt Ihr Leben und ist reich an authentischen Erfahrungen und Nähe.

Eine der häufigsten Fantasien, die man mir erzählt, betrifft das ständige Kreisen der Gedanken um einen anderen Menschen, der uns sexuell anzieht. Sie haben sich diese Anziehung selbst nicht eingestanden und auch mit dem anderen nicht darüber gesprochen. Oder Sie fantasieren, dass jemand anderes Sie nicht leiden kann. Sie sprechen mit der anderen Person nicht darüber und stellen schon bald fest, dass Sie negativ über diesen Menschen denken.

Wenn Sie achtsam sind, wissen Sie, welche Tatsachen, Gefühle und Fantasien Sie mitteilen müssen. Das wirklich Entscheidende klopft meistens so lange immer wieder an, bis Sie sich damit befassen oder es in irgendeiner Weise betäuben. Die Schwierigkeit ist aber, dass es sich nicht betäuben lässt. Es kommt immer wieder und verfolgt uns lange Zeit. Der einzige Ausweg besteht darin, die Wahrheit zu sagen. In dem Augenblick jedoch, wo wir den Mund öffnen, um uns zu äußern, stehen wir vor einer weiteren wichtigen Entscheidung.

Sich die Absicht bewusst machen: wissen, worauf Sie hinauswollen

Wenn Sie sich das nächste Mal in einer unguten Situation befinden, machen Sie folgenden mutigen Schritt: Forschen Sie nach, welche Absicht Sie in diesem Augenblick verfolgen. Ich habe das Hunderte von Malen getan und bin für diesen Schritt immer wieder reich belohnt worden (auch wenn mir in den entsprechenden Situationen nicht immer gefiel, was ich von mir zu sehen bekam). Vielleicht spüre ich mitten in einem Gespräch, wie meine Muskeln sich verspannen und mir die Ohren zu klingeln beginnen. Das sind für mich Hinweise darauf, dass etwas nicht stimmt. Früher, als ich noch nicht dazu übergegangen war, selbst die Verantwortung zu übernehmen und die Wahrheit zu sagen, ohne anderen Vorwürfe zu machen, ging ich meistens davon aus, dass es am anderen lag, wenn die Dinge schwierig wurden. Jetzt jedoch habe ich gelernt, die inneren Schritte zu tun, die wir besprochen haben: Welche Wahrheit halte ich zurück? Kann ich den Vorwurf loslassen? Welche Absicht verfolge ich in diesem Augenblick? Oft muss ich kleinlaut erkennen, dass ich in diesem Moment nur darauf aus bin, Recht zu haben. Wenn ich das sehe, habe ich jedoch die Möglichkeit, meine Absicht zu ändern und mich auf eine harmonische Lösung zu konzentrieren.

Die Frage nach unserer Absicht ist ein wichtiges Instrument. Wenn wir sie mit einer Haltung des Staunens stellen, statt uns rechtfertigen zu wollen, können wir mit winzigen Umstellungen schon Wunder bewirken. Stellen Sie sich zum Beispiel vor, Sie streiten sich gerade mit einem geliebten Menschen. Sie werfen sich gegenseitig heftige Worte an den Kopf und nichts wird gelöst. Plötzlich halten Sie inne und fragen sich: Welche Absicht verfolge ich im Augenblick? Sofort erkennen Sie, dass Ihrem Verhalten etwas Unbewusstes zugrunde liegt. Aufgrund Ihrer schmerzlichen Vergangenheit wollen Sie den anderen heruntermachen und verletzen, sich Sympathien erringen oder Nähe vermeiden, weil Sie glauben, sie nicht verdient zu haben. All diese Absichten sind in Ihrer Vergangenheit und Ihren früheren Beziehungen verwurzelt, aber bewusst wollen Sie sie gar nicht mehr verfolgen. Sie üben jedoch eine starke Anziehungskraft aus, und Sie sind auch nur ein Mensch. Sie atmen tief durch und beschließen bewusst, einen anderen Weg einzuschlagen: sich gut zu fühlen und dazu beizutragen, dass der Mensch, den Sie lieben, sich ebenfalls gut fühlt.

Sie sagen: »Ich habe mich hinreißen lassen. Ich habe dich verletzt und wollte dich auch verletzen. Ich brauche in diesem Augenblick deine Unterstützung, aber ich habe nicht das Gefühl, die Liebe eines anderen Menschen zu verdienen. Lass uns noch mal von vorn beginnen.« Sie erinnern sich an Ihre Absicht und fügen hinzu: »Lass uns herausfinden, was wir tun müssen, um hier und jetzt wieder zusammenzukommen.«

Wenn wir ansetzen, etwas emotional Wichtiges mitzuteilen, verfolgen wir eine von zwei möglichen Absichten: Recht haben wollen oder Harmonie herstellen. Wenn wir Recht bekommen wollen, verstricken wir uns in Rechtfertigungen und Abwehrmanöver. Wollen wir jedoch Harmonie erzielen, weicht unsere Abwehr und wir haben nicht mehr das Bedürfnis, uns verteidigen zu müssen.

John setzt an, Sylvia mitzuteilen, dass sie ihn ärgerlich macht. Wenn er beabsichtigt, Recht zu haben, klingt das wie folgt:

»Du hast Kevin gestern nicht vom Fußball abgeholt. Warum hältst du dich eigentlich nie an unsere Vereinbarungen? Sind dir unsere Kinder egal?«

Beachten Sie die vielen »Dirs« und »Dus«. John hat überhaupt nicht die Absicht, in Harmonie zu kommen oder das Problem wirklich zu lösen. Er will einfach Vorwürfe machen.

Wollte er mit Sylvia wirklich eine harmonische Lösung finden, würde das ganz anders klingen:

»Du hast Kevin gestern nicht vom Fußball abgeholt. Ich hatte Angst, als er anrief. Ich habe mir Sorgen gemacht, dir könne etwas zugestoßen sein. Ich war auch ärgerlich, weil das jetzt in diesem Monat schon zum zweiten Mal passiert.«

Hier sagt John, was geschehen ist und wie er sich fühlt. Das ist unbestreitbar – es geht nicht darum, Recht zu haben, sondern Harmonie herzustellen.

Ich habe in meiner Praxis im Laufe der Jahre Tausende solcher Gespräche erlebt. Es ist eine schwierige Aufgabe, Menschen dahin zu bringen, ihre Absicht zu ändern und Harmonie herzustellen, statt auf ihrem Recht herumzupochen. Es hat mich immer erstaunt, wie sehr wir Menschen daran festhalten, Recht haben zu wollen. Für mich ist das besonders frustrierend, denn ich bin darin sehr geübt. Ich kann jetzt viel schneller aufhören, mich zu rechtfertigen, als vor 20 Jahren, aber von Zeit zu Zeit tappe ich immer noch in die Falle. Wenn ich in ein Wortgefecht verstrickt bin und aufhören soll, darauf zu bestehen, dass ich Recht habe, kann sich das immer noch anfühlen, als solle mir ein Zahn gezogen werden. Ich weiß, dass es mir und meinem Gesprächspartner besser geht, wenn ich loslasse, aber ein Teil von mir wehrt sich dagegen.

Unsere Abwehrhaltung wirkt sich destruktiv auf jede Kommunikation aus. Immer wieder werde ich in meiner Praxis Zeuge von Szenen wie folgender:

Frau: »Du siehst wütend aus.« (Sein Gesicht ist rot angelaufen, er hat die Fäuste zusammengeballt und sein Atem geht kurz und scharf. Eine Gruppe unbeteiligter Beobachter würde einmütig bestätigen, dass dieser Mensch wütend ist.)
Mann: »Überhaupt nicht. Es geht mir bestens.«

Wen glaubt er zum Narren halten zu können? Leider macht er nur sich selbst etwas vor. Nach einem kurzen, aber intensiven Hin und Her rückt er damit heraus, was ihn ärgerlich macht. Und während er seine Abwehrschritte durchtanzt, tickt das Leben vorbei. Wie leicht wäre es, wenn wir einfach herauskommen würden mit dem, was wir fühlen, ohne in Verteidigungshaltung zu gehen! Und wen in der Welt, außer ihn, interessiert es überhaupt, ob er wütend ist?

Nichts, was real ist, muss abgewehrt werden, aber ich habe beobachtet, dass viele Menschen einen enormen Aufwand betreiben, um trotzdem abzuwehren, und damit ihre Lebensenergie vergeuden.

Die Umstellung auf Integrität: Freiheit durch gesunde Verantwortung

In jeder wichtigen Lebenssituation sind wir vor eine vierte Entscheidung gestellt: die volle Verantwortung für die Dinge zu übernehmen oder anderen Vorwürfe zu machen. Jedes Mal, wenn wir die Verantwortung ablehnen, machen wir uns zum Opfer. Wir beanspruchen, das Opfer unserer Frau, unserer Freunde, unserer Mitarbeiter oder der Welt im Allgemeinen zu sein. Wir sagen: »Ich kann nichts für meinen Körper, meinen Intelligenzquotienten, die Vergangenheit und die Ungerechtigkeit der Welt.« Wir kämpfen um unsere Beschränkungen und stellen damit sicher, dass sie uns erhalten bleiben.

Vorwürfe sind ein beherrschendes Thema unserer Zeit. Wir vergeuden viele Fernsehstunden und Zeitungsseiten mit der Suche nach Opfern und Tätern. Schalten Sie mitten am Tag eine Talkshow ein, und Sie können sicher sein, beleidigte Menschen zu sehen, die sich gegenseitig anschreien, um sich klar zu machen, wie übel man ihnen mitgespielt hat. Schalten Sie um auf die langsamere Welt der Kitschfilme und Sie können sich endlose Dramen von Opfern und Verfolgern anschauen, die in langweiligen Acht-Minuten-Einheiten zwischen der Werbung für Aspirin und andere Schmerzmittel in Szene gesetzt werden. Sehen Sie sich Nachrichtensendungen an, in denen sich Geschichten aneinander reihen, die von Opfern und denen handeln, die sie angeblich zu Opfern gemacht haben.

Warum sind solche Dramen so beliebt und faszinierend? Ich denke, unser Nervensystem ist inzwischen regelrecht aufgeladen damit; schließlich haben die meisten von uns die Erfahrung jahrhundertelanger Unterdrückung verinnerlicht. Ich glaube, wir brauchen einen evolutionären Wechsel, um der Faszination dieser Geschichten nicht mehr zu erliegen. Vielleicht beruht diese Faszination auf der Sucht nach dem Adrenalinstoß, den uns die Jagd nach Opfern und Tätern versetzt. Offensichtlich macht es uns schadenfroh, wenn wir Vorwürfe machen und den Finger auf andere richten können. In dem Augenblick, wo wir glauben, Recht zu haben, können wir unsere eigenen Probleme vergessen. Der Kick der Schadenfreude, die unserer Selbstgerechtigkeit Auftrieb gibt, zeigt uns klar und deutlich (so glauben wir zumindest), wo die Ursache für unsere Probleme liegt. Ein extremer Fall dafür war das faschistische Deutschland, wo die Nazis tatsächlich glaubten, Opfer der Juden zu sein, ganz gleich, wie es nach außen hin aussah.

Das gleiche Problem im Kleinen sehen wir bei jedem Streit zwischen zwei Menschen, wie trivial er auch sein mag. Ich habe sowohl das kleinliche Gezänk von Eheleuten als auch schwere Auseinandersetzungen in den Konferenzsälen großer Firmen miterlebt. Jede Seite fühlt sich von der anderen angegriffen. Wir scheinen dieser Geschichten nie überdrüssig zu werden.

Verantwortung zu übernehmen ist ein ruhigeres Vergnügen und bringt uns eher Freiheit und eine stille Freude als aufgeregte Schadenfreude. Wenn wir die Wahl haben, uns für eine gesunde Verantwortung zu entscheiden oder auf die Opferrolle zu pochen, stehen wir an der Schwelle zum Unendlichen. Tatsächlich eröffnet sich uns die Möglichkeit, wirklich glücklich zu werden. Und wir müssen uns fragen, ob wir dafür bereit sind. Der spirituelle Lehrer Gurdjieff sagte einmal, er habe festgestellt, dass die Sucht nach Leiden von allen Süchten am schwersten zu kurieren sei. Lange nachdem wir Kokain, Alkohol und Tabak aufgegeben haben, müssen wir uns damit konfrontieren, wie sehr wir darauf beharren, dass das Leben schwer ist.

Ganz gleich, wo wir uns auf dieser Welt gerade befinden, es ist ein Leichtes, Gespräche aufzuschnappen, die darum kreisen, wie schlimm das Leben ist und wie sehr wir unter den Kräften leiden, die in dieser Welt walten. Aber versuchen Sie einmal ein Gespräch darüber zu führen, wie viel Freude es macht, gesunde Verantwortung zu übernehmen. Beginnen Sie eine Unterhaltung mit den Worten »Ist es nicht großartig, wie leicht das Leben wird, wenn wir die Verantwortung dafür übernehmen?«. Machen Sie sich darauf gefasst, dass die Leute scharenweise vor Ihnen flüchten, wenn Sie so reden. Ein solches Gespräch erfordert den Mut, sich ohne Ausflüchte anzuschauen, wie das Leben tatsächlich verläuft. Wir brauchen Mut, um unsere Abwehrhaltung aufzugeben und uns ehrlich zu fragen, was ein bewusstes Leben ausmacht. Das Gespräch über echte, gesunde Verantwortung erfordert, dass Sie der Entfaltung Ihrer kreativen Möglichkeiten und der von anderen mehr Faszination entgegenbringen als Ihrer Opferrolle. Das sind vielleicht harte Worte, aber ich habe all das auch auf hartem Wege gelernt und würde mir wünschen, dass Sie mit mir die gleiche direkte Sprache sprechen würden, wenn Sie um diese Dinge wüssten.

Menschen, die Verantwortung übernehmen, fühlen sich meiner Beobachtung nach mit der Zeit auch für die Welt als solche verantwortlich. Sie sehen, dass sie die Welt durch ihr Handeln und ihre Interpretation des Lebens mitgestalten, und können beides – sowohl ihr Handeln als auch ihre Sicht der Dinge – verändern. Vielleicht fantasieren Sie sich – wie auch ich früher – zusammen, die Welt sei ein Ort des Mangels. In meiner Kindheit waren sowohl Liebe als auch Geld knapp. Sie waren nicht nur Mangelware, sondern auch Thema zahlreicher Geschichten, die diesen Mangel bekräftigten. Allmählich begriff ich jedoch, dass ich die Verantwortung dafür übernehmen musste, wie ich mir die Welt zurechtbog. Wenn diese Welt mir nicht gefiel, wer außer mir konnte sie verändern? Also bemühte ich mich, nicht mehr vom Mangel in meinem Leben zu sprechen. Ich setzte mich selbst ein Jahr auf »Negativdiät« und schwor mir, nicht über persönliche Einschränkungen – welcher Art auch immer – zu reden. Ich wandte mich ausschließlich unseren Möglichkeiten zu und unterbrach Menschen, die versuchten, mich in Gespräche über ihre Opferrolle zu verwickeln. Und ich erkannte, worauf Epiktet bereits vor 2 000 Jahren hingewiesen hatte: Nicht die Ereignisse des Lebens sind hinderlich oder verletzend, sondern die Art und Weise, wie wir darüber denken.

Ich schuf für mich eine neue Welt, eine, in der es Liebe und Geld im Überfluss gab. Zu meinem Erstaunen floss beides reichlich in mein Leben. War das alles ständig da gewesen, nur darauf wartend, dass ich den Hahn aufdrehte? Ich werde es nie erfahren, aber im Grunde ist mir das auch egal. Worauf es ankommt, ist, dass ich, seit ich meine Interpretation des Lebens verändert habe, in einer anderen Welt lebe. William James sagte vor über 100 Jahren, die größte psychologische Entdeckung seiner Zeit sei, dass die Menschen die äußeren Umstände ihres Lebens ändern können, indem sie ihre innere Einstellung ändern. Ich habe in meiner Welt die gleiche Entdeckung gemacht und empfehle Ihnen nachhaltig, auch in Ihrem Leben damit zu experimentieren.

Letzten Endes ist die Umstellung auf persönliche Verantwortung ein »Schritt des Fragens und Staunens«, wie ich ihn nenne. Statt genau zu wissen, wem Sie Vorwürfe machen können, fragen Sie sich besser, was die Situation verursacht hat. Wenn Sie, statt zu fragen: »Warum behandelt die Welt mich so schlecht?«, zur Frage überwechseln »Wie habe ich es angestellt, diese Erfahrung zu machen?«, ist das ein großer Schritt des Fragens und Staunens. Er birgt eine echte Chance zur Wandlung, weil Sie sich von vertrautem Terrain, das keinerlei neue Möglichkeiten birgt, auf unbekanntes Gebiet begeben, das Ihnen unendlich viele Möglichkeiten eröffnet. Wenn Sie erst einmal aufhören zu glauben, Sie wüssten, bei wem die Schuld liegt, sind Sie frei, sich zu fragen, wie die Dinge so wurden, wie sie sind.

Die Umstellung auf Handeln: handeln oder Dinge sein lassen, wie sie sind

Die ersten vier Schritte bereiten den Weg für effektives Handeln. Die Frage lautet jedoch, welche Dinge gehen Sie aktiv an und welche lassen Sie ruhen? Mir ist aufgefallen, dass sich mir täglich ein Weg des Handelns nach dem andern eröffnet. Welchen Weg beschreiten Sie und welchen lassen Sie links liegen? Die Stoiker hatten eine klare Meinung zu dieser entscheidenden Frage, und ich habe bereits an früherer Stelle Epiktets prägnante Weisheit zitiert: »Eins steht in unserer Gewalt, ein anderes nicht.«

Sobald es etwas zu tun gibt, neigt unser Körper dazu, dem nachzugehen, es sei denn, wir beschließen, nicht zu handeln. Dann können wir uns entspannen. Ein einfaches Beispiel dafür sind Beschwerden wie Kopf- und Rückenschmerzen. Untersuchungen von Fachleuten wie John Sarno zeigen eindeutig, dass Rückenschmerzen meistens auf verleugneten, nicht zum Ausdruck gebrachten Ärger zurückgehen. Sobald es zu einem Angriff kommt, machen die Rücken- und Nackenmuskeln sich bereit zu handeln. Ob dieser Angriff realen Hintergrund hat (ein Mensch kommt uns beispielsweise im Fahrstuhl körperlich zu nahe) oder nur eine Folge von Gedanken ist (wir vergegenwärtigen uns zum Beispiel innerlich noch einmal den Streit von gestern), scheint nicht entscheidend zu sein. Die Muskeln in Rücken und Nacken machen sich so oder so in Erwartung des Angriffs bereit zu handeln. Wir finden diesen Mechanismus seit Hunderten und Tausenden von Jahren auch bei Tieren. Bei Katzen oder Hunden können wir deutlich sehen, wenn ihr Gehirn einen Angreifer meldet, denn dann richtet sich im Bereich der entsprechenden Muskeln das Fell auf. Sie sehen, wie sich die Nackenhaare eines Hundes sträuben, und wissen auf einen Blick, dass er einen potenziellen Angreifer erspäht.

Was ist die Ursache für unsere Rückenschmerzen oder unser Kopfweh? Warum leiden Hunde und Katzen nicht darunter? Die Antwort ist simpel und zugleich von ganz praktischem Nutzen. Wir bekommen Rückenschmerzen, weil wir weder aktiv werden noch bewusst beschließen, es zu unterlassen. Wenn ein Hund im Vorgarten döst und Schritte hört, wacht er mit gesträubten Nackenhaaren auf. Eindringling! Aber dann erkennt er, dass es der Postbote ist, der seit Jahren täglich kommt, und beschließt, nicht aktiv zu werden. Seine Nackenhaare entspannen sich und er döst wieder ein.

In *unserem* Leben jedoch sind die Dinge aufgrund der sozialen Realitäten komplizierter. Unser Chef zitiert uns zu sich und macht uns eine Viertelstunde die Hölle heiß. Unsere Nackenhaare sträuben sich ebenfalls; unser biologisches Bedürfnis, sorgfältig zurechtgeschliffen und im Dschungel und in der Steppe auch äußerst nützlich, besteht darin, zu kämpfen oder zu flüchten. Im modernen Arbeitsleben gilt es jedoch nicht als sozial akzeptabel, die Faust zu schwingen, wegzurennen oder sich in der Zimmerecke zusammenzukauern.

Also sitzen wir da und lassen den Vortrag über uns ergehen. Und wenn wir keinen Weg zum sozial akzeptablen Handeln finden oder die Spannung nicht in anderer Form bewusst abbauen, kann es sein, dass wir mit Kopfweh oder Rückenschmerzen nach Hause gehen.

Wir haben die Wahl zu handeln oder einen Weg zu finden, Körper und Geist zu entspannen, ohne aktiv zu werden.

Vor dieser Wahl stehen wir täglich neu. Hier zwei weitere Beispiele.

Sie haben Streit mit einem Verwandten. Sie wissen, eigentlich müssten Sie zum Telefon greifen und sich aussprechen, aber Sie können sich einfach nicht überwinden. Sie werden nicht aktiv, aber Sie lassen auch nicht los. In Ihnen gärt es, Sie sind verletzt und besorgt.

Sie verlieren Geld mit einer Aktie, deren Kurs sofort, nachdem Sie sie gekauft haben, fällt. Ihr Freund und Nachbar von gegenüber gab Ihnen den Tipp. Am liebsten würden

Sie ihm sagen, dass Sie wütend sind, aber Sie tun es nicht, denn seine Tochter spielt für Sie jeden Samstagabend Babysitter. Außerdem, sagen Sie sich, haben Sie den Tipp ja schließlich selbst befolgt. Also handeln Sie nicht, lassen aber auch nicht los. Sie stellen fest, dass Sie noch Wochen später über diese Sache nachdenken.

Ein Experiment zum sofortigen Ausprobieren

Wenden Sie diesen Grundsatz auf ein wichtiges Thema in Ihrem Leben an. Konzentrieren Sie sich auf etwas, das Ihr Leben im Augenblick beherrscht. Ihr Leben würde sich wirklich verändern, wenn Sie sich hier umstellen würden. Sobald Sie sich entschieden haben, fragen Sie sich: Liegt es in meiner Macht, hier etwas zu verändern? Wenn Sie mit Ja antworten, fragen Sie sich weiter: Möchte ich meine Energie in diese Sache stecken? Wenn Sie die Dinge ändern können und auch bereit sind, Kräfte zu investieren, dann tun Sie es.

Lautet die Antwort auf eine dieser Fragen Nein, dann besteht Ihre Aufgabe darin, das entsprechende Thema ruhen zu lassen. Sie haben keine andere Wahl. Wenn Sie diese Sache nicht verändern können oder keinen Energieaufwand betreiben wollen, um sie zu verändern, müssen Sie sie sein lassen. Sie brauchen all Ihre Kräfte, um die Dinge zu verändern, die Sie ändern *können*. Und selbst dann müssen Sie Ihre Vorhaben äußerst sorgfältig auswählen. Menschen sind endliche Wesen, und auch Ihre Energie reicht nur für wenige große Projekte zur gleichen Zeit. Wahrscheinlich ist es Ihnen nicht möglich, in ein und demselben Jahr 20 Kilo abzunehmen, Ihren Doktor zu machen, sich um Ihre pflegebedürftigen Eltern zu kümmern und eine Sinfonie zu schreiben. Eine meiner Klientinnen versuchte all diese Dinge gleichzeitig und wollte außerdem noch ihrem Sohn helfen, von Drogen herunterzukommen. Dieses letzte Vorhaben überforderte ihre Kräfte endgültig, so dass sie schließlich völlig zusammenbrach.

Ich habe mit Hunderten von Menschen gearbeitet, die eine enge Beziehung zu einer drogensüchtigen Person hatten. Je mehr sie sich auf die Sucht des oder der anderen konzentrierten, desto schlimmer schien die Situation zu werden. Wir haben keine wirkliche Kontrolle über andere Menschen. Es liegt nicht bei mir, ob Sie trinken oder nicht. Und auch Sie können nicht bestimmen, ob ich Drogen nehme, und sei es nur ein Schluck Kaffee oder ein Zug Nikotin. Nur ich selbst kann beschließen, das zu tun oder zu lassen. In dem Augenblick, in dem wir erkennen, dass wir keine Macht über andere Menschen haben, sind wir für zwei Dinge frei: Wir können ganz loslassen und andere freigeben, so dass diese ihre eigenen Lektionen lernen können. Oder wir können bewusst beschließen, eine Kampagne zu starten, um die Dinge entsprechend zu beeinflussen. Wenn wir uns für Letzteres entschließen, müssen wir unser Vorhaben angehen wie ein geschäftliches Unternehmen. Wir brauchen ein Ziel sowie einen Plan und müssen uns verbindlich entscheiden, beides zu verfolgen, bis wir erreicht haben, was wir wollen.

Die meisten Menschen gehen jedoch nicht so vor. Sie bleiben im unbewussten Bereich und wünschen sich, der andere möge sich ändern, ohne dass sie wirklich Pläne machen, um das zu erreichen. Die Mühle dreht sich immer weiter, und nichts verändert sich wirklich.

Das Programm der Anonymen Alkoholiker zielt genau auf die Umstellung ab, die ich hier beschreibe. Bei den Anonymen Alkoholikern bekunden alkoholabhängige Menschen ihre Machtlosigkeit über den Alkohol, indem sie sagen: »Ich habe keine Kontrolle über meinen Alkoholismus.« Bis zu dem Zeitpunkt glaubten sie, ihr Trinken im Griff zu haben. Sie glaubten, ihr Ego sei mächtig genug, um vom Alkohol wegzukommen. Die Sache ist aber so: Das Ego, das glaubt, es sei mächtig genug, um vom Alkohol zu lassen, ist dasselbe, das ihn braucht, um sich zu betäuben! Der Glaube, wir könnten verändern, was wir nicht verändern können, ist ein raffinierter Trick des Ego, mit dem es uns überlistet, um die Kontrolle zu behalten. Wenn Alkoholiker bekennen, dass sie an der Tatsache ihrer Abhängigkeit selbst nichts ändern können, können sie sich auf das konzentrieren, was wirklich zählt: ob sie heute ein Glas trinken oder nicht.

In diesem Augenblick, an diesem Tag, stehen Sie vor einer Reihe möglicher Entscheidungen und aktiver Schritte. Wählen Sie etwas, das in Ihrer Hand liegt. Wählen Sie etwas, das als Nächstes zu tun ist. Tun Sie den Schritt – ganz gleich, wie klein oder groß er sein mag – und beobachten Sie, welche Magie sich daraufhin entfaltet.

Die Umstellung auf das Wir: von der Ego-Zentriertheit zur Verbundenheit mit anderen

Bei der Umstellung auf das Wir gehe ich von der Beschäftigung mit meinen eigenen Bedürfnissen zu der Frage über, wie ich anderen etwas geben und zum Wohlergehen der Gemeinschaft beitragen kann. Dieses Umschwenken war bis zum Alter von 35 Jahren überhaupt nicht in meinem Bewusstsein, denn bis Anfang 30 war ich so erpicht auf meine eigenen Ziele und Visionen, dass ich mich mit den Bedürfnissen anderer Menschen nicht weiter aufhielt. Eines Tages kam dann der Augenblick des Erwachens.

Mit 35 nahm ich ein Sabbatjahr und reiste durch Europa und Asien. Es war eine Reise, wie ich sie mir seit meiner

Jugendzeit erträumt hatte, aber das Leben und ich selbst hatten sich bislang gegen die Verwirklichung dieses Traumes gestellt. Auf meiner Reise hielt ich mich mehrere Tage in einer abgelegenen Einsiedelei am Fuße des Himalajas auf. Eines Morgens saß ich am Ufer eines Flusses und beobachtete eine Gruppe jugendlicher Tagelöhner aus dem nahe gelegenen Dorf, die bei einem Bauvorhaben half. Jeder von ihnen trug einen schweren Stein einen steilen Hügel hinauf zu dem Platz, wo der Guru vom Ort den Bau eines Tempels überwachte. Wenn ein Junge auf dem Hügel ankam, ließ er den Stein fallen und stieg den Hügel wieder hinunter, um einen neuen zu holen. Das ging stundenlang so. Auf mein Nachfragen hin erfuhr ich, dass jeder der Jungen einen Tagelohn von einer Rupie (etwa 20 Pfennige) erhielt. Als ich das hörte, war ich sprachlos und deprimiert, denn es gab noch Dutzende weiterer Jungen, die für diesen Job nicht ausgewählt worden waren. Die Steinträger waren glücklich, und ihre abgelehnten Freunde hockten den ganzen Tag lang in der Nähe herum und beobachteten sie neidisch.

Während ich all das vom gegenüberliegenden Ufer verfolgte, überkam mich eine tiefe Verzweiflung. Mir wurde klar, dass das Leben dieser Kinder und wahrscheinlich auch von deren Kindern immer so weitergehen würde. Ist das denn wirklich alles?, fragte ich mich. Wir tragen einen Stein auf den Hügel, steigen den Hügel hinab und holen den nächsten – wenn wir Glück haben. Wir schlagen uns 70 Jahre mühsam durchs Leben und sind dann in einem einzigen Augenblick von der Bildfläche verschwunden. Was soll das?

Ich lehnte mich zurück und atmete in den Schmerz hinein. Wellen von Verzweiflung über all das ungenutzte Potenzial, das täglich in uns auf ungezählte Weise starb, stiegen in mir auf. Ich war bekümmert wegen der Jungen und zugleich beschämt, weil ich ihnen nicht helfen konnte. Ich blieb bei diesen Gefühlen, während sich die Minuten dahinzogen. Nach einer Weile spürte ich, wie sich mein Bewusstsein wandelte. Plötzlich gab es nicht mehr »meinen« Schmerz und »ihren« Schmerz. Wir wurden zu einem einzigen Schmerz – wir, die Jungen und der kollektive Schmerz der Welt –, und dann wurden wir zu einem einzigen pulsierenden Organismus, voller Sehnsucht danach, unser Potenzial zum Ausdruck zu bringen. Unter dem Schmerz war die Sehnsucht und darunter das reine, kraftvolle Strömen der Existenz. Je weiter ich mich für meine Gefühle öffnete, desto mehr wandelten sie sich um in Essenz. Ich konnte spüren, wie Kraft und Raum des Universums alles durchströmten, ohne bei irgendetwas Halt zu machen. Das Nichts im Zentrum allen Lebens war zugleich meine eigene Essenz, die Essenz der Jungen und die Essenz der gesamten Schöpfung. Ab einem bestimmten Augenblick war mein »Ich« nicht mehr getrennt von irgendetwas; ich war zum »Wir« geworden.

In diesem Moment durchflutete mich ein Schwall von Ekstase. Ich schwelgte 20, 30 Minuten darin, bevor sich das innige Gefühl zu verflüchtigen begann. Während ich vom Gipfel dieser Erfahrung herunterstieg, trotteten dieselben Jungen immer noch denselben Hügel hinauf, aber jetzt sah ich die Dinge ganz anders. Diese Jungen taten, was sie taten, und ich tat, was ich tat. Das war das, und dies ist dies.

Ich erkannte in diesem Augenblick, dass meine Reise zu Ende war. Es war Zeit für mich, in meine eigene Welt zurückzukehren und meinen eigenen Beitrag zur Veränderung zu leisten. Ich konnte wenig oder nichts tun, um das Leben der Jungen auf dem Hügel zu verbessern, aber ich konnte meiner eigenen Gemeinschaft durch meine Fähigkeiten etwas geben. Das Problem lag darin, dass ich bislang immer von einem »Ich-« statt von einem »Wir-Gefühl« ausgegangen war. Diese Umstellung veränderte alles in mir. Jetzt war ich nicht mehr *meiner*, sondern *unserer* Welt verpflichtet.

In jenem Augenblick war ich mir der Umstellung auf das Wir zum ersten Mal bewusst; seitdem habe ich sie viele Male erlebt. Sie vollzieht sich oft in Augenblicken der Polarisierung. Ich befinde mich mit jemandem im Konflikt und schmerzliche Gefühle schwingen in der Luft. Plötzlich spüre ich, dass ich mich auf ein »Wir-Gefühl« umstelle, und der Konflikt löst sich auf. Wo vorher eine Mauer war, ist jetzt Verbundenheit spürbar.

Ich habe die Umstellung auf das Wir bei vielen Konflikten erlebt. Ich habe an einigen der emotional am stärksten belasteten Orte der Welt Seminare abgehalten, zum Beispiel mitten im Winter in den Baracken von Birkenau und Auschwitz. Ich habe mit Bosniern und Serben, Arabern und Juden, irischen Protestanten und Katholiken gearbeitet – und war tief berührt zu sehen, wie Menschen in der ganzen Welt vom Konflikt zum »Wir-Gefühl« übergingen. Zu erleben, wie Pazifisten und Offiziere der Armee sich in diesem Raum des »Wir-Gefühls« umarmten, hat mir einen unerschütterlichen Optimismus in Bezug auf die Zukunft geschenkt.

Die höchste Umstellung: von ... auf Liebe

Jedes Mal, wenn ich mich, von was auch immer, auf Liebe umgestellt habe – sei es von Angst auf Liebe, von Logik auf Liebe oder von Hass auf Liebe –, wurde ich zutiefst belohnt. Wir müssen lediglich darauf achten, wie wir etwas Dummes, Hässliches, Idiotisches oder Schmerzliches tun, und uns trotzdem lieben. Wir müssen lediglich mitbekommen, wie ein anderer Mensch ein Verhalten an den Tag legt, das uns nicht gefällt, und ihn trotzdem lieben. Natürlich kann es sein, dass wir Grenzen setzen müssen; auch das gehört zur Liebe. Wenn unsere Kinder den Kühlschrank nicht schließen, müssen wir ihnen zeigen, wie man mit Kühlschränken umgeht. Untersuchungen zeigen, dass 85 Prozent unserer Botschaften an Kinder negativ sind: »Hör auf!« »Lass das!« »Wie kannst du nur!« Hier kann uns Liebe enorm helfen. Wenn wir unseren Kinder liebevoll sagen, sie sollen die Kühlschranktür nicht offen stehen lassen, können sie unsere Anweisungen viel besser annehmen. Und, was vielleicht noch wichtiger ist, jedes Mal, wenn wir von Ärger zu Liebe oder sogar von Akzeptanz zu Liebe wechseln, ölen wir das elementare Gelenk des Bewusstseins, ein Gelenk, das seit langer Zeit ziemlich laut quietscht.

Die Fähigkeit bewusst zu leben besteht grundsätzlich darin, das Gelenk des Bewusstseins so gründlich zu ölen, dass wir in jedem Augenblick von der geschlossenen Faust der Angst zur offenen Hand und zur herzlichen Umarmung der Liebe übergehen können. Bei Angst zieht sich uns der Magen zusammen; wenn wir lieben, entspannen wir uns. Angst ballt die Faust; Liebe öffnet unsere Hände. Deswegen ist ein bewusstes Leben so reich: Wir haben bei jeder Begegnung – ob mit einem anderen Menschen oder den weiten Räumen in uns selbst – die Wahl, aus Angst oder Liebe zu handeln. Das ist immer ein Tanz auf dem Grat dessen, wer wir sind und wer wir sein können. Deshalb ist ein bewusstes Leben für mich eine unendliche Reise, die ich jedem suchenden Geist von Herzen nahe legen möchte.

Teil II
Die reale Welt
Bewusste Lösungen für zeitlose Probleme des Lebens

Nachdem wir jetzt die Schlüsselgedanken für ein bewusstes Lebens erforscht haben, ist es an der Zeit, sie in der realen Welt, in der wir täglich leben, praktisch anzuwenden. Wenn Sie morgens aufwachen, sind Sie mit den gleichen Problemen konfrontiert, denen die Menschen sich seit Tausenden von Jahren Tag für Tag stellen müssen. Die Wahrscheinlichkeit, uns satt essen zu können, ist bei uns größer als bei unseren Vorfahren, aber können wir damit rechnen, dass wir unseren Tag mit einer gesunden Selbstachtung beginnen? Vielleicht fahren wir in einem komfortablen Wagen zur Arbeit, aber ist die harmonische Zusammenarbeit mit unseren Kolleginnen und Kollegen gesicherter als bei unseren Eltern und Großeltern, die vielleicht noch mit dem Fahrrad zwischen Wohn- und Arbeitsort pendelten?

Mit anderen Worten: Bestimmte Lebensprobleme begleiten uns seit langer, langer Zeit, ganz gleich, welche technischen Fortschritte wir gemacht haben. Möglicherweise hat die Technologie einige unserer Schwierigkeiten sogar verstärkt. Ist es zu unserem Vorteil oder zu unserem Nachteil, wenn ein Diktator seine Macht über das Fernsehen verbreiten kann? Und was bedeutet es für uns, wenn Jugendliche sich Anleitungen zur Herstellung von Bomben aus dem Internet herunterladen können?

1995 führte ich eine Untersuchung mit mehreren tausend Menschen durch, um herauszufinden, für welche Lebensbereiche sie am dringendsten klare Informationen brauchten. Die Frage lautete: »Wenn es eine Schule gäbe, die Ihnen beibrächte, was Sie wirklich wissen müssen, um ein glückliches und erfolgreiches Leben führen zu können, welche Themen würden hier unterrichtet?«

Vier Gebiete wurden als die wichtigsten eingestuft:

- Selbstachtung und die Kunst, herauszufinden, wer ich wirklich bin und wie ich das in der Welt zum Ausdruck bringe.
- Wie finde ich einen Freund oder eine Freundin, mit dem/der ich harmoniere und im Lauf der Zeit gemeinsam wachse?
- Wie bewältigen wir in einer langfristigen Beziehung die Probleme des Lebens und der Liebe gemeinsam?
- Wie gestalte ich mein Leben, meinen Berufsweg und meinen Lebensstil nach eigenem Plan, statt mich auf die Rollen und vorgegebenen Strukturen aus der Vergangenheit zu verlassen?

1998 startete die Foundation for Twenty-First Century Leadership, eine gemeinnützige Organisation, die meine Frau Kathlyn und ich gegründet hatten, die »Living University«, um in ihr Kurse für diese und andere Fragestellungen anzubieten. Wir haben inzwischen fast hundert Fakultätsmitglieder ausgebildet, die in ihrer Heimat ebenfalls entsprechende Kurse anbieten. Die bisherige Reaktion war sehr ermutigend, und wir planen, weiterhin jährlich etwa hundert Fachkräfte auszubilden. Wir haben inzwischen Ausbildungsstätten in den USA, Kanada, Lateinamerika, Europa, Japan und Israel.

In Teil II dieses Buches biete ich Ihnen diese Kurse in schriftlicher Form an. Der Stoff ist identisch mit dem, der an der Living University unterrichtet wird. Ihnen wird auffallen, dass der Schreibstil hier ein anderer ist als in Teil I. Der Grund dafür ist, dass ich die informelle Atmosphäre und das zügige Tempo der Kurse an der University vermitteln möchte. Außerdem beinhalten die Kurse praktische Schritte, mit deren Hilfe Sie selbst Erfahrungen mit den vermittelten Gedanken machen und diese lebendig werden lassen können. In diesem Teil finden Sie die wichtigsten aktiven Schritte beschrieben, und ich möchte Ihnen sehr empfehlen, sich die Zeit zu nehmen, sie auf der Stelle durchzuarbeiten. Dadurch werden Sie die Grundideen für ein bewusstes Leben viel besser verstehen lernen.

Beginnen wir ohne Umschweife mit dem grundlegendsten Problem eines bewussten Lebens: entdecken, wer wir wirklich sind.

Die **Grundlage** von **Selbstachtung:**
Entdecken, wer Sie sind

Wir alle müssen wissen, wer wir wirklich sind. Selbstkenntnis ist der erste Schritt, um uns innerlich grundlegend wohl zu fühlen. Wenn wir mit unseren Gefühlen und Bedürfnissen nicht in Kontakt sind – ganz zu schweigen von unserer Seele, der Essenz und dem Sinn unseres Lebens –, können wir uns nicht gut fühlen. Und wenn wir uns nicht auf natürliche Weise wohl fühlen, sind wir anfällig dafür, Opfer von Sektenführern, der Werbung oder Drogenhändlern zu werden – sei es des Inhabers des Ladens an der Ecke oder des Dealers auf der Straße.

Entdecken, wer Sie wirklich sind, ist der einzige Weg, zu einer beständigen Selbstachtung zu gelangen und sich diese zu bewahren. Nur eine tiefe und gründliche Selbstkenntnis vermittelt uns das unerschütterliche Selbstgefühl, mit dem wir den Herausforderungen des Lebens im 21. Jahrhundert begegnen können.

Ein Paradox

Selbstachtung beruht auf einem bemerkenswerten Paradox: Wir können anderen nur dann wirklich etwas geben, wenn wir uns selbst zutiefst lieben, und wir können uns selbst nur dann wirklich lieben, wenn wir anderen vorbehaltlos geben. Selbstachtung ist wie atmen – wenn Sie tief einatmen, können Sie auch gründlich ausatmen. Wenn Sie gründlich ausatmen, können Sie wiederum tief einatmen. Wenn wir uns atmend mit Liebe füllen, können wir anderen geben, ohne uns zu verausgaben. Und wir können anderen nur dann wirklich geben, wenn wir wissen, wie wir uns selbst durch tiefes Atmen mit neuen Kräften auftanken.

Stellen Sie sich vor, ein Mensch kommt auf Sie zu, der Ihnen wirklich wichtig ist. Sehen Sie sich jetzt in zwei ganz unterschiedlichen Szenen. Einmal kreuzen Sie Ihre Arme vor der Brust und wenden sich von diesem Menschen ab; Sie weigern sich, liebevoll Kontakt mit ihm aufzunehmen. In der zweiten Szene breiten Sie Ihre Arme weit aus, lächeln liebevoll und umarmen die Person.

Stellen Sie sich jetzt vor, Sie selbst wären der Mensch, den Sie umarmen. Achten Sie darauf, wie Sie sich fühlen, wenn Sie sich von sich abwenden, wie viele von uns es tun. Und dann stellen Sie sich vor, wie Sie sich fühlen würden, wenn Sie sich wirklich liebevoll umarmen.

Wer Sie sind und wie Sie sich innerlich mit sich fühlen, ist Thema der ersten Lektionen, die wir für unser Leben brauchen. Selbstachtung steht an erster Stelle, denn wenn wir mit uns selbst nicht im Einklang sind, erzeugen wir überall Disharmonie. Ein einziger Augenblick aufrichtiger und demütiger Selbstliebe kann die Richtung unserer evolutionären Reise ändern und sie beschleunigen.

Alles, was wir über Selbstachtung wirklich wissen müssen, beruht auf sechs Geheimnissen. Die ersten drei werden wir uns in diesem Kapitel anschauen, die nächsten drei im folgenden Kapitel:

- uns selbst bedingungslos lieben,
- unser Leben mit Integrität leben,
- unsere Essenz von unserer Persona unterscheiden,
- mit Angst umgehen,

- unser kreatives Potenzial zum Ausdruck bringen,
- mit Emotionen umgehen lernen.

Mit anderen Worten, wir müssen uns folgende Fragen stellen:

Kann ich mich bedingungslos lieben? Wenn ich mich selbst lieben kann, öffne ich mich dafür, andere zu lieben. Wenn ich mich selbst nicht lieben kann, ist es unmöglich, andere zu lieben.

Lebe ich mein Leben mit Integrität? Wenn ja, dann kann ich mir selbst Rücksichtnahme entgegenbringen. Wenn nicht, kann ich mich nicht gut fühlen, was auch immer ich in der äußeren Welt erreichen mag.

Kann ich mich in der Essenz – meinem inneren Kern reinen Bewusstseins – wirklich zu Hause fühlen, statt an der äußeren Welt der Gefühle, Gedanken oder sozialen Masken haften zu bleiben? Wenn ja, belohne ich mich mit dem großartigen Geschenk eines bewussten Lebens, dem tiefen und unerschütterlichen Wohlgefühl, das darauf beruht, dass ich mich mit mir selbst und dem Universum innig verbunden fühle.

Behindern meine Ängste mich? Kann ich mich von den Fesseln meiner Angst befreien, um mein höchstes Potenzial zu leben? Bringe ich meine Kreativität zum Ausdruck? Wenn Sie nach innen gehen und Ihre kreativen Impulse ans Licht bringen, wird Ihre Selbstachtung täglich wachsen. Es kommt nicht darauf an, ob Sie ein Gedicht schreiben, eine Sinfonie komponieren, eine glückliche Ehe führen oder eine köstliche Muschelsuppe kochen. Der Punkt ist, sich darauf einzulassen, unsere Talente voll zum Ausdruck zu bringen und unsere kreativen Projekte aktiv in die Tat umzusetzen.

Trage ich zum Leben anderer so bei, dass es mich nährt? Wenn nicht – wenn mein Geben mich erschöpft –, dient mein Beitrag anderen nicht wirklich. Unsere Gaben kommen nur dann wirklich an, wenn nicht nur die anderen, sondern auch wir selbst durch unsere Zuwendung neue Kräfte gewinnen.

Wenn Sie diese Fragen bejahen, blüht Ihre Selbstachtung und Sie fühlen sich grundsätzlich sogar dann gut, wenn es Ihnen im Moment nicht so gut geht. Echte Selbstachtung schafft einen Raum, in dem sowohl positive als auch negative Gefühle willkommen sind, so dass Sie sich auch dann gut mit sich fühlen, wenn die Dinge schlecht laufen.

Glücklicherweise erfordert Selbstachtung kein 100-prozentiges Ja auf diese Kernfragen. Selbstachtung ist ein fließender Prozess, kein unumstößlicher Fels. Sie beruht auf winzigen Schritten auf dem Weg und nicht auf dem Erreichen eines Endziels. Wir müssen einfach unsere Essenz fühlen, uns selbst lieben lernen, Integrität entwickeln und unser kreatives Potenzial zum Ausdruck bringen.

Wagen Sie zu träumen

Das größte Problem in Bezug auf Selbstachtung ist: Wenn sie nur schwach entwickelt ist, nehmen wir noch nicht einmal wahr, dass wir Probleme damit haben. Wir denken, so sei das Leben nun einmal.

Lassen Sie mich Ihnen dazu ein Beispiel aus meinem eigenen Leben geben. Ein Symptom für mangelnde Selbstachtung ist, dass Sie bezweifeln, jemals Ihre Träume und Visionen verwirklichen zu können. Tief in Ihrem Inneren glauben Sie zu wissen, dass Sie niemals erreichen, was Sie sich wünschen. Ein zweites Symptom geht noch tiefer und berührt den Kern unseres Selbst: Wir wagen es nicht, überhaupt zu träumen. Wir haben keine Vision, was wir werden könnten, weil es kein reales Selbst – kein Ich – gibt, das werden könnte. Ich kenne beide Symptome sehr gut.

Am jetzigen Punkt meines Lebens würde mich fast jeder als erfolgreichen Menschen betrachten. Ich habe eine attraktive, liebevolle, kluge Frau, mit der ich zugleich zusammenarbeite. Meine Kinder sind erwachsen und mit ihrem eigenen Leben beschäftigt, ich bin mit Überfluss gesegnet, bekomme genügend Anerkennung, bin bei guter Gesundheit und besitze ein Haus am Meer. Und trotzdem stelle ich manchmal fest, dass ich bezweifle, meine Träume verwirklichen zu können. Ich habe große Visionen, die fast immer von Zweifeln begleitet sind. Ich gerate fast jeden Tag an meine Grenzen.

Manchmal fällt es mir schwer, diesen Aspekt meiner Entwicklung zu akzeptieren. Früher einmal glaubte ich, Selbstachtung sei etwas, das uns einmal zufliegt und dann bleibt. Wenn ich viel Selbstachtung besäße, dachte ich, wäre ich immer voller Zuversicht. Jetzt weiß ich, dass das Unsinn ist.

Selbstachtung heißt in einem Zustand kreativer Ausdehnung leben und unsere Grenzen täglich erweitern. Sie leben ständig mit der Frage, ob Sie dazu imstande sind. Mehr Kreativität bedeutet mehr Zweifel. Und trotzdem atmen Sie weiter, bewegen sich weiter und sind weiter schöpferisch. Sie atmen durch den Zweifel hindurch und reiten auf einer noch größeren Welle von Kreativität.

Früher einmal war meine Selbstachtung so gering, dass ich noch nicht einmal zu träumen wagte. Ich wuchs in einer armen Südstaatenfamilie auf, die von Sucht und anderen Dramen geplagt wurde. Vielleicht wäre ich den gleichen Weg gegangen, wenn nicht Dixie Jean Allen aufgetaucht wäre, die mir Starthilfe im Träumen gab. Eines Tages zu Beginn meines Studiums, als ich in der High School den Flur entlangging, winkte Frau Allen mich zu sich. Sie war meine Studienberaterin, aber bislang hatten wir uns immer nur zugenickt.

»Welche Collegepläne hast du?«, wollte sie wissen.

Vor mich auf den Boden starrend, murmelte ich, meine Mutter mache schwere Zeiten durch und ich könne mich höchstens für Kurse auf dem Junior-Bezirkscollege eintragen. Aber ich war mir noch nicht einmal sicher, ob wir uns das leisten konnten. Frau Allen stand mit offenem Mund da und sah mich sprachlos an. Sie nahm mich mit in ihr Büro und wies mich an, Platz zu nehmen.

»Hast du je daran gedacht, dich um ein Stipendium für ein gutes College oder eine Universität zu bewerben?«, fragte sie.

Jetzt war es an mir, sprachlos zu sein. Bislang hatte ich nur von Footballstipendien gehört und dachte, das meine sie auch.

»Nein«, sagte ich. »Ich bin nicht gut genug, um in der College-Footballmannschaft mitzuspielen.« Das war eine realistische Einschätzung, kein Zeichen geringer Selbstachtung. In der zehnten Klasse hatte mein Geschichtslehrer, der zugleich Footballtrainer war, gesagt: »Mein Sohn, du bist ein großer Kerl. Warum hast du keine Lust, Football zu spielen?«

Wenn ich meine fünf Sinne beisammen gehabt hätte, hätte ich geantwortet: »Weil ich dick und intellektuell orientiert bin und überhaupt keine sportliche Begabung habe.« Ich war jedoch ein Jugendlicher, der ohne Vater aufwuchs, und in unserer Nachbarschaft hatte jeder Jugendliche einen Vater. Ich war hungrig nach Aufmerksamkeit von einer männlichen Autoritätsperson, so hungrig, dass ich noch nicht einmal wusste, wie sehr der Mangel an väterlicher Zuwendung mir zu schaffen machte. Also sagte ich stattdessen: »Gut, tragen Sie mich ein.« Und so spielte ich in meinen letzten beiden High-School-Jahren Football, und zwar in einem Team, das zu den schlechtesten in der ganzen Geschichte unserer Schule gehörte. Wir waren eine Katastrophe, und ich trug meinen Anteil zu unseren kläglichen Leistungen bei. Außerdem verletzte ich mich am Knie und kann den Schmerz manchmal heute noch spüren, wenn ich aus dem Bett steige.

Frau Allen schüttelte den Kopf und sah etwas verzweifelt aus. »Ich rede von akademischen Stipendien.«

Ich sagte ihr, dass ich davon noch nie gehört habe. Als sie mir erklärte, wie das funktionierte, konnte ich es kaum glauben.

»Sie meinen, man würde mir das College bezahlen, nur wenn ich gute Zensuren nachweise?«

Heute ist mir klar, wie dumm das klang, aber damals wusste ich es eben nicht besser.

»Natürlich«, sagte sie. »Du gehörst zu denen, die bei der Eignungsprüfung in unserem Gebiet die höchste Punktzahl erreicht haben. Du könntest überall ein Stipendium bekommen. Ganz sicher für die University of Florida oder Florida State, aber es gibt sogar noch bessere Möglichkeiten. Ein ehemaliges Mitglied einer der Eliteschulen, das hier in der Gegend lebt, rief mich neulich wegen dir an und will sich mit dir treffen.«

Drehen wir die Zeit schnell weiter bis zu einem Wintertag in meinem letzten Jahr an der High School. Frau Allen eilte die Treppe herunter in den Flur, wo ich vor meinem Spind stand. Sie hielt einen Brief in der Hand, in dem ihr mitgeteilt wurde, dass ich ein Stipendium für die beste Schule bekommen würde, die ich wählen würde. Als ich an jenem Nachmittag von der Schule nach Hause ging, fiel mir auf, dass etwas an mir anders war, aber ich konnte nicht herausfinden, was. Plötzlich wusste ich es. Es waren meine Hände. Sie waren entspannt und offen, verglichen mit den zusammengeballten Fäusten, mit denen ich herumlief, seit ich denken konnte. Es muss in mir eine Seite gegeben haben, die glaubte, niemals aus alledem herauszukommen. Jetzt hielt ich meine Fahrkarte in der Hand und war frei.

Yale schien mir eine Nummer zu groß, eine völlig andere Welt als die, in der ich lebte. Schließlich entschloss ich mich für Rollins, ein ausgezeichnetes liberales geisteswissenschaftliches College, weniger als 50 Meilen von meinem Heimatort entfernt. Mein vorgeschobener Grund für diese Entscheidung war, dass ich mir um die Gesundheit meiner Großmutter Sorgen machte. Sie ging auf die 80 zu, und ich wollte in ihren letzten Jahren in ihrer Nähe sein. Wenn ich zurückschaue, wird mir jedoch klar, dass nicht nur meine Liebe zu meiner Großmutter, sondern auch meine geringe Selbstachtung mich davon abhielt, eine Eliteschule im Norden zu besuchen.

Fast 30 Jahre später begegnete ich Frau Allen rein zufällig bei einer Beerdigung und hatte Gelegenheit, ihr dafür zu danken, dass sie mein Leben veränderte. Da sie sich dafür engagierte, dass ich mein Potenzial entwickelte, schlug ich einen Berufsweg ein, der durch die lebenslange Leidenschaft geprägt ist, anderen Menschen (und mir selbst) zu helfen, sich mit den Glaubenssystemen zu konfrontieren, mit denen wir uns selbst begrenzen. Mein Interesse für dieses Thema führte mich durch innere menschliche Labyrinthe, von deren Existenz ich mir nicht hätte träumen lassen. Dunkel und unerforscht ist der Platz in unserem Inneren, aus dem wir aufgehört haben uns zu lieben.

Letztlich geht es um eine bestimmte Art von Liebe

Selbstachtung heißt letzten Endes, sich selbst und andere bedingungslos lieben zu können. Wenn wir uns selbst nicht lieben, jagen wir ständig der Liebe anderer Menschen hinterher. Wenn die Gefühle, die wir uns selbst entgegenbringen, von Schuld und Kritik geprägt sind, ist auch unsere Liebe zu anderen entsprechend gefärbt. Wir brauchen eine ganz bestimmte Art von Liebe und müssen diese zuerst einmal uns selbst schenken, bevor wir sie anderen gegenüber adäquat zum Ausdruck bringen können.

Liebe ist das Mittel gegen Angst. Wenn wir Angst haben, ziehen wir uns zusammen, lieben wir, dehnen wir uns wieder aus. Wenn wir nicht wissen, wie wir uns selbst lieben können, leben wir in einem Zustand permanenter Kontraktion. Angst legt sich nicht nur wie eine Hand um unseren Magen, sie greift auch nach unserem Herzen. Selbstliebe ist der einzige Weg, dem Zugriff der Angst zu entkommen.

Selbstliebe ist nicht das Gleiche wie Selbstgefälligkeit. Selbstgefälligkeit ist der Versuch, anderen zu beweisen, dass Sie liebenswert sind, obwohl Sie selbst innerlich gar nicht davon überzeugt sind. Selbstliebe ist auch keine falsche Demut. Wenn wir uns wirklich lieben, erkennen wir damit an, dass wir alle gleich sind. Wir sagen: »Ich bin hier und du bist hier, und wir sind in diesem Universum alle gleich.« Selbstgefälligkeit sagt: »Ich bin auf deine Kosten hier«, während falsche Demut sagt: »Du bist auf meine Kosten hier.« Wenn wir uns wirklich aufrichtig lieben, feiern wir uns in grenzenloser Einheit mit der Ganzheit von allem, was ist. Und was das »Wie« betrifft, so gibt es keine Regel. Alles, was wir tun können, ist, uns selbst an dem Platz, an dem wir uns gerade befinden, so innig wie möglich zu lieben.

Würden Sie sich in diesem Augenblick ein, zwei Herzschläge lang diese bedingungslose Liebe schenken?

Mit Integrität leben

Wenn Sie sich unwohl fühlen, wenn Sie keine Liebe für sich empfinden, ist offensichtlich, dass Sie in eine bestimmte Richtung schauen müssen, aber fast niemand von uns erinnert sich daran. Wenn ich es mir leisten könnte, würde ich über jede Stadt und jedes Dorf ein Spruchband mit folgender Information fliegen lassen. Ich würde im Fernsehen stündlich einen entsprechenden Spot laufen lassen und ihn auf Milchtüten drucken. Die Botschaft lautet:

Wenn Sie sich nicht gut fühlen, schauen Sie nicht zurück in die Vergangenheit, um dort nach Ursachen zu forschen. Fragen Sie sich nicht, was Sie vorhin gegessen oder letzte Nacht geträumt haben. Schauen Sie genau dorthin, wo Sie sich befinden, und fragen Sie sich, inwiefern Sie Ihre Integrität verloren haben. Um sich selbst bedingungslos lieben zu können, müssen Sie Integrität besitzen. Integrität beruht immer auf vier bestimmten Aspekten:

- alle Ihre Gefühle willkommen heißen und nichts verbergen oder verleugnen, was Sie empfinden,
- die Wahrheit sagen,
- die Vereinbarungen, die Sie eingegangen sind, einhalten (oder sie in Übereinkunft mit der anderen Person bewusst ändern),
- 100-prozentige Verantwortung für die Probleme, Aktivitäten oder Ereignisse übernehmen, an denen Sie beteiligt sind. Weniger als 100 Prozent heißt, Sie machen sich zum Opfer. Mehr als 100 Prozent heißt, Sie machen sich zum Märtyrer.

Wenn Sie und ich uns nicht an diese einfachen Dinge halten, fühlen wir uns nicht gut. Das ist im Grunde schon alles. Mit anderen Worten: Wenn wir uns gegen unsere Gefühle verbarrikadieren, die Wahrheit verleugnen und uns rücksichtslos über die Vereinbarungen hinwegsetzen, die wir getroffen haben, fühlen wir uns schlecht mit uns selbst. Und wenn wir anderen Vorwürfe machen oder den Märtyrer spielen, haben wir ebenfalls kein positives Selbstgefühl. Und dann verschlimmern wir das Problem, indem wir versuchen, durch äußere Dinge Abhilfe zu schaffen. Wir gehen einkaufen, suchen den plastischen Chirurgen auf und geben anderen die Schuld daran, dass wir uns nicht wohl fühlen. Und das alles, weil etwas uns innerlich durcheinander bringt. Wir müssen lernen, uns zuerst zu fragen, wo unsere Integrität brüchig geworden ist, wenn wir uns mit uns selbst nicht wohl fühlen.

Integrität im Umgang mit uns selbst

Wir können uns selbst nicht lieben, wenn unser Handeln durch unerforschte Gefühle motiviert ist. Wir können uns selbst nicht respektieren, wenn wir Wahrheiten zurückhalten und Übereinkünfte brechen. Dieselbe Energie, mit der wir uns kreativ ausdrücken könnten, wird verbraucht, um die Schwachstellen auszubessern, die auf mangelnder Integrität beruhen.

So habe ich zum Beispiel im Radio gerade ein Lied gehört, das von einem Menschen geschrieben und gesungen wurde, mit dem ich an seinen Schreibblockaden als Songschreiber gearbeitet hatte. Ich hatte das Vergnügen, mit einigen hervorragenden Künstlerinnen und Künstlern dieses und andere künstlerische Probleme zu besprechen. Auf künstlerischem Gebiet habe ich ihnen nichts zu geben, kann ihnen aber helfen, ihre Blockaden zu überwinden, indem sie Unstimmigkeiten in ihrem Leben korrigieren. Wenn sie ihre Integrität zurückerlangten, verschwanden unweigerlich auch die Hindernisse. Für den einen heißt das, ein schuldbeladenes Geheimnis – zum Beispiel eine Affäre –, das er mit sich herumträgt, offen zu legen. Die andere muss sich ein tiefes Gefühl oder einen heftigen Impuls eingestehen, die sie aus ihrem Bewusstsein auszublenden versucht hat. Ein weiterer Künstler musste sich der Tatsache stellen, dass er eine Reihe von Vereinbarungen mit wichtigen Menschen gebrochen hatte.

Wenn diese Menschen an dem Thema Integrität arbeiteten, floss ihre Kreativität wieder. Wie eine meiner Klientinnen es formulierte: »Als ich aufhörte, mir und anderen etwas vorzulügen, begann meine innere Musik wieder zu spielen.«

Wenn wir integer sind, können wir von uns selbst eine hohe Meinung haben. Integrität bedeutet, mit anderen Menschen und dem Universum eine gleichberechtigte Partnerschaft eingehen. Wenn wir keine Integrität besitzen, tun wir, als könnten wir das Universum beherrschen, statt uns in Einklang mit ihm zu bewegen. Wenn ich zum Beispiel unbekümmert eine Vereinbarung breche und so tue, als sei das nicht wichtig, spalte ich mich vom Universum ab. Ich behaupte, etwas Besonderes zu sein und mich nicht an die Spielregeln halten zu müssen. Damit lade ich Schwierigkeiten ein und hefte mir ein Schild mit der Aufschrift »Bitte treten« an den Rücken, das vom Universum gesehen werden kann.

Integrität im Umgang mit anderen

Fast sämtliche Probleme im Leben können überwunden werden, indem wir uns selbst und anderen gegenüber ehrlich sind. Meine Großmutter brachte mir dazu eine ganz einfache Lektion bei. Sie sagte, wenn wir immer die Wahrheit sagten, müssten wir uns niemals merken, was wir gesagt haben. Sie war auch der Meinung, wenn wir nicht die Wahrheit sagten, würde unser Leben leicht aus der Bahn geraten und wir würden schließlich »über unsere eigenen Schnürsenkel stolpern«.

Diese Geschichte fiel mir ein, als ich zu einer der Talkshows zum Skandal um die Eiskunstläuferin Tonya Harding eingeladen wurde. Die Gastgeberin der Show bat mich, Hardings Pressekonferenz auf Video zu verfolgen und aufzuzeigen, wo ihre Körpersprache möglicherweise verriet, dass sie log. Das war nicht weiter schwierig, denn sie war eine der schlimmsten und unverblümtesten Lügnerinnen, welche die Öffentlichkeit jemals zu sehen bekommen hat. So redete sie fast immer in einem Tonfall selbstgerechter Verachtung oder als wimmerndes Opfer, zwei deutliche Anzeichen für Lügner. Nachdem ich den Zuschauern im Studio gezeigt hatte, worauf sie achten mussten, wurden sie ganz geschickt in dieser Kunst und ich ließ sie die Körpersprache von weiteren drastischen Lügnern aus der Reihe von Berühmtheiten in jenem Frühling lesen, auch die von Michael Jackson. Die Theorie meiner Großmutter erwies sich als nahezu gespentisch wahr: Tonya hatte bei den Olympischen Spielen Schwierigkeiten mit ihren Schnürsenkeln!

Bevor wir weitergehen, möchte ich noch einmal das Wichtigste wiederholen, was ich in Bezug auf Selbstachtung gelernt habe: Wenn ich morgens aufwache und mich mit mir nicht gut fühle, schaue ich mir an, ob ich mich in irgendeinem Bereich meines Lebens nicht integer verhalten habe. Ich überprüfe, ob ich mit mir oder einem anderen Menschen unaufrichtig war. Ich forsche nach, ob ich mich bestimmte Gefühle nicht fühlen lasse oder Vereinbarungen nicht eingehalten habe. Dann ändere ich das, so gut ich kann – meistens erfordert das nicht mehr als ein zehnminütiges Telefongespräch –, und stelle anschließend fast immer fest, dass ich mir wieder positivere Gefühle entgegenbringe.

Entdecken Sie Ihre Essenz

Wenn Sie erst einmal Ihre Integrität im Hier und Jetzt der Realität Ihres Lebens überprüft haben, sind Sie bereit, den nächsten Schritt zu tun und sich auf einer tieferen Ebene lieben zu lernen. Nehmen wir an, Sie sind die aktuellen Themen durchgegangen, die Ihrer Integrität Abbruch taten. Wo suchen Sie als Nächstes nach dem Schlüssel für Ihre Selbstachtung?

Lernen Sie Ihr wahres Selbst – Ihre Essenz – von den wechselnden und veränderlichen Phänomenen Ihres Lebens unterscheiden. Ihre Gefühle und Ihre sozialen Masken kommen und gehen, aber dahinter und jenseits davon befindet sich der weite Raum der Essenz. Sie haben sich, genau wie ich, viele Personas zugelegt, um dorthin zu gelangen, wo Sie in Ihrem Leben jetzt stehen. Aber jenseits all unserer Masken befindet sich der offene Raum der Essenz, darauf wartend, dass wir uns auf ihn einstimmen.

Als Kind haben Sie eine Persönlichkeit erworben, um sicherzustellen, dass Ihre Bedürfnisse befriedigt werden. In manchen Familien war es gut, sich ruhig und hilfsbereit zu verhalten, während man in anderen mit Wutanfällen und Tränen die Aufmerksamkeit auf sich zog. In der einen Familie bevorzugte man Sportler, während in der anderen gern und gut gegessen wurde. Um in Ihrer Familie zu überleben und zu wachsen, haben Sie die sozialen Masken angenommen, die zu der Zeit und in jenem Umfeld angemessen waren.

Wenn Sie in einer relativ gesunden Umgebung aufwuchsen, haben Sie relativ gesunde Masken erworben: der allseits Beliebte, die Helferin, die gute Schülerin. War Ihr Umfeld weniger förderlich, haben Sie sich aufwendigere Masken zugelegt: die Rebellin, der Tölpel, die Problemschülerin.

Das Problem erfolgreicher Menschen ist, dass ihre »guten« Masken relativ effektiv sind. Stärken werden zu Schwächen, vor allem in der Lebensmitte. Wenn Ihre »überzeugende« Persönlichkeit dafür gesorgt hat, dass Sie auf juristischem Gebiet die Spitze der Karriereleiter erklommen haben, wie es einem meiner Klienten passierte, dann können Sie wie dieser feststellen, dass diese Maske bei Ihrer Suche nach Ihrem authentischen Selbst nach dem 40. Lebensjahr zum größten Hindernis wird. Hunderte Male täglich schaltete sich seine »überzeugende« Stimme ein, um ihm zu versichern, dass alles in Ordnung sei, auch wenn er eigentlich das Gefühl hatte, innerlich zu sterben. Dutzende Male pro Woche redete seine »überzeugende« Persona seiner Frau ein, dass er sie liebe, obwohl er in Wirklichkeit Sex mit seiner Anwaltssekretärin hatte. Nach diesem »Überzeuger«, dem auch viele Gerichte glaubten, führte er ein wunderbares Leben, statt innerlich zugrunde zu gehen.

Wenn wir im Laufe unseres Erwachsenenlebens Antwort auf die Frage suchen »Wer bin ich im Kern meines Wesens?«, wird es notwendig, sämtliche Masken abzulegen. Wir gelangen leicht zur Überzeugung, mit unseren positiven Masken identisch zu sein. Mein Jurist hatte von seiner Frau immer wieder zu hören bekommen, dass seine juristische »Persona« zu Hause nicht sehr überzeugend sei. Tatsächlich schienen seine Versuche, seine Frau und seine Kinder im Streit überzeugen zu wollen, das Problematische in seiner Familie zu sein. Ich riet ihm, die Maske fallen zu lassen, die er aufsetzte, wenn er Recht haben und beweisen musste, dass andere im Unrecht waren.

Er warf mir einen vernichtenden Blick zu und sagte: »Ich verdiene 350 000 Dollar im Jahr mit dieser Maske. Und Sie wollen, dass ich Sie absetze?«

»Nicht ganz«, entgegnete ich. »Nur wenn Sie sie für die anderen tragen.«

Dieser Herausforderung müssen sich erfolgreiche Menschen früher oder später stellen. Wir verbringen unser halbes Leben damit, uns eine Reihe von Masken zuzulegen, mit denen wir in der Welt draußen Erfolg haben, um festzustellen, dass sich echte Zufriedenheit im späteren Leben nur dann einstellt, wenn wir unsere sorgfältig aufgebauten Personas wieder ablegen. Die wahre Süße des Lebens bekommen wir nur zu kosten, wenn wir eins werden mit dem, was in uns authentisch ist. Das Falsche kann uns letzten Endes nicht befriedigen.

Wir müssen uns unsere sozialen Masken genau anschauen – das Handeln, das wir an den Tag legen, und die Personas, die wir vorgeben zu sein –, denn sie spielen eine entscheidende Rolle für unsere Selbstachtung. Personas sind sowohl unsere Stärke als auch unsere Schwäche. Sie helfen uns nicht nur, unsere Kindheit zu überleben und als Erwachsene erfolgreich zu sein, sondern müssen, wenn wir uns selbst authentisch erfahren wollen, später im Leben abgelegt werden.

Frühe Prägungen

Die meisten unserer Masken gehen auf Prägungen zurück, die wir durch die Menschen in unserer Vergangenheit erfuhren. Zweifellos müssen wir uns von den negativen Prägungen und damit von den einschränkenden Meinungen befreien, die Menschen von uns hatten. Aber selbst wenn Sie überwiegend positiv geprägt wurden, ist eine Klärung erforderlich. Es geht hier um Selbstachtung, nicht um Achtung in den Augen anderer.

Unsere negativen Prägungen beeinflussen unseren Umgang mit uns selbst und anderen: ob wir die Wahrheit sagen, ob wir verantwortlich handeln, ob wir uns unsere Gefühle fühlen lassen. Und das alles ist, wie wir uns bald näher anschauen werden, für eine gesunde Selbstachtung von zentraler Bedeutung.

Wir werden nie erfahren, woher all unsere negativen Prägungen stammen. Alles, was wir tun können, ist, dort anzufangen, wo wir sind, und herauszufinden, wo wir aus einem begrenzten Selbstbild heraus handeln. Wenn Sie ehrlich mit sich sind, müssen Sie nicht lange suchen.

Schauen Sie sich die entscheidenden prägenden Augenblicke Ihres Lebens, vor allem Ihrer frühen Kindheit, genau an. Oft übernehmen wir in dieser Zeit die verzerrten, negativen Einstellungen, die andere uns entgegenbringen und die später in unserem Leben zum Vorschein kommen. Und genau von diesen verzerrten Sichtweisen lassen wir uns dann leiten. Wir fixieren uns darauf oder versuchen so zu tun, als existierten sie nicht. Und indem wir uns auf diese Prägungen konzentrieren, verlieren wir die Berührung mit dem reinen Bewusstsein, in dem sie ruhen. Das reine Bewusstsein – unsere Essenz – ist immer da, darauf wartend, dass wir unsere Aufmerksamkeit darauf richten.

Beginnen wir mit der Empfängnis, wo unser Verlust der Essenz wahrscheinlich schon einsetzt.

Es gibt viele mögliche Lebensanfänge. Wenn Sie Glück hatten, sind Sie bewusst empfangen worden. Ihre Eltern haben sich gründlich überlegt, ein Kind zu bekommen und es 18 Jahre lang zu versorgen. Vielleicht haben sie diese Verantwortung freudig übernommen und genügend innere Sicherheit besessen, um 18 Jahre ihres Lebens die Essenz eines anderen Menschen sorgfältig zu nähren. Oder sie haben einfach in der sinnlichen Lust ihrer Sexualität geschwelgt und überhaupt nicht daran gedacht, Sie zu empfangen.

Vielleicht haben sie sich zur Zeit Ihrer Empfängnis sogar aktiv darum bemüht, kein Kind zu zeugen. Die meisten Untersuchungen machen deutlich, dass die Mehrzahl von uns ungeplant gezeugt wurde und eine nicht unwesentliche Minderheit von uns eindeutig kein Wunschkind war. Schockierend viele von uns sind unter gewalttätigen Umständen oder unter dem Einfluss von Alkohol oder anderen Drogen gezeugt worden.

Um eine gesunde Selbstachtung zu entwickeln, müssen Sie sich sorgfältig anschauen, welche negativen Kräfte zur Zeit Ihrer Empfängnis am Wirken waren. Viele Probleme mit unserer Selbstachtung haben keinerlei persönliche Gründe. Vielleicht wollten Ihre Eltern kein Kind, und trotzdem drängten die biologischen Kräfte des Universums zu Ihrer Empfängnis. Möglicherweise haben Ihre Eltern Ihnen vom Augenblick Ihrer Empfängnis an negative Energien zukommen lassen. Oft sind diese negativen Kräfte unbewusst und wirken fort, trotz der bewussten Bemühungen der Eltern, diese Ablehnung zu verleugnen. Sie müssen sich diese negativen Kräfte genau anschauen, um unbeeinflusst durch die Energien, denen Sie von den frühesten Augenblicken Ihres Leben an ausgesetzt waren, Ihre Selbstachtung zu entwickeln.

Sollten Sie tatsächlich ungewollt gezeugt worden sein, war das in Wirklichkeit das Problem Ihrer Eltern. Es hatte nichts mit Ihnen persönlich zu tun. Ihre Eltern hätten jedem Kind diese Gefühle entgegengebracht. Natürlich ist es nahe liegend, diese Ablehnung persönlich zu nehmen, aber sie betraf Sie in keiner Weise. Zu jenem Zeitpunkt dachten Ihre Eltern an Sie nicht als ein »Du«, sondern als ein »Es«.

Das zu wissen, wird Ihnen helfen, Ihre eigene Essenz von den Einstellungen zu unterscheiden, die andere Menschen Ihnen gegenüber zeigten. Wir verkörpern diese negativen Energien im Lauf der Zeit – tragen sie innerlich mit uns herum – und lassen manchmal zu, dass sie unsere guten Gefühle für uns selbst untergraben.

Konzentrieren wir uns noch genauer auf den Augenblick Ihrer Empfängnis. Spüren Sie nach, was im Leben Ihres Vaters vor sich ging, als das Sperma, aus dem Sie hervorgingen, in seinem Körper erzeugt wurde. Vielleicht wissen Sie aus Erzählungen, wie sein Leben damals verlief, vielleicht auch nicht. Vielleicht haben Sie Erinnerungen gespeichert, die Informationen enthalten, vielleicht auch nicht. Ganz gleich, woher Sie Ihr Wissen beziehen, spüren Sie, was in Ihrem Vater vorging. Hatte er Probleme oder Sorgen, die sich auf Ihre Empfängnis negativ hätten auswirken können? Nehmen Sie sämtliche Antworten, die Ihnen kommen, als Hinweise. Mit diesen Nachforschungen wollen wir den Weg dafür ebnen, dass Sie Ihre Essenz feiern können. Spüren Sie Ihre Essenz, während Sie sich diese Dinge fragen, spüren Sie, wer Sie wirklich sind, und nehmen Sie Ihre eigene Essenz unabhängig von den väterlichen Einstellungen und Energien wahr. Sie sind in Wirklichkeit ein völlig eigenständiges Wesen, selbst wenn Ihr Vater Ihr Leben erst ermöglicht hat.

Wenden Sie sich mit Ihren Fragen jetzt der mütterlichen Seite zu. Was passierte im Leben Ihrer Mutter zu der Zeit, als die Eizelle, aus der Sie entstehen würden, für Ihre Empfängnis heranreifte? Hatte sie Probleme oder Sorgen, die sich auf Ihre Empfängnis hätten negativ auswirken können? Ihre Mutter trug diese Zelle bereits in sich, als sie noch ein Fötus im Schoß Ihrer Großmutter war, ein Teil von Ihnen befand sich also schon vor langer Zeit im Körper Ihrer Großmutter.

Spüren Sie, wie das Leben Ihrer Großmutter war. Hatte sie Probleme oder Sorgen, die negative Auswirkungen auf Ihre Empfängnis hätten haben können? Nehmen Sie sämtliche Antworten, die Ihnen kommen, als behutsame Hinweise. Sinn dieser Forschungen ist, Ihnen zu ermöglichen, Ihre eigene Essenz zu feiern, durch die Sie sich von Ihrer Mutter und Ihrem Vater unterscheiden.

Stimmen Sie sich auf die Zeit ein, die Sie im Schoß Ihrer Mutter verbrachten, die pränatale Zeit, als Sie von einem mikroskopisch kleinen Pünktchen zu dem sechs oder neun Pfund schweren Säugling heranwuchsen, der Sie bei Ihrer Geburt waren. Gab es in Ihrem Umfeld – im Mutterleib oder in der Außenwelt – bestimmte Themen oder Schwierigkeiten, die negativ auf Sie abfärbten? Manche Mütter schämen sich zum Beispiel ihrer Schwangerschaft und versuchen sie vor anderen zu verbergen. Ich habe oft festgestellt, dass die Scham, die viele meiner Klientinnen und Klienten empfinden, gar nicht wirklich zu ihnen gehörte. Diese Scham wurde ihnen bereits im Schoß ihrer Mutter von außen eingeflößt.

Nehmen Sie sich einen Augenblick Zeit, Ihre eigene Essenz zu spüren und sie von den Energien oder Einstellungen zu unterscheiden, denen Sie ausgesetzt waren, als Sie sich im Mutterleib befanden. Selbst wenn diese Kräfte überwiegend positiv waren, müssen Sie Ihre guten Gefühle für sich selbst von all den anderen Gefühlen unterscheiden lernen, die Ihnen entgegengebracht wurden und werden.

Konzentrieren Sie sich jetzt auf einen weiteren entscheidenden Moment zu Beginn Ihres Lebens: Ihre Geburt. Wie wurde auf Sie reagiert, als Sie geboren wurden? Wurden Sie mit großer Freude, dramatischen Gesten oder Abneigung begrüßt? Bei einer Geburt, der ich beiwohnte, rutschten dem Vater unbewusst die Worte heraus: »Oh nein, ein Junge!« Er versuchte seinen Ausruf mit einer Reihe von peinlichen Widerrufen schnell ungeschehen zu machen, aber seine spontane Reaktion prägte sich uns unvergesslich ein. Das brachte mich zu der Frage, wie viele von uns wohl gleich bei Eintritt in diese Welt von den negativen Energien beeinflusst werden, die man uns entgegenbringt.

Spüren Sie nach, ob Sie aus irgendeinem Grund Missbilligung erfuhren. Jemand mag Sie aufgrund Ihrer bloßen Existenz oder weil Sie ihm Unannehmlichkeiten brachten, abgelehnt haben. Prüfen Sie, ob Sie diese Missbilligung spüren – das Gefühl, in irgendeiner Hinsicht nicht richtig zu sein –, und fühlen Sie sie einfach einen Augenblick lang. Dieses Gefühl wird, wie jedes andere auch, seine Macht über sie verlieren, wenn Sie sich ihm eine Weile aussetzen.

Die Einstellungen, mit denen man uns zu Beginn unseres Lebens begegnet, sind nicht das Einzige, was unsere ersten Erfahrungen verdunkelt. Narkosen, Geburtstraumen, Zangengeburten und Krankheiten – all das kann bei einer Geburt passieren. Es ist nicht eindeutig erwiesen, welche Auswirkungen diese Umstände auf unser späteres Leben haben. Wir können uns lediglich dafür öffnen, unsere wahre Essenz aus all den Einstellungen und unkontrollierbaren Ereignissen, die unsere Geburt umgaben, herauszufiltern.

Beginnen Sie damit unverzüglich. Nehmen Sie sich einen Augenblick Zeit, um zu spüren, wer Sie sind, unabhängig von den Umständen Ihrer Geburt.

Das Problem der Persona

Im Laufe Ihres Heranwachsens haben Sie bestimmte Personas angenommen, um in der Familie und dem Umfeld Ihrer Kindheit zu überleben. Personas nehmen zwei verschiedene Färbungen an und dienen zwei ganz unterschiedlichen Zwecken. Die ersten Personas, die wir entwickeln, sind überwiegend wohltuend und positiv, weil sie auf die Anerkennung der Menschen in unserer Umgebung abzielen. Ich nenne sie A-Personas, weil wir sie in unserem Leben meistens zuerst entwickeln. Unterhaltungskünstler haben ihren A-Stoff, ein Repertoire, von dem sie wissen, dass es ankommt. Ich habe einmal ein Interview mit Jerry Seinfeld gelesen, in dem er seinen A-Witz verriet, den er immer hervorzauberte, wenn er spürte, dass ihm sein Publikum im Nachtclub entglitt. Allein beim Lesen musste ich laut lachen (und wünschte, ich würde mich an diesen Witz erinnern, um ihn Ihnen zu erzählen).

Wir alle haben unsere A-Personas, die dafür sorgten, dass in unseren frühen Lebensjahren unsere Bedürfnisse befriedigt wurden. Typische A-Personas sind die niedliche Kleine, das ruhige Baby oder Mamas kleiner Helfer. Das eine Kind ist Vatis liebe Kleine, das andere der Klassenclown. Sie haben Ihre A-Personas schon früh im Leben erworben und später im Leben weiterentwickelt, um von Ihrer Umwelt anerkannt zu werden. In einem Bundesstaat, in dem ich einmal lebte, gab es einen Politiker, der seriös, finanziell verantwortungsbewusst, liebenswert und konservativ war. Eines Tages begegnete ich zufällig seinem Grundschullehrer. Dieser erzählte mir, dass die Personas des Jungen identisch waren mit denen des Mannes, der er später im Leben wurde. Als Junge wurde er aufgrund seines geschickten Umgangs mit Geld von der Klasse immer zum Schatzmeister gewählt, und man konnte sich auch als Platzwart auf ihn verlassen, der dafür sorgte, dass auf dem Spielfeld Frieden herrschte. Er trug sogar eine Fliege. Sie können sich vorstellen, wie beliebt er bei seinen Lehrern und Lehrerinnen war.

Unsere B-Personas sind weniger freundlich. Sie dienen völlig anderen Zwecken. Meistens suchen wir Zuflucht bei B-Personas, wenn wir mit unseren As nicht weiterkommen. Weil es uns schmerzt, keine Anerkennung zu finden, greifen wir zurück auf schwierige Personas, um uns durchzukämpfen – wir werden zum Rebellen, zum kranken Kind, zum Kind, das ständig Unfälle hat oder nur langsam lernt.

Die Probleme, die diese Personas verursachen, zeigen sich in unserem Erwachsenenleben besonders deutlich. Im

Laufe unseres Heranwachsens werden diese Personas zunehmend entbehrlich. Ihre Funktion bestand darin, uns in der Kindheit überleben zu helfen, während sie uns im Erwachsenenleben oft nicht nützlich und sogar hinderlich sind. Im Erwachsenenalter haben unsere Personas die Tendenz, sich von unserer Essenz abzuspalten, so dass Sie anfangen, sich zu fragen: »Wer bin ich, unabhängig von meinen verschiedenen Persönlichkeiten?« Diese Frage ist eine Einladung an die Essenz, sich in Ihrem Leben zu zeigen. Dann beginnt ein Kampf zwischen den Kräften der Essenz und denen der Personas. Ihre Essenz will Erleuchtung, Ihre Persona überleben. Die meisten von uns pendeln lange zwischen beiden hin und her, bevor die Essenz zum permanenten Hintergrund ihres Lebens wird.

Der konservative Politiker, den ich gerade erwähnte, hatte ein klassisches Problem mit seiner A-Persona. In der Mitte seines Lebens inszenierte er unbewusst (ich nehme an, er tat es unbewusst, aber wie auch immer) einen Zusammenbruch seiner A-Persona. Er war in einen Skandal verwickelt und aufgrund der Missbilligung der Öffentlichkeit gezwungen zurückzutreten. Offensichtlich konnte er, als er auf die 40 zuging, die Kräfte seiner B-Personas nicht mehr in Schach halten. Er erlebte einen Abstieg, von dem er sich bis heute nicht erholt hat. Doch in gewisser Weise ist das das Beste, was uns passieren kann. Die Freilegung unserer Essenz gewinnt in der Lebensmitte entscheidend an Bedeutung. Wenn wir immer in dem Stil weitermachen, der uns früher in unserem Leben Erfolge brachte, bereiten wir den Boden für viele schmerzliche Erfahrungen, denn das Leben versucht uns dahin zu bringen, selbst die Personas loszulassen, die bislang von positivem Nutzen waren.

Was uns unter anderem an unseren Personas hängen lässt, ist unsere Tendenz, uns selbst dann zu verteidigen, wenn das völlig unnötig ist. Vielleicht kommt jemand auf

Sie zu – ein Freund oder ein Familienmitglied – und sagt: »Du bist nicht in Kontakt mit deinen Gefühlen.« Damit macht Sie dieser Mensch darauf aufmerksam, dass Ihre logische, vernünftige Persona Ihnen keine Dienste mehr erweist. Es ist entscheidend, wie wir auf solche Rückmeldungen reagieren.

Viele von uns halten an ihren Personas fest – lange nachdem diese aufgehört haben, uns nützlich zu sein –, indem sie »Klebeklubs« gründen, wie ich sie nenne. Das sind soziale Kontakte, die uns in unseren Personas bestätigen. Ein wahrer Freund hilft Ihnen, sich von Ihren Personas zu befreien, statt an ihnen festzuhalten. Aber viele von uns haben keine wahren Freundinnen und Freunde; sie kennen nur Mitglieder eines Klubs, der sich zum Ziel gesetzt hat, dafür zu sorgen, dass wir immer dieselben bleiben.

Aber wie gelangt dieser »Klebstoff« zur Anwendung?

Wie wir an unseren Personas festhalten

Der Klebstoff wird in vierfacher Weise benutzt. Erstens halten wir an unseren Personas fest, indem wir uns rechtfertigen. Wir bekommen Rückmeldung von einer Freundin oder einem Familienmitglied – »Du bist mit deinen Gefühlen nicht in Kontakt« –, aber statt dies als Anregung zu verstehen, innerlich nachzuforschen, legen wir unserem Gegenüber dar, warum es durchaus richtig ist, mit Gefühlen nicht in Kontakt zu sein.

Lassen Sie mich Ihnen ein Beispiel für diese Abwehr geben, wie ich sie mitten in einer Sitzung mit dem Geschäftsführer einer Firma erlebte.

Ich: »Terry, mir fällt auf, dass Sie, wenn Sie über Ihre Probleme mit der Vorstandskommission sprechen, immer wieder die Fäuste ballen.«

Terry: »Das ist wahrscheinlich nur so eine Gewohnheit.«
»Spüren Sie einmal nach, um herauszufinden, ob da Gefühle sind, die Sie sich bewusst machen müssten.«
»Nöh.«
»Ich habe gesehen, dass Sie sich keine Zeit genommen haben, richtig hinzuspüren. Sie haben sofort ›Nöh‹ gesagt.«
»Sie nun wieder. Sie konzentrieren sich auf Dinge, die wahrscheinlich überhaupt keine Bedeutung haben.«

Hat er Recht? Bin ich einfach ein pingeliger Typ mit einem Faustfetischismus? Möglicherweise, aber hören Sie sich erst einmal Folgendes an: Terry ist einmal quer durchs Land geflogen und zahlt mir täglich Tausende von Dollars, damit ich ihm helfe, mit seinem Ärger zurechtzukommen, der ihm Probleme bereitet. Seine Wutausbrüche kommen ihn und seine Firma offensichtlich so teuer zu stehen, dass sie bereit sind, eine ziemlich große Summe zu investieren, um eine Lösung dafür zu finden. Also würde man meinen, dass Terry eher willens ist, das Problem zu lösen, als in die Defensive zu gehen und sich zu rechtfertigen. Aber wenn es hart auf hart kommt, greifen wir oft auf unsere Abwehrmechanismen zurück, denn die haben uns bereits früher im Leben geholfen zu überleben. Was Terry betrifft, so hat er sich mit seiner Feindseligkeit seinen alkoholabhängigen Vater vom Leibe gehalten, der die Familie tyrannisierte. Auch wenn sein Vater schon lange begraben ist, weiß Terry nicht, ob er ohne seine Wut überleben könnte.

Die zweite Möglichkeit, an unseren Personas festzuhalten, besteht darin, anderen Vorwürfe zu machen. Oft beschuldigen wir genau den Menschen, der versucht, uns zu helfen, unsere Persona loszulassen und mit unserer Essenz in Berührung zu kommen. Vorwürfe sind eine extreme Form von Rechtfertigung, eine Gewohnheit, die auf dem Weg des Erwachens zum heimtückischsten Hindernis werden kann. Wenn sich uns die Gelegenheit eröffnet, glücklich und lebendig zu sein, fangen viele von uns sofort an, rechthaberisch zu sein.

Ein dritter Weg, an unserer Persona kleben zu bleiben, sind Machtkämpfe – der Versuch, andere zu dominieren oder zu verhindern, dass sie uns beherrschen. Und während wir mit diesem Machtkampf beschäftigt sind, geht das Leben an uns vorbei, ohne dass wir uns kreativ daran beteiligen.

Diese drei Gewohnheiten – Rechtfertigungen, Rechthaberei und Machtspiele – bilden den Nährboden für eine vierte Methode, unsere Essenz zu verdecken, die darin besteht, ständig alte Muster zu wiederholen. Jedes Mal, wenn wir handeln, stärken wir die Kraft, die uns dazu motiviert. Wenn Sie zum Beispiel eines Morgens beschließen, das Rauchen aufzugeben, empfinden Sie wahrscheinlich bis zum Mittagessen immer wieder das dringende Bedürfnis, eine Zigarette zu rauchen. Jedes Mal, wenn Sie diesen Drang verspüren, atmen Sie zehnmal tief ein, statt zu rauchen. So weit, so gut. Um sechs Uhr abends jedoch schaut ein Freund vorbei und raucht munter Ihre Lieblingsmarke. Ihr Drang zu rauchen ist heftiger denn je. Sie schnorren einen Zug und saugen den Rauch in Ihre Lungen. Sie warten bis zur Verzweiflung und verstärken dieses Gefühl dann, indem Sie es belohnen. Raten Sie, welches Signal Ihr Körper Ihnen das nächste Mal, wenn er eine Zigarette will, umgehend senden wird!

Wenn wir auf »Autopilot« schalten, statt immer wieder neu auf das Leben zu antworten, bleiben unsere Personas unangetastet. Es liegt eine gewisse Sicherheit im Vertrauten, und viele von uns wachen zu spät auf, um zu erkennen, dass ein kreatives Leben nicht auf festen Gleisen verläuft, sondern ständig wieder neue Entscheidungen verlangt.

Ganz gleich, wie Ihre Persönlichkeit aussieht und ob die positiven oder negativen Aspekte überwiegen, sie ist nicht Ihre Essenz. Die Essenz liegt jenseits der Persönlichkeit. Sie ist nichts Angelerntes, sondern ein freies Geschenk für die Dauer des Lebens, und sie ist überall gleichzeitig in Ihnen. Ihre Persönlichkeit begann zu einer bestimmten Zeit und an einem bestimmten Ort Gestalt anzunehmen, aber die Essenz ist zeitlos. Ihre Persönlichkeit äußert sich in bestimmten Verhaltensweisen, zum Beispiel in Ihrer Art zu sprechen, in Ihren Gewohnheiten, Ihrem Lächeln oder Ihrem Händedruck, aber die Essenz ist im Hintergrund all der positiven und negativen Aspekte immer da.

Essenz ist fühlbar

Essenz ist viel leichter zu fühlen als zu sehen, zu hören oder zu berühren. Die Persönlichkeit wird schnell sichtbar an Ihrem Gang oder hörbar an Ihrer Stimme. Zwei Menschen können das gleiche Wort rufen – »Taxi!« –, und einer sagt es mit weinerlicher Anspruchshaltung, der andere hingegen mit der Autorität eines Präsidenten. Hier werden die Persönlichkeiten sichtbar und hörbar. Nehmen Sie sich jetzt einen Augenblick Zeit, um jenseits Ihrer Persönlichkeit Ihre Essenz zu spüren als etwas, das davon verschieden ist. Lassen Sie sich die Erfahrung machen, dass Ihre Essenz – Ihre wahre Identität – auf nichts beruht, was Sie jemals gelernt haben.

Während Sie heranwuchsen, haben Sie auch Gefühle, Gedanken und Stimmungen entwickelt. Sie haben gelernt, in bestimmten Situationen Angst zu empfinden, in anderen ärgerlich oder traurig zu sein. Das Auf und Ab Ihrer Stimmungen hängt von vielen Faktoren ab. Sie können schlechte Laune bekommen, wenn Sie zu wenig schlafen oder zu viele Süßigkeiten essen. Ihre Gefühle können in Aufruhr geraten, wenn Sie erschöpft sind. Nehmen Sie sich jetzt einen Augenblick Zeit, Ihre Essenz von all Ihren Gefühlen, Gedanken und Stimmungen zu unterscheiden. All diese Dinge können sich ändern, aber im Hintergrund ist immer der weite, offene Himmel von Essenz, vor dem sich all die wechselnden körperlichen und geistigen Phänomene abspielen.

Selbstachtung bedeutet, die Person zu würdigen und zu schätzen, die Sie wirklich sind. Integrität glättet die Unebenmäßigkeiten Ihrer Existenz, so dass Sie Ihr wahres Selbst von dem ständigen inneren Aufruhr unterscheiden und damit spüren und fühlen können. Wenn Sie Ihre Essenz von Ihren Personas unterscheiden können, wissen Sie auch, wie flüchtig und nebensächlich soziale Masken sind. Letzten Endes führt Selbstliebe Sie über Akzeptanz, Anerkennung und Wertschätzung hinaus in ein Reich, in dem Ihre Essenz der von anderen und der des Universums völlig gleich sowie nahtlos mit diesen verbunden ist.

Selbstachtung entwickeln:
Wie Körper, Geist und Herz Frieden finden

Um wirklich Selbstachtung zu entwickeln, müssen Sie wissen, wie Ihr Körper, Ihr Geist und Ihr Herz Frieden finden können. Sie müssen Methoden kennen, sich für alle Menschen zu öffnen, Methoden, die niemanden ausschließen und mit keinerlei negativen Begleiterscheinungen verbunden sind. Manche Menschen behaupten zum Beispiel, Frieden zu erlangen auf Wegen, die andere ausschließen; vielleicht nehmen sie bewusstseinserweiternde Drogen oder treten einer religiösen Gruppe von Wiedergeborenen bei. Andere finden Frieden, indem sie Einsiedeleien aufsuchen oder sich einem Guru anschließen. Grundsätzlich ist an solchen Methoden nichts verkehrt, doch beruhen sie alle darauf, dass andere Menschen ausgeschlossen werden – und viele haben negative Begleiterscheinungen. Manche Menschen sind allergisch gegen LSD, während andere allergisch auf den Fundamentalismus oder Räucherstäbchen reagieren.

Der Weg, den ich beschreibe, steht allen offen. Die organischen Schritte, die ein bewusstes Leben ausmachen, stehen uns frei zur Verfügung – sie sind unser natürliches Geburtsrecht – und haben keinerlei negative Nebenwirkungen. Sie können diese Techniken als Buddhist, Christ oder Jude benutzen. Sie dringen durch die Oberfläche zur Quelle des inneren Aufruhrs vor, den wir als menschliche Wesen erleben. Diese Techniken zeigen uns, wie wir den Aufruhr zum Stillstand bringen können, ganz gleich, was ihn verursacht hat.

Selbstachtung und die Kunst des Umgangs mit Angst

Die meisten von uns müssen einige primäre Ängste aus der Kindheit überwinden, vor allem wenn wir mit Geschwistern aufgewachsen sind. Diese Ängste kommen später im Leben zum Vorschein, was auch für äußerst erfolgreiche Menschen gilt. Ja, je mehr Erfolg Sie im Leben haben, desto größer die Wahrscheinlichkeit, dass diese Ängste Ihnen zu schaffen machen. Um uns unser ganzes Potenzial zu erschließen und Selbstachtung zu entwickeln, müssen wir uns unsere Ängste anschauen.

Jedes Mal, wenn Sie im Leben eine größere Schwelle überschreiten – ein Baby bekommen, ein Buch veröffentlichen oder ein Restaurant eröffnen –, stoßen Sie vor ins Unbekannte. Sie verlassen Ihr übliches Umfeld, vor allem wenn der Übergang damit verbunden ist, dass Sie neue, kreative Schritte tun. Wenn Sie sich auf diese Weise entfalten, kommen Themen hoch, die um Ihre Selbstachtung kreisen, besonders die Ängste, die ich gleich beschreiben werde. Eine Seite in Ihnen will vordringen ins Unbekannte und sich weiterentwickeln. Aber eine andere Seite möchte in der Bequemlichkeitszone verbleiben, der Zone des Bekannten. Wäre diese Seite Teil eines Wagens, würde sie einem Tachomat entsprechen, der automatisch dafür sorgt, dass Sie nicht zu schnell fahren. Sobald Sie eine bestimmte Geschwindigkeit erreichen, sorgt der Tachomat dafür, dass Ihr Motor verlangsamt.

Die meisten von uns sind mit der psychischen Version eines solchen Geräts ausgestattet. Der psychische »Tachomat« will für Ihre Sicherheit sorgen, denn Sie haben in Ihrem begrenzten Raum überlebt, sind dort vielleicht sogar aufgeblüht. Und der Tachomat ist nicht davon überzeugt, dass Sie in der exklusiven Luft des neuen Raumes leben können, den Sie geschaffen haben. Vielleicht zettelt er sogar eine Verschwörung an, um Ihr Projekt zu sabotieren, damit Sie die Fähigkeiten nicht entwickeln müssen, die auf einer höheren Ebene erforderlich werden. Meistens benutzt der Tachomat dazu eine der folgenden Ängste.

Die zentrale Angst von Menschen mit geringer Selbstachtung

Es gibt eine zentrale Angst, die Sie und ich bewältigen müssen, wenn wir in unserem Leben Selbstachtung entwickeln wollen: der Gedanke, dass mit uns grundsätzlich etwas nicht stimmt. Wenn diese Angst uns im Griff hat, denken wir unter anderem:

- Was stimmt nicht mit mir?
- Was stimmt nicht mit den anderen?
- Was habe ich getan, um das zu verdienen?
- Warum kann in meinem Leben nicht einmal etwas gut gehen?

Wenn diese Angst uns packt und wir in unseren Körper spüren, empfinden wir

- eine tiefe innere Leere,
- ein Gefühl von Verzweiflung und
- die Überzeugung, dass das Leben für uns nie richtig sein wird.

Viele von uns leiden an dieser Angst, die uns für immer in der Zone des Bekannten gefangen hält.

Wenn die Dinge nicht glatt gehen – und wir auf Hindernisse stoßen –, stellen sich die meisten von uns sofort drei Fragen, die in die Sackgasse führen: Was stimmt nicht mit mir? Was stimmt nicht mit den anderen? Was läuft in der Welt verkehrt? Diese drei Fragen beruhen alle auf der zentralen Angst, dass mit uns grundsätzlich etwas nicht stimmt. Wenn Sie diese Angst erst einmal abgeschüttelt haben, sind Sie frei, eine konstruktivere Frage zu stellen: Was muss ich an diesem Punkt tun, um die Ziele zu erreichen, die ich mir gesetzt habe? Diese Frage kann ein ängstlicher Mensch oder ein Mensch mit geringer Selbstachtung nicht stellen.

Als Mensch, der den größten Teil seines Lebens therapeutisch gearbeitet hat, habe ich immer wieder miterlebt, wie die Angst, grundsätzlich verkehrt zu sein, bei Menschen hochkam. Manchmal, wenn wir in einer grundlegend lieblosen Atmosphäre gezeugt wurden, geht dieses Gefühl auf unsere Empfängnis zurück. Manchmal stellt diese Angst sich erst später im Leben ein, wenn sich unsere Gefühle entwickeln. Viele von uns wuchsen in Familien auf, in denen man uns Scham einflößte, wenn wir ängstlich oder traurig waren oder sexuelle Gefühle hatten. Selbst später in der Schule gibt es viele Situationen, aus denen wir den Schluss hätten ziehen können, dass mit uns grundlegend etwas nicht stimmt, vor allem nicht unsere Art zu denken.

Meine Frau Kathlyn muss sich bewegen, um zu lernen. Wenn Sie sie beim Schreiben oder beim Lesen eines Buches beobachten würden, könnten Sie sehen, wie sie mit den Zehen wippt oder sonst wie ständig in Bewegung ist. In den ersten drei Schuljahren war sie keine gute Schülerin, weil ihre Lehrer versuchten, sie dazu zu bringen, still zu sitzen. Schließlich hatte sie das große Glück, in Frau Morgans Klasse zu kommen, eine hervorragende Lehrerin, die das

Problem auf andere Weise löste. Sie ließ Kathlyn am Ende der Bankreihe sitzen, so dass sie mehr Platz hatte. Und sie ermutigte Kathlyn, sich so viel zu bewegen, wie sie wollte. Praktisch über Nacht wurde Kathlyn zu dem begabten Menschen mit rascher Auffassungsgabe, der sie immer war und sein wird. Von der Zeit an bis zu ihrem Doktorabschluss in Philosophie bekam sie immer nur die besten Noten.

Ich wünschte, es gäbe in unser aller Leben eine Frau Morgan. Weil das aber nicht der Fall ist, haben viele von uns als Erwachsene das Gefühl, dass mit uns etwas nicht stimmt. Das ist die zentrale Angst.

Der Umgang mit Angst

Was können wir dagegen unternehmen? Ihren Ärger können Sie austoben, indem Sie aufstampfen, und bei Traurigkeit können Sie weinen und schluchzen. Für Angst jedoch gibt es keine entsprechenden Ausdrucksformen, um uns körperlich zu entlasten. Bei Angst benutzen wir eine andere Strategie.

Der erste Schritt im Umgang mit Angst: Wenn Sie Angst haben, sollten Sie sich dieses Gefühl als Erstes eingestehen, indem Sie Ihre Aufmerksamkeit darauf lenken, ohne zu urteilen. Wie die Taschenlampe, die Sie als Kind auf das Monster in Ihrem dunklen Kinderzimmer richteten, richten Sie das Licht Ihrer Aufmerksamkeit auf die Angst, damit diese als das deutlich wird, was sie ist. Angst ist in Wirklichkeit nichts als eine Schwingung tief im Körperinnern, begleitet von einer Aufregung, die an Übelkeit grenzt.

Der zweite Schritt im Umgang mit Angst: Atmen Sie in Ihr Angstgefühl hinein. Die Natur hat uns mit einem sensiblen Atemmechanismus ausgestattet, der bewirkt, dass wir bei Furcht flacher atmen. Nehmen Sie ein paar tiefe, langsame Atemzüge und Ihre Angst fängt an sich aufzulösen.

Diese beiden Schritte fließen zu einem einzigen, einfachen Schritt zusammen: Sie spüren die Angst in Ihrem Körper und atmen hinein, um sie anzunehmen. Ähnlich würden Sie einen guten Freund begrüßen: Sie nicken ihm zu und schließen ihn in Ihre Arme. Wenn wir die Angst willkommen heißen und sie umarmen, verschwindet sie. Der Psychiater Fritz Perls sagte: »Angst ist Aufregung ohne Atem.« Sie können diese bemerkenswerte Beobachtung selbst überprüfen. Atmen Sie – jetzt oder später – mitten hinein in ihre ängstlichen Gefühle. Innerhalb weniger tiefer, langsamer Atemzüge schmilzt die Angst meistens zu einer erhöhten Aufmerksamkeit zusammen, die wir als angenehm empfinden.

Nachdem Sie Ihren neuen Freund jetzt begrüßt und umarmt haben, sind Sie bereit zu tanzen.

Der dritte Schritt im Umgang mit Angst: Bewegen Sie sich körperlich, um sich mit Ihrer Angst anzufreunden.

Wie Kathlyn lernen auch manche von uns durch Bewegung. Wenn Sie dazugehören, sollten Sie sich körperlich bewegen, sowie Angst aufkommt. Dadurch beginnt diese sich aufzulösen. Atmen Sie ein paarmal durch und ändern Sie bewusst Ihre Körperhaltung. Sie werden sich dann völlig anders fühlen.

Beim Tanzen können Sie ein Gespräch über Angst führen, das den nächsten Schritt darstellt.

Der vierte Schritt im Umgang mit Angst: Angst löst sich auf, wenn wir darüber im gleichen sachlichen Tonfall sprechen, in dem wir die Uhrzeit mitteilen. »Es ist halb elf und ich habe Angst.« In diesem Ton sollten wir unsere Angst verbalisieren. Wenn Sie aus der Angst keine große Sache machen, wird auch keine daraus.

All diese Schritte sind, obwohl äußerst effektiv, lediglich Vorbereitungen auf die höchste Form des Umgangs mit Angst und jedem anderen Aspekt unseres Lebens.

Die höchste Form des Umgangs mit Angst: Die tief greifendste Form der Heilung besteht darin, Ihre Angst bedingungslos zu lieben. Angst ist eine Implosion, ein Schwall von Energie, der sich zusammenzieht und auf Ihre Mitte zubewegt. Ihre Angst lieben heißt, sie in einem warmherzigen, offenen Raum zu umarmen. Ihre Angst lieben heißt auch, ihr Raum zum Atmen zu geben. Mehr braucht sie oft nicht.

Vielleicht müssen Sie Ihre Angst tausendmal und häufiger lieben, bevor die Kur dauerhaft anschlägt. Der Grund dafür ist, dass Ihre Angst jedes Mal neu erwachen kann, wenn Sie neue, größere Schritte machen und sich weiterentwickeln. Jedes Mal, wenn Sie die Pforte zum Unbekannten aufstoßen, können Sie dem Drachen begegnen. Dieser Drache symbolisiert Ihre inneren Grenzen und will Sie in bekanntem Gelände festhalten, weil er Sie dort sicher wähnt.

Unsere Ängste sind oft so heftig, dass nur die Liebe sie bändigen kann. Liebe ist die beste Heilerin, weil sie ihr Gegenteil umarmen kann: Sie können sich dafür lieben, dass Sie sich hassen. Manchmal sind unsere Angst und unser Selbsthass so groß, dass wir sie nur lieben können. Ich habe immer wieder tief berührt beobachtet, wie Menschen in der Therapie die Macht der Liebe entdeckten. Ich habe erlebt, wie Menschen ihren Ärger, ihre Angst, ihre früheren Fehler und die Verletzung durch andere Menschen in ihre Liebe eingeschlossen haben. Ich habe erlebt, wie Liebe die heftigsten Wellen glättet, die den menschlichen Organismus erschüttern können.

Ich habe nie erlebt, dass Liebe versagt hätte.

Nachdem wir uns jetzt unsere zentrale Angst angeschaut haben, die unsere Selbstachtung beeinträchtigt, wollen wir uns der nächsten zuwenden.

Die zweite Angst, die unsere Selbstachtung einschränkt

Die zweite Angst, die unsere Selbstachtung untergräbt, ist die, besser zu sein als andere und diese zu überholen. Diese Angst ist tief in Körper und Geist verwurzelt. Viele Menschen – vor allem die begabten – hindern sich selbst, ihr ganzes Potenzial zu leben, weil sie sonst jemanden in den Schatten stellen würden, und dieser Jemand ist meistens ein Mensch aus ihren ersten Lebensjahren. Wir fürchten den Verlust und die Einsamkeit, wenn wir Menschen aus unserer Vergangenheit hinter uns lassen, selbst wenn wir den lauten Ruf vernehmen, unserem eigenen Schicksal zu folgen.

Australische Therapeuten haben ein anschauliches Bild für dieses »Besser-als-Problem« gefunden, das in ihrer Kultur wurzelt. Sie nennen es das »Syndrom des großen Mohns«. Wenn eine Mohnpflanze zu groß wird und die anderen überragt, schneidet der Farmer sie ab. Australische Eltern ermahnen ihre Kinder, kein »großer Mohn« zu werden. Bleib bei deinesgleichen, ziehe die Aufmerksamkeit nicht auf dich, verhalte dich nicht so, dass andere schlecht dabei wegkommen. Sonst musst du dafür zahlen.

Die australische Kultur ist auch geprägt vom Bewusstsein der Sträflinge, die in Ketten in dieses Land geschickt wurden. In Gefängnissen legt man besonderen Wert darauf, dass niemand aus der Menge hervorsticht. »Beuge den Kopf und füg dich in das Pack«, heißt die hier vorherrschende Moral, denn sonst könnte es einem Wächter gefallen, seinen Knüppel gegen Sie zu schwingen (oder er könnte einfach Gefallen an Ihnen finden – Punkt).

Dieses Syndrom lässt die Selbstachtung schrumpfen und verstärkt sich mit wachsendem Erfolg. Viele begabte Menschen stellen fest, dass sie ihren Erfolg aufgrund der nagenden Schuldgefühle, andere überholt oder hinter sich gelassen zu haben, nicht genießen können. Eine meiner ersten therapeutischen Klientinnen nach Abschluss meiner Doktorarbeit war eine enorm talentierte Frau, der es ebenso enorm schlecht ging. Als wir die Gründe dafür erforschten, stießen wir auf die zahlreichen Schichten von Angst, die wir hier besprechen. Sie war ein Wunderkind gewesen, ihre Schwester hingegen nicht. Sie wuchs in der ständigen Angst auf, besser zu sein als ihre Schwester, und je mehr Auszeichnungen sie auf den Konzertbühnen an der Ostküste erhielt, desto heftigere Schuldgefühle plagten sie. Schließlich musste sie die Musik aufgrund psychosomatischer Beschwerden aufgeben. Das war ihre unbewusste Strategie, die Angst zum Schweigen zu bringen.

Als wir diesen Aspekt durcharbeiteten, begannen ihre Symptome zu verschwinden, aber dann stießen wir auf ein Thema, das sie noch stärker belastete. Sie hatte als eine der wenigen in ihrer Familie den Holocaust überlebt. Wie konnte sie sich ihres Lebens, ihrer Schönheit und ihres Erfolges freuen, wenn jeder Atemzug, den sie tat, bedeutete, dass sie ihre Verwandten überlebte und es besser hatte als diese? Monatelang arbeiteten wir in der Therapie gründlich an diesem Thema, bevor sie diese Frage für sich beantworten konnte.

Wen übertreffen Sie mit dem Erfolg, den Sie im Leben haben? Diese Frage müssen Sie für sich beantworten, und ich muss es auch. Genau in diesem Augenblick, wo ich über diese Frage schreibe, breche ich in Tränen aus, weil ich an meine geliebte Tante Catherine denken muss. Kat, wie ich sie nannte, wurde als mongoloides Kind in eine Familie mit drei älteren, klugen Schwestern geboren. Meine Großeltern hatten zu spät im Leben noch versucht, den Sohn zu bekommen, den sie nie haben würden. Kat war das ewige Kind, ein stetiger Sonnenschein. Sie war eine Zeit lang meine ständige Gefährtin. Obwohl viel älter als ich, war sie bis zu meinem Eintritt in die Schule meine liebste Spielkameradin. Es war einer der traurigsten Augenblicke in meinem jungen Leben, als ich zum ersten Mal zur Schule aufbrach und Kats bekümmertes Gesicht bemerkte. Wieder einmal blieb sie zurück.

Als ich später im Leben an meiner Selbstachtung zu arbeiten begann, wurde mir klar, dass ich die Angst, Kat zu übertreffen, immer noch mit mir herumtrug. Ich liebte sie sehr und wollte sie nicht verletzen. Ich konnte beobachten, dass es ihr wehtat, mich Dinge tun zu sehen wie lesen und schreiben, die ihr versagt waren. Nach meinem Eintritt in die Schule begann ich sie vorsichtig zu meiden, weil ich das Gefühl hatte, mich in ihrer Gegenwart zurücknehmen zu müssen.

Ich wünschte, wir hätten offen über die Situation gesprochen und ich hätte sagen können: »Es tut mir Leid, dass ich weggehe. Ich werde dich vermissen, aber ich muss mein eigenes Leben leben. Lass mich dich umarmen, während wir beide weinen.« Aber solch ein Gespräch war dem Sechsjährigen, der ich damals war, nicht möglich.

Ich weiß jetzt, dass dieses Thema zu denen gehört, die mich in meinem Leben am stärksten beherrschen, und vielleicht trifft Ähnliches auch für Sie zu. Verhaltensforscher sagen, dass fünf bis zehn Prozent der Herde für sich allein herumstreifen, und – ob das nun gut oder schlecht ist – ich scheine zu der kleinen Gruppe von Herumstreunenden zu gehören. Ich muss weiter; es gibt einen Ort, den ich, so fühle ich, erreichen muss, um meine Träume zu verwirklichen, und ich begegne immer wieder Menschen, die ich hinter mir lassen muss, um dorthin zu gelangen. Ich gehe immer weiter, aber früher habe ich dabei oft einen emotionalen Trümmerhaufen hinterlassen. Manchmal schien es, als habe das Weggehen einen Anflug von Verzweiflung und wäre für mich eine Frage auf Leben und Tod. Erst sehr viel später kommuniziere ich bewusst darüber. Dann kehre ich zurück, wenn es möglich ist, um die Brücke neu zu bauen.

Die dritte hinderliche Angst

Unsere Selbstachtung wird noch durch eine dritte Angst gefährdet. Vor langer Zeit einmal waren wir für einen anderen Menschen eine Last, und dieses Gefühl durchzieht unser Leben noch heute. Wir glauben, wir verdienen es nicht, Raum einzunehmen. Wer sind wir, dass wir zu träumen wagen? Wir haben vor langer Zeit einen anderen Menschen an der Erfüllung seiner Träume gehindert und sind überzeugt davon, dass das unser Fehler war.

Über dieses Thema zu schreiben fällt mir besonders schwer, denn es spielte in meinem eigenen Leben eine äußerst schmerzliche Rolle. In gewisser Weise habe ich durch meine bloße Existenz das Leben meiner Mutter ruiniert. Ich wurde zu der Last, die sie tragen musste, und erinnerte sie täglich an die Wankelmütigkeit des Lebens. Ich habe in der Einleitung zu diesem Buch über den plötzlichen Tod meines Vaters und dessen Folgen für meine Mutter geschrieben.

Ich kann mich nicht erinnern, meine Mutter jemals lächeln gesehen zu haben. Ich bin auf der Suche nach diesem Lächeln sämtliche Familienfotos durchgegangen; vor meiner Geburt gab es viele, auf denen sie lächelte. Sie strahlt bei ihrer Hochzeit, und sie strahlt auch auf vielen Fotos, die mein Vater aufgenommen haben muss, meinen Bruder an. Aufgrund der veränderten Umstände gibt es von mir nur wenige Kinderfotos. Auf einem der Fotos, das mich als Baby mit meiner Mutter zeigt, schaut sie auf mich herab, als wäre ich eine eiserne Fessel. Meine Frau nennt es »das Foto, das Stoff für tausend Therapiesitzungen bietet«, weil es so viel Sorge und Belastung ausdrückt.

Zum Glück für uns beide war meine Mutter eine unglaublich starke Person. Außerdem hatte sie meine Großmutter, die in derselben Straße wohnte, und, wie ein weiser Therapeut mir einmal sagte: »Eine gute Großmutter ist mindestens zwei Kinderärzte und eine Wagenladung Seelenklempner wert.« Ich kam in gute Hände, aber das ausgeprägte Gefühl, nicht gewollt zu sein, prägte sich mir für viele Jahre tief ein.

Waren Sie in Ihren ersten Lebensjahren für jemanden eine Last? Über diese Frage sollten Sie und ich nachdenken, denn sie hat tief greifende Auswirkungen auf unsere Selbstachtung. Ganz gleich, wie weit Sie kommen, überall lauert das Gefühl, eine Belastung zu sein, das Sie ständig bedrückt und bremst. Ich habe mit vielen sehr erfolgreichen Menschen gearbeitet, die immer noch mit dieser Angst zu kämpfen haben.

Ein berühmter Autor sitzt mir in meiner Praxis gegenüber und spricht über seine Schreibblockaden. Es ist unsere erste Sitzung. Er fragt: »Braucht diese Welt wirklich noch weitere Bücher? Warum sollte ich ein weiteres Stück kanadischen Wald vergeuden für ein Buch, das einfach nur im Bücherregal herumsteht, nachdem seine Besitzer es gelesen haben? Warum das alles?« Ich schweige eine Weile, um seine Worte nachwirken zu lassen, und frage dann: »Waren Sie als kleiner Junge für Ihre Familie eine Last?« Ihm klappt der Unterkiefer herunter: »Ja, sogar eine große. Warum fragen Sie mich das?«

Ich erläutere ihm die Auswirkungen der Angst, für andere eine Last zu sein. Er erzählt mir die äußerst schmerzliche Geschichte schwerer Zeiten und einschneidender Verluste. Er war der Sündenbock seines alkoholkranken Vaters, der regelmäßig Wutausbrüche bekam, ein weiteres Maul, das in einem bereits übervollen Haushalt mit durchgefüttert werden musste. Er war der Tropfen, der das Fass zum Überlaufen brachte. Er grenzte sich dadurch ab, dass er diesem ärmlichen Leben entkam und ein Vermögen erwarb, indem er Geschichten darüber schrieb, aber jetzt, in seiner Lebensmitte, wird er das Gefühl nicht los, eine Last zu sein und es nicht zu verdienen, »die Luft dieses prachtvollen Planeten zu atmen«, wie es in einer seiner poetischen Formulierungen heißt. Wir reden eine Stunde über die Probleme, die entstehen, wenn wir das Gefühl haben, eine Last zu sein, und am Ende der Sitzung bitte ich ihn wie nebenbei, sich zu notieren, was wir besprochen haben. Er macht sich seine Aufzeichnungen und ich mir meine. Er ist zuerst fertig, und als er mir seine Seite überreicht, sehe ich, dass er Tränen in den Augen hat. »Das ist das Erste, was ich seit einem Monat geschrieben habe«, sagt er. »Der Nebel beginnt sich zu lichten.«

Ich freue mich, bin aber nicht wirklich überrascht. Auch mein eigener Nebel hat sich jedes Mal ein Stück gelichtet, wenn ich mich mit diesen Ängsten konfrontiert habe. Das Leben verschwört sich mit uns, um uns all unsere Ängste vor Augen zu führen. Wenn wir sie anschauen und in der Ganzheit, die wir sind, begrüßen, beginnen die Symptome einfach zu verschwinden.

Die vierte hinderliche Angst

Bei vielen von uns wächst die Selbstachtung nicht, weil wir glauben, unserer Familie oder unserem Clan in den Rücken zu fallen, wenn wir ein höheres Potenzial verwirklichen. Oft gibt es einen Menschen im Hintergrund unseres Lebens, dem wir die Treue halten müssen, auch wenn diese Person vielleicht große Probleme hat und uns enorm viel Leid bereitet. Diese Angst sieht etwas anders aus als die, andere zu überholen. Letztere bedeutet, dass wir befürchten, einen anderen Menschen in Bezug auf seine Leistungen zu übertreffen. Loyalität heißt an einer Bindung festhalten, die bereits früher im Leben geknüpft wurde.

Gibt es Menschen in Ihrer Vergangenheit, an die Sie durch eine heimliche Loyalität gebunden sind? Wir müssen uns fragen: Habe ich mit jemandem einen Vertrag geschlossen, meine Selbstachtung, meinen Erfolg oder meine Liebe nicht so zu entfalten, wie es mir eigentlich möglich wäre? Ich weiß, dass ich einen solchen Handel mit meinem Vater abschloss, obwohl ich ihn im wirklichen Leben nie kennen lernte. Irgendwie – und ich weiß noch immer nicht, auf welche Weise – schloss ich mit ihm den unbewussten Pakt, seine Fettleibigkeit und Sucht fortzusetzen. Erst als ich bereits über 20 war, erkannte ich diesen Handel und konnte den Bann brechen. Als ich aufwachte, sah ich, was für ein schlechter Witz das alles war. Mein Bruder, der sieben Jahre mit meinem Vater lebte, hatte keines der Probleme, die diesen geplagt hatten. Mein Bruder rauchte nicht und war auch nicht dick. Ich, der ich meinen Vater nie leibhaftig erlebte, führte seine Tradition in meinem eigenen Körper buchstabengetreu fort. Obwohl ich jetzt die Hälfte meines Lebens Psychologe bin, frage ich mich immer noch kopfschüttelnd, wie so etwas sein kann.

Unsere unbewusste Überzeugung lautet: »Wenn ich aus dieser Trance ausbreche und mehr Selbstachtung entwickle, verhalte ich mich nicht loyal und dann wird mir oder dem anderen etwas Schlimmes passieren.« Die Trance erfordert, dass wir das Boot nicht zum Schaukeln bringen, indem wir erfolgreicher sind als die Person, der unsere Loyalität gilt, oder besser von uns denken als von dieser.

Unser kreatives Potenzial zum Ausdruck bringen

Wir kommen jetzt zum Thema des kreativen Ausdrucks in unserem Leben. Und die Regel, die hier gilt, ist einfach. Wenn Sie Ihr kreatives Potenzial zum Ausdruck bringen, fühlen Sie sich gut mit sich. Tun Sie das nicht, fühlen Sie sich schlecht. Für mich ist das in Bezug auf unsere Selbstachtung das wichtigste Thema, das es zu lösen gilt. Wenn wir gelernt haben, uns selbst bedingungslos zu lieben, Integrität zu entwickeln, unsere Essenz von unseren Personas zu unterscheiden und mit unserer Angst umzugehen, stehen wir vor der Aufgabe, uns selbst in unserer ganzen Fülle auszudrücken. In vielerlei Hinsicht ist das die größte Herausforderung.

In unserem Herzen und in unserer Seele leben viele Träume. Wir sind aufgerufen, sie zur Welt zu bringen, sie zu nähren und ihnen zur Erfüllung zu verhelfen. Auf dem Weg dorthin warten beängstigende Hindernisse, ganz gleich, ob Sie davon träumen, einen großartigen Roman zu schreiben oder eine köstliche Muschelsuppe zu kochen. Die Hindernisse sind in uns selbst und in der Gesellschaft begründet, und wir stoßen fast überall dort auf sie, wo wir uns die Mühe machen, genau hinzuschauen. In vielen Bereichen geht es im Leben überhaupt darum, die Hindernisse zu überwinden, die unserem kreativen Ausdruck entgegenstehen.

Wenn Thomas Recht hat, dann hat Jesus dieses Problem klar benannt. Es taucht in einer der eindrucksvollsten Passagen der Schriften auf (vielleicht so eindrucksvoll, dass dieser Abschnitt aus der Endfassung der Bibel verbannt wurde). Im nicht kanonischen Evangelium nach Thomas sagt Jesus: »Wenn ihr in die Welt bringt, was ihr in euch tragt, dann wird das, was in euch ist, euch retten. Bringt ihr nicht in die Welt, was in euch ist, wird es euch vernichten.« Es ist leicht einsichtig, warum diese Passage im offiziellen Kanon gestrichen wurde. Eine solche Botschaft richtet man nicht an Menschen, die man beherrschen will. Würden sie diese Worte lesen, könnten sie sich angeregt fühlen, die Quelle ihrer Kreativität in sich selbst zu suchen statt bei äußeren Autoritäten. Die Wahrheit würde selbst dort zur Sprache kommen, wo sie Unannehmlichkeiten bereitet. Jeder würde ein Prophet und ein Poet sein wollen; der Bevölkerungsanteil der Arbeitsbienen würde drastisch zurückgehen.

Mir ist aufgefallen, dass Menschen, die daran arbeiten, ihre Kreativität zum Ausdruck zu bringen, sich gut mit sich fühlen, ganz gleich, ob sie reich oder arm sind. Ich habe eine millionenschwere Klientin, die das Gefühl hatte, das Leben gehe an ihr vorbei. Dann veränderte sie sich, indem sie sich von ganzem Herzen auf ihre Kreativität verpflichtete. Jetzt schreibt sie morgens nach dem Aufstehen, bevor ihre Kinder wach werden, zwei Stunden. Sie hat von ihren Texten nichts veröffentlicht und beabsichtigt das auch nicht. Es ist einfach nur für sie.

Das ist ein wichtiger Unterschied, mit dem auch ich auf meinem Berufsweg immer wieder konfrontiert war. Anfangs schrieb ich aus reiner Freude an dieser Tätigkeit. Ich liebe den schöpferischen Akt, bei dem ich sehe, wie Gedanken auf einem Blatt erscheinen, wo vorher keine standen. Ich liebe die Herausforderung, Worte für meine Ideen zu finden oder die richtige Metapher oder das richtige Beispiel dafür zu finden, was ich zum Ausdruck bringen möchte. Meine Texte wurden jedoch fast von Anfang an veröffentlicht, und damit stieß ich auf eine ganze Reihe neuer unerwarteter Probleme. Die ersten Gedichte waren lustvoll aus mir herausgeflossen, wie Delphine, die im Spiel aus dem Wasser springen. Bei unserer Jahresversammlung bot ich einen Workshop zum Thema »Poesie im Rahmen von Beratung« an, und die Leute standen dicht gedrängt im Raum. Einen heißen Trend witternd, wollte die Zeitschrift schnell weitere Gedichte von mir, und ich setzte mich hin, um sie »auf Bestellung« zu schreiben. Sie flossen mir keinesfalls leicht aus der Feder – eher wie Delphine unter Valiumeinfluss –, denn jetzt hatte ich ein Ziel und war mit einer ganzen Reihe von Erwartungen konfrontiert. Ich schrieb nun für eine Leserschaft, was, auch wenn diese nur klein war, doch bewirkte, dass ich mich anders ausdrückte. Ich verlor die Fähigkeit, einfach nur für mich und aus spielerischer Freude Gedichte zu schreiben, und schon bald hatte ich gar kein Interesse mehr daran. Später fand ich Wege, mein Dichterselbst zurückzugewinnen, aber damals fühlte ich mich einfach nur wie ein Brunnen, der ausgetrocknet war, ohne zu wissen, warum.

Kreativität spielt auch in Beziehungen eine Schlüsselrolle. Wenn ich mit Paaren arbeite, höre ich zu, welche Probleme sie mir vortragen. Mit meinem dritten Ohr lausche ich jedoch auf das kreative Thema, das sich hinter ihren Problemen verbirgt. Viele Paare inszenieren wahre Dramen in ihrem Leben, um sich dem Thema Kreativität nicht stellen zu müssen. Vielleicht möchten sie ein Geschäft gründen, ihr Traumhaus bauen oder ein Kind bekommen, und weil sie nicht bereit sind, sich bestimmten Aspekten dieser kreativen Pläne zu stellen, lenken sie ihren Karren stattdessen in den Sumpf ganz anderer Probleme.

Genau das erlebe ich auch im Leben von Menschen mit Suchtproblemen. Viele der suchtkranken Klientinnen und Klienten, mit denen ich gearbeitet habe, sind unglaublich kreative Menschen. Ihr Kopf sprüht nur so vor Ideen, und oft so heftig, dass sie zur Droge greifen, um zur Ruhe zu kommen und den Stimmenchor ihrer Kreativität eine Weile abzustellen. Oft haben sie auch Schwierigkeiten im Umgang mit Erfolg; sie glauben ihn nicht zu verdienen, und deswegen vereiteln sie ihn oft, bevor, während oder unmittelbar nachdem er sich einstellt.

Kreativität im Überfluss

Ich musste mich noch einem weiterem Problem stellen, als ich anfing, meine Kreativität auszudrücken. Wenn ich den Hahn erst einmal aufdrehte, so stellte ich fest, flossen mir viel mehr kreative Ideen zu, als ich aktiv umsetzen konnte. Ich musste also herausfinden, wie ich mich diesem Überfluss stellen konnte. Ich denke, dieses generelle Problem haben viele kreative Menschen. Die Erfolgreichen lernen einfach besser damit umzugehen als ihre scheiternden Kollegen. Manche Menschen glauben, sie seien überhaupt nicht kreativ. Mit anderen Worten: Sie drehen den Hahn erst gar nicht auf. Das ist jedoch reiner Unsinn, den sie von anderen übernommen haben, denn jeder von uns besitzt in dem ein oder anderen Bereich große Talente. Wenn wir den Hahn erst einmal aufdrehen, stoßen wir alle auf die Frage, was tun mit dem Überschuss. Manche Menschen versuchen ihre exzessiven kreativen Ideen durch Essen, Trinken oder andere Ablenkungen zu betäuben. Andere versuchen sämtlichen kreativen Impulsen gerecht zu werden und treiben sich damit selbst zur Verzweiflung.

Das war auch meine Tendenz. Ich versuchte zu viel auf einmal und war am Ende einfach nur fertig. Vieles entglitt mir einfach. Ich musste sehr viel Stolz herunterschlucken und viel Disziplin entwickeln, um mir einzugestehen, dass ich im Laufe eines Jahres nur einige große und wenige kleine Projekte verfolgen kann. Der Trick besteht darin, all Ihre Ideen fließen zu lassen und sie als Geschenk eines kreativen Lebens zu begrüßen. Und dann sorgfältig auszuwählen, woran Ihr Herz am meisten hängt und womit Sie der Welt auf Ihre Weise am besten dienen. So habe ich jedenfalls gelernt, damit umzugehen.

Ich habe auch festgestellt, dass es hilfreich ist, täglich etwas Kreatives zu tun, selbst wenn ich gerade kein wichtiges Projekt verfolge. Für mich heißt das, die Kanäle offen zu halten. Wenn ich Zeit habe, tue ich gern etwas für die Projekte, die mir am Rande einfallen. In den letzten Jahren habe ich mehrere Drehbücher in Spielfilmlänge sowie Entwürfe für weitere Filme verfasst. Ich habe auch zwei Kinderbücher und eine Reihe von kürzeren Stücken geschrieben. Mit diesen Projekten mache ich mir einfach selbst eine Freude, bleibe in Fluss und lerne neue Formen des Schreibens.

Vor vielen Jahren aß eine Bekannte von mir einmal mit Picasso zu Mittag. Während der zweistündigen Mahlzeit waren Picassos Hände nie ruhig; er kritzelte, skizzierte und zeichnete und verbrauchte dabei Dutzende von Servietten, von denen er viele an glückliche Tischgenossen verschenkte. Er fertigte sogar auf der hölzernen Tischplatte eine Bleistiftzeichnung an. Für mich ist das ein gutes Beispiel dafür, wie wir unsere Kreativität fördern können. Sorgen Sie dafür, dass sie in Fluss bleibt, ohne sich um die Ergebnisse groß Gedanken zu machen, und konzentrieren Sie sich dann ernsthaft auf einige wenige Projekte, mit denen Sie die Welt ein wenig verändern wollen.

Rückblick auf dem Sterbebett

Vor vielen Jahren machte mir mein Freund Ed Steinbrecher ein großartiges Geschenk mit der Frage »Welches sind die vier oder fünf wichtigsten Ziele für dein Leben?«. Damit forderte er mich auf, in die Zukunft zu schauen und von dort aus Rückblick zu halten auf ein erfülltes Leben und mich zu fragen: »Was hast du erreicht oder erlebt, was dein

Leben erfüllt und erfolgreich machte?« Das ist eine wichtige Frage, und ich bin Ed dankbar dafür, dass er sie mir genau zu der Zeit stellte, als ich es am dringendsten brauchte. Seitdem habe ich Tausenden von Menschen die gleiche Frage gestellt, und immer mit fruchtbaren Ergebnissen.

Mir wurde klar, dass einige wenige Dinge für mich entscheidend waren und ich mich nicht erfüllt fühlen würde, bevor ich nicht alles in meiner Macht Stehende getan hatte, sie zu verwirklichen. Diese Dinge hatten tief im Hintergrund meines Bewusstseins immer existiert, aber ich hatte sie bislang nicht in den Mittelpunkt meines Blickfelds gerückt. Es waren folgende Themen:

- eine harmonische, langfristige Beziehung mit einer Frau zu leben – eine Verbindung, in der wir beide unser ganzes Potenzial entfalten konnten,
- mit meiner Familie und meinen Freunden erfüllt zu leben (nichts Wichtiges sollte unausgesprochen oder ungetan bleiben),
- eine vollständige schriftliche Aufzeichnung von allem, was ich Wertvolles gelernt hatte, anzufertigen und in eine Form zu bringen, die ich an die nachfolgenden Generationen weitergeben konnte,
- jeden Augenblick meines Lebens zu genießen und mich daran zu freuen und
- ein möglichst vollständiges Verständnis der Gesetze des Universums und von dessen schöpferischen Kräften zu gewinnen und damit in Einklang zu leben.

Als ich mir über die Ziele, die ich bis zum »Sterbebett« erreichen wollte, erst einmal im Klaren war, spürte ich, wie ein noch größeres Gefühl von Frieden und Wohlbefinden über mich kam. Jetzt wusste ich, um was es mir ging. All diese Dinge beruhten auf meinen eigenen Anstrengungen;

niemand musste sich ändern, damit ich sie erreichte. Ich konnte in jedem Augenblick sagen, ob ich mich in die von mir gewählte Richtung bewegte oder meinen Zielen zuwiderhandelte. Und am besten war: Meine Ziele inspirierten mich, für sie aktiv zu werden. Es gab kein Gesetz, das besagte, ich müsse bis zu meinem Sterbebett warten, bevor ich sie verwirklichte. Wenn ich meine Aufmerksamkeit erst einmal auf diese Ziele richtete, erforderte es nicht viel Zeit, sie zu manifestieren (auch wenn sie sich ständig weiterentwickeln und meine tägliche Aufmerksamkeit brauchen). Ich kann gar nicht beschreiben, wie viel inneren Frieden ich dadurch gewonnen habe, dass ich meine Prioritäten im Leben herausfand.

Wie wir im Kapitel »Fünf Lektionen, die für die Reise erforderlich sind« gesehen haben, besteht eine wichtige Lektion für das Lernen darin, das Unkontrollierbare loszulassen. Ihre Sterbebett-Ziele sollten nur aus Punkten bestehen, die ganz in Ihrer Macht liegen. Setzen Sie sich keine Ziele wie »von einer/einem tollen Frau/Mann geliebt zu werden«. Ob ein Mensch Sie liebt oder nicht, unterliegt nicht Ihrer Kontrolle. Nehmen Sie sich stattdessen – wie ich es tat – Ziele vor, die Sie in der Hand haben: eine harmonische Beziehung mit einer Frau schaffen, in der ich mein Beziehungspotenzial voll leben kann.

Ich fand es nicht leicht – weder für mich noch für meine Klienten –, zwischen den essenziellsten Zielen und jenen zu unterscheiden, die lediglich vorübergehend verlockend erscheinen. Nach vielen Jahren des Experimentierens entdeckte ich einen Weg, der sich als sehr nützlich erwiesen hat. Um herauszufinden, ob Ihr Ziel das umschreibt, was Sie wirklich wollen, sollten Sie sich in die Zukunft versetzen, sich vorstellen, Rückschau zu halten, und sich Ihr Leben aus dieser imaginierten Zukunft gründlich anschauen. Fragen Sie sich aus dieser Perspektive: »Ist es das, was ich wirklich wollte?« Eine meiner Klientinnen konnte sich nicht entscheiden, ob sie die medizinische Hochschule besuchen oder eine Zeit lang durch Asien reisen sollte. Mit Hilfe der Technik der imaginären Zukunft entdeckte sie, dass sie tatsächlich sofort ihr Studium beginnen wollte. Bislang hatte sie sich aufgrund des Drucks von Seiten ihrer Familie dagegen gewehrt, weil sie sich dadurch gehindert fühlte, die Stimme ihres eigenen Herzens zu hören. Als sie sich innerlich auf ihre Zukunft einstimmte, war die Antwort innerhalb weniger Sekunden klar.

Selbstachtung beruht auf der Fähigkeit, mit Emotionen umzugehen

In unserem Körper gibt es ein ständiges Auf und Ab der Gefühle. Wenn wir unsere Gefühle nicht kennen, kennen wir uns insgesamt nicht. Ich habe über die Hälfte meines Lebens in der aufregenden Welt menschlicher Emotionen verbracht. Inzwischen habe ich wahrscheinlich jede mögliche Spielart sämtlicher Emotionen erlebt, von den verstohlenen Tränen beim gefassten Weinen eines Angehörigen der oberen Zehntausend bis zur beängstigenden Raserei eines psychotischen Patienten, den ich nur mit Hilfe sechs kräftiger Krankenpfleger bändigen konnte. Aus dieser Sicht würde ich sagen, dass der gekonnte Umgang mit Emotionen wichtiger ist als kognitive Fähigkeiten. Niemand ist jemals aufgrund schlechter Grammatikkenntnisse eingesperrt worden, aber die Gefängnisse sind voll von Menschen, die mit ihren Emotionen nicht zurechtkommen. Ich freue mich darüber, dass einige Schulen heute Themen wie den Umgang mit Emotionen und Kommunikation in den Unterricht mit einbeziehen, obwohl es da noch viel zu tun gibt. Ich würde gerne mit Ihnen teilen, was ich beim Lernen im Umgang mit Emotionen an Kostbarkeiten gesammelt habe. Die meisten dieser Erfahrungen musste ich in der sprichwörtlichen »harten Schule« machen, indem ich unzählige schmerzhafte Fehler beging, die ich später als »Lernchancen« zu bezeichnen beschloss. Andere erwarb ich, indem ich therapeutischen Klientinnen und Klienten Vorschläge machte und dann beobachtete, wie diese sich in ihrem Leben auswirkten.

Aus alledem habe ich gelernt: Ein friedliches Herz ist ebenso wichtig wie ein friedlicher Geist. Wir alle müssen bestimmte Dinge über unsere Gefühle wissen, und ich beginne mit der wichtigsten Lektion des Lehrplans zum Thema »Die Fähigkeit, mit Emotionen umzugehen«:

Beginnen Sie, indem Sie auf Ihre Körperempfindungen achten und sich von diesen genauso leiten lassen wie von Ihren anderen Sinnen. Ihre Körperempfindungen sind die Augen und Ohren Ihrer inneren Welt; sie vermitteln Ihnen entscheidende Informationen, die Sie für Ihr Leben brauchen. Der Neurologe David Hubbard sagt: »Wenn Sie Ihre Körperempfindungen ignorieren, befinden Sie sich exakt in der gleichen Position, als würden Sie mit dem Auto auf der Autobahn fahren und dabei Augen und Ohren verschließen. Vielleicht kommen Sie ein, zwei Kilometer weit, aber schon das wäre reines Glück.« Ihre Körperempfindungen sind ein äußerst präzise arbeitendes Signalsystem, das über die Jahrmillionen der Evolution hinweg verfeinert wurde. Empfindungen sprechen ihre eigene Sprache, und Sie müssen sorgfältig hinhorchen, um sie zu verstehen.

Im Folgenden zwei Beispiele: Sie schauen sich eine Fernsehsendung an und bemerken, wie sich Ihr Magen zusammenzieht. Sie spüren in diese Empfindung hinein und Ihnen wird klar, dass das Thema der Sendung Sie an etwas erinnert, womit Sie in Ihrem eigenen Leben zu kämpfen haben. In der Sendung geht es um Kinder, die in Schwierigkeiten geraten sind, und Sie wissen plötzlich, dass Sie mit Ihrem eigenen Kind über ein Thema reden müssen, das Ihnen Sorgen bereitet. Das innere Feedbacksystem Ihrer Körperempfindungen hat Sie darauf hingewiesen, dass Sie in einem bestimmten Lebensbereich aktiv werden müssen.

Sie wollen gerade vom Büro aufbrechen, um Ihre Kinder aus dem Hort abzuholen, als Ihr Chef eilig auf Sie zukommt und Ihnen etwas auf den Schreibtisch legt, was sofort erledigt werden soll. Sie bemerken, wie vom Nacken her ein leichter Kopfschmerz bei Ihnen einsetzt, und Ihnen wird klar, dass Sie ärgerlich sind. Sie sagen: »Das finde ich unfair«, und die Kopfschmerzen klingen ab. Er sagt: »Tut mir Leid, Sie haben Recht. Das kann bis morgen warten.« Wieder hat Ihr inneres Signalsystem Sie angeleitet, wirkungsvoll zu handeln.

Es ist ganz entscheidend, dass wir auf die innere Sinfonie unserer Empfindungen lauschen. Sonst fahren wir mit geschlossenen Augen die Straße entlang und steuern auf eine mögliche Katastrophe zu. Wenn Sie lernen, Ihre Empfindungen präzise wahrzunehmen, besitzen Sie ein zusätzliches Sinnesorgan, das Sie täglich benutzen können. Körperempfindungen sind außerdem ein Tor zu Ihren Gefühlen. Tatsächlich sind Gefühle Körperempfindungen, die verlässlich genug sind, um benannt zu werden.

Bevor wir unsere Gefühle benennen können, müssen wir uns den Informationsfeldern zuwenden, die den ganzen Tag lang in uns herumwirbeln.

Wenden wir uns jetzt der zweiten Lektion des Lehrplans zum Thema »Die Fähigkeit, mit Emotionen umzugehen« zu.

Lernen Sie, allgemein verbreitete Gefühle zu benennen und in Ihrem Körper zu lokalisieren. Bevor ich fähig war, meine Gefühle zu bezeichnen, waren sie für mich oft größer als ich selbst. Als ich schließlich den Unterschied zwischen Ärger, Angst und Traurigkeit kannte und diese Gefühle in meinem Körper lokalisieren konnte, begriff ich, dass ich größer war als diese Emotionen. Die meisten Gefühle brauchen nicht mehr als ein Nicken im Vorübergehen. Emotionen ziehen einfach vorbei, Sie aber werden lange hier verweilen.

Die wichtigsten Gefühle, die wir benennen müssen, sind:

>Ich habe Angst ...
>Ich bin ärgerlich ...
>Ich bin traurig ...
>Ich sehne mich nach ...
>Ich bin aufgeregt ...
>Ich bin glücklich ...
>Ich fühle mich sexuell hingezogen zu ...
>Ich liebe ...

Mein Leben wurde leichter, als ich lernte, mich gefühlsmäßig zu äußern, vor allem den wichtigen Menschen in meinem Leben gegenüber. Es war entscheidend, Kathlyn und meinen Kindern meine Gefühle mitzuteilen, aber ich machte auch in anderen Lebensbereichen große Fortschritte, als ich begann, dort über meine Gefühle zu sprechen. So hatte ich zum Beispiel einige unangenehme Begegnungen mit einem Dekan der Universität, an der ich 20 Jahre lang lehrte. Oft war ich nach den Treffen mit ihm voller Ärger und fühlte mich gedemütigt. Als ich den Weg einschlug, den ich oben beschrieben habe, entdeckte ich, dass sich hinter meinem Ärger Verletztheit verbarg. Schließlich fasste ich Mut und sagte ihm, wie es mich verletzte, wenn er mich und andere unterbrach, und welche Angst es mir machte, wenn er im Gesicht rot anlief und auf seinen Schreibtisch trommelte.

Das Problem änderte sich einfach dadurch, dass ich die Wahrheit aussprach. Mitten im Gespräch wurde mir klar, dass auch er zu den männlichen Autoritätspersonen gehörte, auf die ich meinen Vater projizierte. In mir tobten Verletzung und Ärger und warteten darauf, herausgelassen zu werden. Ich erzählte ihm das alles, und obwohl er als erklärter Gegner der Psychologie galt, hörte er mir mit einem gespannten Gesichtsausdruck zu. Die Belohnung kam später: Er hat mich nie wieder unterbrochen oder auf seinen Schreibtisch getrommelt, und ich habe auch nie wieder erlebt, dass er sich anderen gegenüber so verhielt.

Spüren Sie Ihre Gefühle im Körper auf

Ein entscheidender Teil dieses Prozesses besteht darin zu spüren, wo im Körper Ihre Gefühle angesiedelt sind. Es kann eine große Hilfe sein, für diese Zwecke eine Karte von Ihrem Körper anzufertigen. Ich habe das im Lauf der Jahre viele Male getan und jedes Mal wieder weitere nützliche Details über meine Emotionen erfahren.

Ich empfinde Angst ganz innen im Zentrum meines Körpers im Bereich des Nabels. Von dort wachsen ihre verzweigten Eiszapfen nach oben bis in meinen Brustkorb, und manchmal, wenn ich wirklich Angst habe, würgt es mich im Hals. Traurigkeit fühlt sich bei mir völlig anders an. Ich nehme sie als Druck in meinem Brustkorb wahr und als Kloß in der Kehle. Die Augen können angespannt sein und feucht werden, auch wenn ich nicht weine.

Mit Ärger in Kontakt zu kommen fiel mir am schwersten. Heute, einige Jahrzehnte später, weiß ich, warum das so war. Ärger äußert sich bei mir in Form von Verspannungen in Armen, Schultern und Nacken. Ich spüre ihn auch in meinen Kiefern. Da diese Körperbereiche aber sowieso immer angespannt waren, war hier bei Ärger kaum ein Unterschied zu spüren. Ich war so lange ärgerlich gewesen, dass ich die Möglichkeit, mich auch anders zu fühlen, gar nicht kannte. Nach einigen Sitzungen, in denen ich einfache Entspannungsübungen lernte, lockerte sich die Anspannung in meinem Körper etwas und ich konnte stärkere Empfindungen wahrnehmen. Und schließlich konnte ich fühlen, wie mein Ärger kam und ging. Als ich feinfühliger wurde, bemerkte ich, dass er täglich Dutzende Male aufflammte und wieder verlosch, meistens in belanglosen Situationen, in denen das Leben meine Erwartungen nicht erfüllte.

Aufregung spüre ich überall. Wenn ich aufgeregt bin, empfinde ich ein leichtes Kribbeln, das ich kaum lokalisieren kann. Dieses Gefühl ist eindeutig subtiler als sexuelle Erregung und konzentriert sich viel weniger auf bestimmte Körperbereiche als Angst oder Traurigkeit. Ich frage mich, ob das Gefühl der Aufregung die feinen Kapillargefäße beeinflusst, ein Netz potenzieller Empfindungen im ganzen Körper, das, legte man es in einer Linie aus, fast 100 000 Kilometer lang wäre. Das Kapillargefäßsystem durchzieht fast den ganzen Körper und könnte dafür verantwortlich sein, dass Aufregung überall spürbar ist.

Eine ähnlich umfassende Empfindung habe ich, wenn ich glücklich bin. Glück drückt sich bei mir in Form einer leichten Wärme aus, die von meinem Brustkorb ausgeht, einer angenehm prickelnden Empfindung wie von tausend kleinen Blubberblasen, die in Bewegung sind. Kathlyn und ich sagen oft zueinander: »Ich bin glücklich.« Ich glaube, dieses Gefühl teilen wir uns am häufigsten mit. Das hat zu einigen witzigen Situationen geführt. Eines Tages trat ich im Fitnessstudio auf die Pedale, in einer Reihe mit etwa einem Dutzend weiterer keuchender Erwachsener, von denen ich niemand kannte. Vergessend, wo ich war, brachen aus mir die Worte hervor: »Ich bin glücklich!« Daraufhin bekam ich einige skeptische Blicke zugeworfen.

Sexuelle Erregung spüre ich nicht nur in meinen Genitalien, sondern tief in meinem Unterleib als angenehmes Strömen, das im Verlaufe des Tages kommen und gehen kann. Diese Empfindung teile ich nicht jedes Mal mit, wenn ich sie habe.

Jetzt kommen wir zur dritten Lektion:

Teilen Sie Ihre Gefühle in dem Augenblick, wo Sie sie empfinden, aufrichtig mit, wenn Sie sich dem Menschen, mit dem Sie sprechen, nahe fühlen wollen. Teilen Sie Ihr Gefühl der Person mit, die es ausgelöst hat, aber stellen Sie sich darauf ein, dass es weit über diesen Menschen hinausgeht. Wir sind sehr viel empfindsamer, als wir uns eingestehen. Wir fühlen uns oft verletzt und tun oft Dinge, durch die andere sich verletzt fühlen. Wenn Sie sich äußern, sobald Sie sich verletzt fühlen, werden Sie etwas sehr Wichtiges erfahren. Sie werden feststellen, dass die Verletzung oft auf Missverständnissen beruht und nicht auf dem bewussten Versuch des anderen, Ihnen wehzutun. Aber das finden Sie nicht heraus, indem Sie nichts sagen. Heruntergeschluckte Verletzungen sind Zündstoff für eine ganze Reihe von Krankheiten, von denen die meisten vermieden werden könnten, wenn wir aufrichtig und direkt mitteilen, was in uns vorgeht.

Eine wichtige Lektion, die uns das Leben beibringt, lautet: Sie regen sich selten aus dem Grund auf, den Sie vorgeben. Ihre Kopfschmerzen wurden vielleicht durch Ihren Chef ausgelöst und es ist wichtig, dass Sie ihm Ihre Meinung sagen. Aber machen Sie hier nicht Halt. Fragen Sie sich immer: »Woran erinnert mich das?« Und: »Kommt mir das bekannt vor?« Vieles, was im Laufe eines Tages Gefühle bei uns auslöst, beruht auf alten Dramen, die meistens auf unsere Ursprungsfamilie zurückgehen. Ihre Kopfschmerzen können ursprünglich eine Reaktion auf Ihren fordernden Vater gewesen sein, und Ihr anspruchsvoller Chef ist lediglich ein Spiegelbild von einer ganzen Reihe autoritärer Menschen, mit denen Sie in Ihrem Leben zu tun hatten.

Sprechen Sie über Ihre Angst und Ihren Ärger ebenso aufrichtig wie über Ihre Verletztheit. Wir müssen uns angewöhnen zu sagen: »Es macht mir Angst, wenn du sagst ...« Und: »Es macht mich ärgerlich, wenn ...« Unsere Gefühle ehrlich mitteilen heißt zulassen, dass andere uns besser kennen lernen. Außerdem verhindern wir so, dass sich unausgedrückte Gefühle anstauen, die wir später dann loswerden müssen und anderen aufladen oder die wir noch tiefer verdrängen.

Es ist gut, mit Verletzungen anzufangen, denn sie bilden den Boden für all den Ärger, den Menschen aufeinander empfinden. Schauen Sie das nächste Mal, wenn Sie ärgerlich sind, nach, wie es dazu gekommen ist, und ich prophezeie Ihnen, dass Sie sich – wie es auch bei mir häufig der Fall ist – verletzt gefühlt haben, bevor Sie ärgerlich wurden. Lernen zu sagen: »Es hat mich verletzt, dass ...«, sollte eigentlich die erste Lektion des Lehrplans für den richtigen Umgang mit Emotionen sein, ob Sie nun in der Schule in der ersten Klasse sitzen, an der Universität studieren oder als älterer Bürger Volkshochschulkurse besuchen.

Üben Sie sich in der vierten Lektion darin, die Anzeichen für Gefühle bei anderen Menschen wahrzunehmen, und schenken Sie ihnen Ihre Aufmerksamkeit. Sagen Sie den Menschen, deren Nähe Sie suchen, was Sie wahrnehmen, und laden Sie sie ein, auch bei Ihnen auf diese Anzeichen zu achten. Wir bringen uns immer wieder in Schwierigkeiten, weil wir die Gefühle anderer Menschen übersehen oder uns darüber hinwegsetzen. Andere sind ebenso verletzbar wie wir und zeigen ständig, welche Gefühle in ihnen vorgehen. Sie können lernen, diese Zeichen zu lesen, und dadurch Ihre Beziehungen im Handumdrehen verändern.

Achten Sie auf das Aufflackern der Verärgerung im Gesicht Ihrer Freundin. Halten Sie inne und sagen Sie: »Ich habe gerade Anzeichen von Verärgerung in deinem Gesicht bemerkt. Was ist los?« Manchmal kommen Sie dadurch in Kontakt, manchmal stoßen Sie aber auch auf heftige Abwehr. Das ist nicht wirklich wichtig. Ich bin sicher, Sie können auf Freundinnen und Freunde verzichten, die in die Defensive gehen, sobald Sie sie auf ihre Gefühle hinweisen. Werden Sie aufmerksam, wenn Ihr Blick auf verspannte Kiefer fällt. Sagen Sie: »Mir ist gerade aufgefallen, dass deine Kiefer ganz verspannt sind.« Wenn Ihr Gegenüber Ihre Beobachtung aufgreift und Ihnen sagt, was in ihm vorgeht, spricht das für wahre Freundschaft.

Einer der Gründe dafür, dass unsere »feine« Gesellschaft so viele Menschen krank macht, besteht darin, dass man uns durch Gehirnwäsche beigebracht hat, offensichtliche Anzeichen für Gefühle zu übersehen und so zu tun, als existierten diese nicht. Wir sollen nicht bemerken, dass Richard Nixon der Schweiß über das Gesicht läuft, während er uns versichert, dass er kein Betrüger sei. Wir sollen unseren Blick vom Offensichtlichen abwenden, um das Boot nicht zum Schaukeln zu bringen.

Die Historiker sind der Meinung, dass diese Ignoranz des Offensichtlichen auf unser religiöses Erbe zurückgeht. Irgendwann im Mittelalter begann man Lügen für richtig zu halten, wenn damit die Autorität der Kirche geschützt wurde. Als diese Denkweise sich durchgesetzt hatte, fand sie Anwendung auf viele Situationen, was schreckliche Folgen hatte, die unserer Gesellschaft heute noch schaden:

- Es ist in Ordnung zu lügen, um den Vater in Schutz zu nehmen und den Status quo der Familie zu erhalten.
- Einer von O.J. Simpsons Freunden hat gesagt, es sei in Ordnung zu lügen, um O.J. zu schützen, denn die Farbi-

gen werden immer wieder Opfer von rassistischen Ungerechtigkeiten.
- Es ist in Ordnung, das gewöhnliche Volk anzulügen, denn die Wahrheit würde es nur aufregen.
- Es ist in Ordnung zu lügen, um mich zu schützen, denn wenn ich die Wahrheit sagte, würden die Menschen um mich herum sich unwohl fühlen.
- Es ist in Ordnung, Ihren Partner/Ihre Partnerin anzulügen, um Ihre Affäre zu verheimlichen, denn die Wahrheit zu sagen wäre einfach grausam. (Das habe ich vor kurzem tatsächlich in einer Talkshow aus dem Munde einer bekannten Persönlichkeit gehört, und das Publikum hat lebhaft applaudiert.)

Und so geht es immer weiter bis zu dem Punkt, wo wir praktisch blind werden für die klarsten Anzeichen von Gefühlen bei uns selbst und anderen Menschen. Wir schauen weg, und die staatlichen Ausgaben für den Gesundheitsbereich steigen und steigen. Worin besteht die Alternative? Sie ist ganz einfach, aber seien Sie darauf gefasst, etwas länger üben zu müssen, bis sie Ihnen zur zweiten Natur wird. Die folgenden Schritte verstoßen praktisch gegen alles, was man Ihnen beigebracht hat, damit Sie in unserer feinen Gesellschaft funktionieren.

Sie: »Wie geht es dir, John?«
John: »Gut.« (Während er das sagt, senkt er den Blick und reibt sich die Stirn.)
Sie: »Mir ist aufgefallen, dass du den Blick gesenkt und dir die Stirn gerieben hast, als du ›gut‹ sagtest.«

Sagen Sie das nicht, wenn Sie keine engere Freundschaft zu John wollen. Wenn Sie mit dem oberflächlichen Geplänkel Ihrer Beziehung zu John zufrieden sind, sollten Sie die Signale für seine Gefühle ignorieren. Aber wenn Sie John näher kommen möchten und ihn als Freund schätzen, dann sollten Sie auf das Offensichtliche achten.

John (sich vom Schock erholend): »Hm, ja. Eigentlich geht es mir schrecklich. Meine Frau hat mir gerade heute Morgen gesagt, dass sie mit ihrem Therapeuten zusammenzieht.«
Sie: »Es tut mir Leid, das zu hören. Kann ich dir irgendwie helfen?«

Solche Augenblicke bergen die Fülle des Lebens. Verpassen Sie sie nicht. Ich habe Sie mein halbes Leben lang verpasst, denn ich bin in einer Familie aufgewachsen, wo wir sogar bestraft wurden, wenn wir auf das Offensichtliche hinwiesen. Also habe ich mich hinter einen Wall von Vergessenheit zurückgezogen. Dieser Wall hat zwar die Welt nicht zum Stillstand gebracht, aber verhindert, dass ich mich an ihr beteiligte. Glücklicherweise bin ich rechtzeitig aufgewacht. Jetzt ist mein Leben reich an Gefühlsmomenten. Meine Frau und ich haben die Vereinbarung getroffen, uns auf unsere Gefühle hin zu beobachten und uns gegenseitig mitzuteilen, was wir wahrnehmen.

Kathlyn: »Mir ist aufgefallen, dass deine Stimme beim Telefonieren gepresst und angespannt klang.«
Ich (halte inne, um nachzudenken): »Danke. Mir ist klar geworden, dass ich mich zu etwas bereit erklärt habe, das ich gar nicht wirklich will.«

Ich kann Ihnen garantieren, dass es jedes Mal leichter wird. Manchmal sind wir nicht offen für die Botschaft, besonders wenn einer von uns beiden müde, in Eile oder in seinen Widerständen befangen ist.

Kathlyn: »Mir ist aufgefallen, dass du beim Telefonieren ...«
Ich: »Oh, ich hab's eilig. Ich hab jetzt keine Zeit für so etwas!«

Dann müssen wir uns hinsetzen und unser Versprechen, die Wahrheit zu erfahren, zu sehen und auszusprechen, erneuern. Manchmal ist unser Drang, die Augen wieder zu verschließen, stärker als unser Bedürfnis nach Aufklärung. Ich bin mir sicher, dass es auch Ihnen gelegentlich so gehen wird. Aus diesem Grund bin ich nicht auf Perfektion aus. Es gibt auf dem Wege viele Ausrutscher und das Beste, was ich im Augenblick tun kann, ist, diese Ausrutscher als Gelegenheit zu nutzen, mich noch stärker auf die Wahrheit einzulassen. Ich achte fortwährend darauf, wie häufig solche Ausrutscher vorkommen. Wenn sie seltener passieren als noch vor einem Jahr, habe ich das Gefühl, auf der richtigen Spur zu sein.

In der fünften Lektion versprechen Sie sich aufrichtig, zu sehen und zu fühlen, was real ist. Wir alle möchten uns gern wohl fühlen, aber dieses Streben nach Wohlbefinden kann zur großen Falle werden. Manchen Menschen ist es wichtiger, sich gut zu fühlen, als zu spüren, was real ist. Wenn ihre wirklichen Gefühle zum Vorschein kommen, betäuben sie diese mit intellektuellen Ausweichmanövern, Drogen oder Essen.

Menschen, die darauf aus sind, sich ständig gut zu fühlen, enden oft dabei, dass sie sich ständig schlecht fühlen. Wenn Sie sich versprechen zu spüren, was real ist, entkommen Sie dieser Falle. Das Eigenartige ist, Sie fühlen sich letzten Endes fast immer gut, wenn Sie spüren, was real ist.

Eine Freundin von mir experimentiert ständig mit Medikamenten und Kräutern herum, um zu einem flüchtigen Wohlbefinden zu gelangen. Meiner Meinung nach fühlt sie sich umso schlechter, je mehr sie sich damit beschäftigt.

Das hat nichts mit den Medikamenten und Kräutern zu tun, sondern mit ihrer ständigen Konzentration auf winzige Verschlechterungen ihres Wohlbefindens. Wenn diese eintreten, nimmt sie ein paar Tropfen oder ein homöopathisches Mittel, um dem abzuhelfen. Aber es gibt ein grundlegenderes Gesetz: Wir verstärken das, worauf wir unsere Aufmerksamkeit richten. Je sensibler sie wird für winzige Schwankungen ihres Befindens, desto schlechter fühlt sie sich. Wahrscheinlich geht es ihr gesundheitlich gar nicht wirklich schlecht, aber ihr inneres Gefühl sagt ihr, das sei der Fall.

Wenn ich mich nicht gut fühle, stelle ich mir einige grundsätzliche Fragen: Wo war ich nicht voll und ganz ich selbst? Welche Gefühle verleugne ich und welche Wahrheiten gestehe ich mir nicht ein? Was muss ich in mir oder anderen lieben? Es ist wichtig, dass wir unser Befinden als Feedbacksystem benutzen, das ausschlägt, wenn wir die Gesetze der Integrität verletzen. Aber ebenso wichtig ist, dass wir von uns nicht verlangen, uns ständig gut zu fühlen. Es gibt viele Situationen im Leben, in denen wir aufgefordert sind, unser Wohlbefinden kurzfristig hintanzustellen, um uns langfristig gut zu fühlen. Es gibt vieles, was wichtiger ist, als uns wohl zu fühlen. Ich werde im Folgenden einiges aufzählen und Sie können diese Liste aus Ihrer eigenen Erfahrung ergänzen:

- Sehen und fühlen, was real ist, ist wichtiger als sich wohl fühlen. Wahrscheinlich ist Ihnen nicht wohl, wenn Sie den alten Schrank öffnen und die Spinnweben und das Durcheinander sehen. Ähnlich verzweifelt sind Sie vielleicht, wenn Sie sich Ihr Leben anschauen und feststellen, dass es ein einziges Chaos ist. Um sich zu verändern, müssen Sie jedoch zuerst einmal die Realität so akzeptieren, wie sie ist. Wenn wir uns dann der Realität liebevoll

und systematisch zuwenden, verdienen wir uns allmählich unsere guten Gefühle und erhalten sie uns.
- Ihre Vereinbarungen einhalten ist wichtiger als sich wohl fühlen. Viele Menschen halten sich nicht an ihre Vereinbarungen, weil sie noch ein wenig länger schlafen, zu Ende essen oder die entscheidenden letzten Minuten einer spannenden Fernsehsendung nicht verpassen wollen. Geht Ihr Versuch, sich gut zu fühlen, auf Kosten der getroffenen Vereinbarungen mit anderen, fühlen Sie sich schließlich schlecht.
- Die unbestreitbare Wahrheit sagen ist wichtiger als sich wohl fühlen. Ich habe mit Tausenden von Menschen gearbeitet, die es aufgeschoben haben, die Wahrheit zu sagen, weil sie glaubten, es sei »nicht der richtige Zeitpunkt«. Das erwies sich in jedem Fall als falsch. Tatsächlich befürchteten sie, sich schlecht zu fühlen, wenn ihr Gegenüber sich aufregte. Sie versuchten Unannehmlichkeiten für sich zu vermeiden, indem sie die Wahrheit verschwiegen.
- Wichtiger als sich wohl fühlen ist, dass Sie an den Zielen arbeiten, die Sie sich für Ihr Leben gesetzt haben. Sie werden sich nicht immer gut fühlen, wenn Sie versuchen, die Ziele zu erreichen, auf deren Verwirklichung Sie auf dem Sterbebett gern zurückschauen möchten. Viele meiner Ziele erfordern, dass ich lange aufbleiben, früh aufstehen und per Flugzeug an Orte reisen muss, die ich sonst gar nicht aufsuchen würde. Täte ich das nicht, könnte ich vielleicht ein wenig länger schlafen, aber langfristig würde es mich bedrücken, wenn ich mich nicht für meine Ziele einsetzte.

Hingegen ist es eine unbeschreibliche Freude, mich auf meine Lebensziele zuzubewegen. Solange ich zentriert und in Kontakt mit meinen Freunden und meiner Familie bleibe, kann ich – wie ich feststelle – praktisch unermüdlich an meinen selbst gewählten Projekten arbeiten. Ob es Abend ist, Sonntag oder ob ich Urlaub habe, ist dabei ganz unerheblich. Mir fällt gar nicht auf, dass ich arbeite, denn für mich ist das eigentlich gar keine Arbeit. Wie würden Sie es nennen, wenn Sie genau das tun, was Sie tun möchten, und Spaß daran haben? Ich würde von Spiel reden und auch von der optimalen Belohnung für die Arbeit an Ihrer Selbstachtung. Ich weiß aus erster Hand, wie es ist, unzufrieden mit mir zu sein, nicht zu wissen, was ich will, und den ganzen Tag lang einen Job zu machen, den ich hasse. Seit vielen Jahren erlebe ich jetzt die großartige Freude, mit mir in Frieden zu sein, meinen Lebensweg klar vor Augen zu haben und mich zentriert auf meine Ziele zuzubewegen. Das tiefe und langfristige Wohlgefühl, das ich aufgrund all dieser Arbeit empfinde, war die gelegentlichen Opfer in Bezug auf meine Sicherheit und mein Wohlbefinden auf jeden Fall wert.

Zusammenfassung

Wenn Sie Ihr wahres Selbst entdecken, öffnet sich in Ihnen ein Raum, in dem Sie auf der tiefsten Ebene mit sich selbst in Einklang kommen können. Wenn wir mit uns selbst nicht im Reinen sind, können wir uns auch keine wirkliche Selbstachtung entgegenbringen. Ein winziger Fehler an der Vorderachse kann den ganzen Wagen und damit sämtliche Wageninsassen gefährlich ins Schleudern bringen. Die Freude an der Reise geht verloren, und die Wahrscheinlichkeit, das Ziel zu erreichen, nimmt ab. Wenn wir in Übereinstimmung mit uns sind – unsere Angst fühlen und damit umgehen, unsere Kreativität zum Ausdruck bringen und harmonisch mit unseren Gefühlen schwingen –, verläuft die Reise viel reibungsloser.

Wie Sie beständige Liebe finden

Bei der Arbeit mit Tausenden von allein stehenden und geschiedenen Frauen und Männern haben Kathlyn und ich entdeckt, dass Menschen oft drei große innere Umstellungen vornehmen, bevor sie eine gesunde neue Beziehung in ihr Leben bringen. Auch ich habe mich, unmittelbar bevor ich Kathlyn begegnete, innerlich umgestellt, ohne mir dessen überhaupt bewusst zu sein. Nach dieser inneren Neuausrichtung dauerte es nur noch einen Monat, bevor sie in mein Leben trat. Nachdem uns diese Umstellungen bewusst geworden sind, haben wir sie in Techniken umgewandelt und diese wertvollen Geheimnisse in unseren Seminaren seit Jahren an sehr viele Menschen weitergegeben. In diesem Kapitel möchte ich sie auch Ihnen vermitteln.

Diese Techniken sind einfach, aber zutiefst wirkungsvoll – wenn Sie sie anwenden. Von Zeit zu Zeit müssen Sie innehalten, überlegen, einen Satz ergänzen oder einen anderen aktiven Schritt unternehmen. Ich schlage Ihnen vor, das wirklich zu tun. Diese Schritte dauern nie länger als ein paar Sekunden, und ich kann praktisch garantieren, dass sich Ihr Beziehungsschicksal dadurch verändern wird.

Das sind große Versprechungen, aber ich habe so oft erlebt, wie Menschen das Schicksalsrad ihrer Beziehungen gewendet haben, dass ich mit absoluter Sicherheit sagen kann: Auch Sie können das. In diesem Kapitel werden Sie von mir aber auch strenge Worte zu hören bekommen. Ich hoffe, Sie erlauben mir, unverblümt, ja manchmal sogar schonungslos mit Ihnen zu sprechen. Um eine wirklich bewusste Liebesbeziehung in unser Leben zu bringen, müssen wir mit uns selbst sowohl sehr behutsam als auch hart umgehen. Wir müssen uns selbst zutiefst und zärtlich lieben und mit dem Versprechen, auf eine neue Form von Beziehung hinzuarbeiten, zugleich strenge Forderungen an uns stellen.

Vielleicht sind auch Sie ein Mensch, der tief in seinem Herzen weiß, dass er sich erst dann ganz erfüllt fühlt, wenn er eine bewusste, liebevolle Beziehung lebt. Ich gehöre ebenfalls zu diesen Menschen, selbst wenn ich lange brauchte, um mir das einzugestehen. Vielleicht haben Sie sogar Schuldgefühle, weil Sie diesen tiefen Wunsch empfinden. So ging es mir jedenfalls lange Zeit. Ich bin froh, dass ich mir diesen Wunsch schließlich erlaubte, denn erst wenn wir etwas bewusst wollen, können wir es auch bewusst empfangen und genießen.

Ich gratuliere Ihnen, weil Sie diesen Wunsch lebendig gehalten haben. Bevor ich imstande war, die Art von Beziehung zu leben, wie ich sie mit Kathlyn führe, hatte ich Angst, das Beste im Leben zu verpassen. Ich bin froh, dass ich es bekommen habe. Es ist all die Arbeit und das Warten wert.

Das erste Geheimnis

Es gibt eine Sache, die Sie unbedingt tun müssen, wenn Sie Ihr Leben mit einer wirklich liebevollen Beziehung bereichern wollen.

Ich musste es tun, und meine Frau musste es auch tun.

Und die Tausenden von Menschen, denen ich geholfen habe, eine neue Liebe zu leben, mussten es ebenfalls tun.

Also müssen auch Sie es tun.

Sie müssen sich *versprechen*, eine neue Art von Beziehung in Ihr Leben zu bringen. Nur durch ein aufrichtiges Versprechen auf der Seelenebene wird das möglich.

Also vergeuden wir keine Zeit.

Wollen Sie eine wirklich liebevolle Beziehung?

Haben Sie den Wunsch und den Willen, sich von ganzem Herzen auf etwas völlig Neues einzulassen, das Ihnen vollständige Zufriedenheit schenkt?

Wenn Sie diese Fragen bejahen und wirklich dahinter stehen, sollten Sie sofort laut »Ja!« rufen. (Wenn Sie sich gerade in der Öffentlichkeit aufhalten, können Sie das Ja auch flüstern!) Aber achten Sie darauf, es wirklich auszusprechen. Sie müssen Ihr Versprechen öffentlich kundgeben, wenn es Hand und Fuß haben soll. Wenn J.F. Kennedy nicht öffentlich versprochen hätte, wir würden auf dem Mond landen, wäre es dann geschehen? Vielleicht, aber wir werden es nie wissen. Er hatte den Mut, ein öffentliches Versprechen abzugeben.

Sie müssen sich von ganzem Herzen versprechen, sich für Ihr Ziel einzusetzen, denn nach meiner Beobachtung garantiert nur ein unbedingtes Versprechen, dass Sie auch erreichen, was Sie sich wünschen.

Ihr Wunsch nach dieser neuen Form von Beziehung muss so tief gehen, dass Sie bereit sind, alles für seine Erfüllung zu tun. Wenn das der Fall ist, haben Sie die meiste Arbeit schon erledigt. Der Rest ist leicht.

In Kürze werde ich Ihnen genau sagen, wie Sie sich das Versprechen geben, eine bewusste Beziehung in Ihr Leben zu bringen.

Zuerst jedoch müssen Sie sich dafür als reif genug erweisen.

Sie müssen sich selbst und dem Universum mitteilen, dass Sie bereit sind für eine Beziehung, die Sie wirklich befriedigt.

Sie beweisen Ihre Reife dadurch, dass Sie etwas ganz Entscheidendes verstehen.

Lesen Sie das Folgende ganz genau. Seien Sie aufmerksam, denn was ich Ihnen gleich sage, wird jeden Aspekt Ihres Lebens verändern, beginnend mit Ihren Beziehungen. Auch mein Leben hat sich dadurch völlig verändert. Ich war, nachdem ich es begriffen hatte, nicht mehr derselbe wie zuvor. In dem Augenblick, wo ich es wirklich verstand, pulsierte mein Leben nur so vor Möglichkeiten. Ich habe die folgende Erkenntnis in das Bewusstsein von Tausenden von Menschen überall auf der Welt einfließen sehen, und der Ausdruck ihrer Gesichter hat mir verraten, dass sich ihr Leben für immer verändert hat.

Sind Sie bereit? Nehmen Sie einen tiefen Atemzug und atmen Sie erst weiter, nachdem Sie den nächsten Satz gelesen haben:

Sie bekommen *bereits*, was Sie für sich wollen und wofür Sie sich entschieden haben.

Fühlen Sie diese Wahrheit und atmen Sie weiter.

Wir bekommen *immer*, was wir wollen und wofür wir uns entscheiden.

Wenn Sie Single sind und damit nicht glücklich sind, *wollen* Sie als unzufriedener Single leben und haben sich dafür entschieden. Wenn Sie geschieden sind und Angst haben, eine neue Beziehung einzugehen, *wollen* Sie geschieden sein und Angst haben. Wenn Sie dies durch und durch verinnerlichen, dann verstehen Sie auch, wie das Leben funktioniert. *Wir bekommen immer, was wir wollen und wofür wir uns entscheiden!*

Ich verlange nicht, dass Ihnen dieser Gedanke gefällt – ich hasste ihn, als er mir zum ersten Mal klar wurde, und selbst heute noch mag ich ihn manchmal nicht –, aber ich möchte Sie auffordern einzugestehen, dass er wahr ist. Zu diesem Zweck ergänzen Sie bitte folgenden Satz:

Ich, ..., erkenne an, dass ich immer das bekomme, wofür ich mich entscheide.

Wenn Sie wie ich sind (und wie praktisch jeder Mensch auf diesem Planeten), schreit bei diesem Satz alles in Ihnen: Nein! Nein! Nein!

Wir möchten von dem Glauben nicht loslassen, dass unsere Absichten eine Sache sind und unsere tatsächlichen Erlebnisse eine andere. Wenn wir wiederholt negative Erfahrungen machen, möchten wir uns nicht eingestehen, dass das deswegen passiert, weil wir es so wollen und wir uns dafür entschieden haben. Wir verschließen unsere Augen vor der offensichtlichen Wahrheit, und dann – welche Überraschung! – wiederholen wir ständig dieselben Muster.

All die unglücklichen Verlierer, die ich kennen gelernt habe, hängen an der Vorstellung, dass es zwischen ihren Absichten und ihren Erlebnissen keinen Zusammenhang gibt. Tatsächlich ist genau dieses Denken *der Grund dafür*, dass Sie im großen Spiel des Lebens und der Liebe auf der Verliererseite stehen.

Übertreiben Sie diesen Gedanken jetzt nicht, indem Sie glauben, Sie wollten eine Erkältung, wenn Sie einmal im Jahr eine Erkältung haben. Wir erkälten uns eben – das gehört zu unserem Leben auf dieser Welt. Seien Sie froh, wenn es Sie nur einmal im Jahr erwischt. Aber wenn Sie sich immer wieder Krankheiten zuziehen, dann sollten Sie anfangen, sich zu fragen, warum Sie ständig krank sein wollen.

Wenn Sie vor vielen Jahren einmal einen Unfall hatten und seitdem eine sichere Fahrerin sind, seien Sie froh. Das zeugt von Ihrer Intelligenz – Sie haben aus Ihrer Erfahrung gelernt – und Sie müssen sich nicht fragen, ob etwas in Ihnen darauf aus ist, mit dem Wagen zu verunglücken. Aber wenn Sie immer wieder Unfälle bauen und ständig Blechschäden verursachen, dann sollten Sie anfangen nachzuforschen, warum Sie sich und andere gefährden. Ich habe einmal mit einer Frau gearbeitet, die in ihren 40 (gefährlichen) Lebensjahren 29 Autounfälle hatte. In einer Sitzung gab sie den Gedanken auf, immer zu den Verlierern zu gehören (»Die Welt da draußen ist einfach unsicher«), und gelangte zu der Erkenntnis, dass sie sich in Gefahr bringen *wollte*. Zusammen schauten wir uns an, woher ihre Neigung zu Unfällen stammte, und sie berichtete von den üblichen Kindheitserlebnissen, nicht gewollt und geliebt worden zu sein. Aber es geht hier nicht um die Vergangenheit. Ich habe noch nie erlebt, dass jemand durch ein Gespräch über seine Vergangenheit sein Leben verändert hätte. Und wenn Sie länger als zehn Minuten darüber reden, vergeuden Sie wichtige Zeit.

Das Gespräch über die Vergangenheit ist nur dann eine Hilfe, wenn Sie das Blatt wenden und einen völlig neuen Vertrag schließen wollen. Die eben erwähnte Frau gab ihrem Leben eine Wende, indem sie einen Sprung nach vorn machte und sich für etwas ganz Neues entschied. Ich lud sie ein zu sagen: »Ich erkenne an, dass ich bis jetzt mich und andere in Gefahr bringen *wollte*, und beschließe jetzt bewusst, überall, wo ich mich befinde, für Sicherheit zu sorgen.«

Wir arbeiteten mit diesem Beschluss, bis sie das Gefühl hatte, ihn gründlich verinnerlicht zu haben. Als sie nach dieser Sitzung meine Praxis verließ, war sie ein anderer Mensch. Seit 13 Jahren hat sie keinen einzigen Unfall mehr gehabt. Und diese bemerkenswerte Wende passierte im Bruchteil einer Sekunde, als sie sich eingestand, dass sie sich und andere gefährden wollte, und beschloss, stattdessen eine neue Entscheidung zu fällen, die stärker war als die alte.

Wenn Sie eine Weile geraucht und dann aufgehört haben, weil es Sie krank machte: gut für Sie! Sie haben schnell begriffen. Aber wenn Sie immer noch rauchen (oder trinken oder sich mit ungesunden Sachen voll stopfen und dadurch dick, nervös oder müde werden), dann sollten Sie sich besser anschauen, warum Sie sich auf Raten umbringen wollen.

Auch ich musste mich mit diesen Fragen konfrontieren. Ich weiß, wovon ich rede, denn ich war früher dick und habe geraucht (ich wog fast 140 Kilo und rauchte zwei Schachteln Marlboro am Tag) und habe vier Jahre in einer schrecklichen ersten Ehe gelitten, bevor ich kapierte, was da lief.

Jetzt habe ich das Gewicht, das meiner Größe entspricht (gut 81 Kilo bei 1,84 Meter), habe seit fast 30 Jahren keine einzige Zigarette mehr angerührt und lebe seit 20 Jahren in einer wunderbaren, beständigen und bewussten Beziehung. Aus alledem kann ich den vernünftigen Schluss ziehen, dass ich mich in meinem Leben für Liebe und Gesundheit entschieden habe.

Warum ist dieser Punkt so wichtig? Weil Sie die Kraft dieser Erkenntnis brauchen, um sich für eine neue Art von Beziehung zu entscheiden. In dem Augenblick, wo Sie verstehen, dass Sie die Dinge so wollen, wie sie jetzt sind, und Sie sich dafür entschieden haben, setzen Sie große Kräfte frei, die Sie mit Lichtgeschwindigkeit zu Ihrem neuen Ziel befördern können.

Wenn Sie Single sind, ergänzen Sie bitte folgenden Satz:

Im Augenblick will ich, ..., Single sein und habe mich dafür entschieden.

Wie können wir wissen, dass Sie Single sein wollen? Weil Sie es sind, deswegen. Sie bekommen immer das, was Sie wollen und wofür Sie sich entschieden haben.

Sollten Sie geschieden sein, ergänzen Sie bitte folgenden Satz:

Im Augenblick will ich, ..., geschieden sein und habe mich dafür entschieden.

Wie können wir wissen, dass Sie geschieden sein wollen? Weil Sie es sind – Punkt.

Wenn Sie im Augenblick in einer unglücklichen Beziehung leben, ergänzen Sie bitte folgenden Satz:

Im Augenblick will ich, ..., in einer unglücklichen Beziehung leben und habe mich dafür entschieden.

Sie machen sich Ihr Leben sehr viel einfacher, wenn Sie begreifen, dass Sie immer das bekommen, wofür Sie sich entscheiden. Dagegen wird Ihr Leben sehr leidvoll und kompliziert, wenn Sie behaupten, zu bekommen, was Sie gar nicht wollen. Wenn Sie jammern: »Ich bin Single, aber ich möchte eigentlich verheiratet sein«, vergeuden Sie Ihre kostbare Energie.

In dem Augenblick, in dem Sie erkennen, dass Ihr Leben im Moment genauso aussieht, wie Sie es haben wollen (meistens nicht auf der bewussten Ebene), setzen Sie mächtige Energien frei, dieselben, die Sie neue, positive Entscheidungen treffen lassen, welche nichts – ich wiederhole: nichts! – mit Ihrer Vergangenheit zu tun haben.

Wenn Sie im Augenblick allein stehend, geschieden oder unglücklich gebunden sind und sich eine neue, bewusste Beziehung wünschen, dann sprechen Sie mir nach: »Ich habe mich für die Dinge so entschieden, wie sie im Augenblick sind, und treffe eine neue, bewusste, verbindliche Entscheidung für eine neue, bewusste Beziehung.«

Stellen Sie sich vor, von Ihrem augenblicklichen Standort aus einen seelischen Salto zu machen und sich auf etwas Neues einzulassen. Und dann ergänzen Sie den folgenden Satz:

Ich, ..., treffe die bewusste, neue Entscheidung, mich auf eine bewusste, liebevolle Beziehung mit einer/einem bewussten, liebevollen Frau/Mann einzulassen.

Rückblende in das Jahr 1979. Ich sitze völlig niedergeschmettert und sprachlos auf dem Fußboden meines Appartements. Ich habe gerade das schmerzlichste und aufschlussreichste Gespräch meines Lebens geführt.

Während einer Auseinandersetzung mit der Frau, die ich seit fünf Jahren liebe, wird mir plötzlich klar, dass wir uns bei unseren Hunderten von Streitigkeiten immer um das Gleiche gestritten haben. Ein Licht geht mir auf, ein Bewusstseinsstrahl trifft mich, und ich kann deutlich sehen, dass unsere Auseinandersetzungen immer nach dem gleichen Muster verlaufen, das uns beide unglücklich macht.

Der erste Schritt: Einer von uns sagt nicht die Wahrheit. Meistens sind es kleinere Dinge, die wir verbergen, wie:»Ich habe mich darüber geärgert, dass du zu spät gekommen bist.« Manchmal geht es auch um Wichtigeres, zum Beispiel, als sie mir verschwieg, dass sie wieder Drogen nahm, nachdem sie mir versprochen hatte, nie wieder welche anzurühren. Oder mein Versäumnis, ihr von der einen Nacht zu erzählen, die ich mit einer anderen Frau verbrachte.

Der zweite Schritt: Einer von uns konfrontiert den anderen und sagt: »Irgendwie verhältst du dich komisch. Gibt es etwas, das du mir nicht erzählt hast?«

Der dritte Schritt: Einer von uns mauert. »Nö, alles in Ordnung.«

Der vierte Schritt: Einer von uns lässt die Sache eskalieren, indem er Vorwürfe macht, sich als Opfer hinstellt oder mit selbstgerechter Empörung losdonnert: »Das sagst du immer! Kannst du nicht einmal die Wahrheit sagen? Ich weiß nicht, warum ich mich mit jemandem abgebe, der ...«

Das steigert sich zu einem wütenden Höhepunkt und legt sich drei Tage später allmählich wieder. Aus irgendeinem merkwürdigen Grund dauert es meistens drei Tage, bevor die Erregung wieder abflaut.

Aber bei dieser einen magischen Gelegenheit begriff ich, was ablief, und konnte den Prozess stoppen.

Ich trat einen Schritt zurück und sah zum ersten Mal das Muster. Ich ging in einen anderen Bewusstseinszustand über, als würde ich uns beide aus einiger Entfernung beobachten. Die geistig klare Seite in mir fragte sich, warum lasse ich mich auf solch ein Muster ein? Warum wiederhole ich bei all den Erfahrungen, die ich als Mensch machen könnte, immer wieder das gleiche Spiel: lügen und angelogen werden, kritisieren und kritisiert werden, Vorwürfe machen, angeklagt werden und mich als Opfer hinstellen?

Und dann, in einem Schwall ekstatischer Erkenntnis, bekam ich die Antwort. All das geschah immer wieder, weil ich kritisiert werden *wollte*, betrogen werden *wollte*, mich streiten und lügen *wollte*. All das wollte ich mehr, als meiner Partnerin nahe zu sein.

In dem Augenblick, als mir das klar wurde, spürte ich eine inneren Veränderung. Eine andere Seite in mir fragte: Warum solltest du diese Form von Schmerz wollen?

Die vernünftige Seite in mir antwortete darauf sofort: Weil ich in dieses Drama vom Augenblick meiner Geburt an verwickelt war! Das Drama meiner Empfängnis beruhte darauf, dass mein Vater meine Mutter betrog und sie sich schämte, wütend war und es hasste, schwanger zu sein. In gewisser Weise ruinierte ich mit meiner Existenz das Leben meiner Mutter, und ich glaube nicht, dass sie sich selbst, meinem Vater und damit auch mir jemals verziehen hat, dass wir sie in ein solches Chaos gestürzt hatten. Sämtliche Elemente des Dramas waren vorhanden, als ich die Bühne betrat. Noch bevor ich selbst denken (und laufen konnte), hatte mich dieses Drama bereits durch und durch geprägt.

Die schlechte Nachricht: Das gilt auch für Sie.

Und die gute Nachricht: Es gibt einen leichten Ausweg.

Ich denke, Ihnen ist inzwischen klar, warum ich Ihnen das alles erzähle. Weil ich Ihnen eine Menge Schwierigkeiten ersparen möchte. Sie müssen sich eingestehen, dass Sie sich mit Leib und Seele für die Beziehungsdramen in Ihrem Leben entschieden haben, aber *nicht*, weil Sie sie jemals bewusst gewollt hätten. Ihr Beziehungsdrama beruht ebenso wie meines auf einer unbewussten Entscheidung, die Sie und ich trafen, um zu bekommen, was wir dringend brauchten: die Garantie, dass sich jemand um uns kümmert. Sie atmeten das Drama mit der Luft ein, die Sie umgab.

Niemand von uns hat auch nur die geringste Aussicht auf eine gesunde Beziehung, wenn wir uns nicht *bewusst* dafür entscheiden. Und jetzt die wirklich gute Nachricht: Diese Entscheidung – eine wirklich aufrichtige, die Seele wandelnde Entscheidung – erfordert keinerlei Anstrengung. Wenn Sie sie erst einmal getroffen haben, müssen Sie bestimmte Dinge lernen und bestimmte Schritte unternehmen, aber die eigentliche Entscheidung, sich auf etwas Neues einzulassen, treffen Sie innerlich völlig mühelos.

Also, wie ist es? Versprechen Sie sich mit Leib und Seele, die Wellen von Bewusstheit und Liebe zu leben, die Ihr Leben immer reicher werden lassen? Oder wollen Sie weiterhin dem Drama verpflichtet bleiben, in dem Sie mitspielen, seit Sie den ersten Atemzug getan haben?

Es ist so einfach.

Entscheiden Sie sich jetzt für das eine oder das andere.

Ergänzen Sie den folgenden Satz:

Ich, ..., entscheide mich dafür, mein Leben immer liebevoller und bewusster zu leben.

Oder:

Ich, ..., entscheide mich dafür, das schmerzliche Drama fortzusetzen, in dem ich schon die längste Zeit meines Lebens mitspiele.

Wenn Sie sich für das Erste entschieden haben, sind Sie bereit weiterzugehen – und zwar schnell. Haben Sie die zweite Entscheidung getroffen, können Sie es später noch einmal versuchen.

Das zweite Geheimnis

Wir leben in einer dreidimensionalen Welt und möglicherweise existieren noch viele weitere Dimensionen, die wir bislang noch nicht erfasst haben. Wir wissen lediglich mit Sicherheit, dass wir in mindestens drei Dimensionen leben.

Sie wissen, dass Sie eine bestimmte Größe, Breite und Tiefe haben. Vielleicht sind Sie 1,52 Meter groß und 61 Zentimeter breit oder 1,83 Meter groß und 41 Zentimeter breit. Was den Aufbau einer bewussten Beziehung betrifft, so ist es egal, wie groß oder breit Sie sind, aber es kommt sehr darauf an, welche Tiefe Sie haben. Wenn Sie Tiefe besitzen (oder Präsenz, Geist oder wie immer Sie es nennen wollen), können Sie ein wunderbares Leben führen. Wenn Sie keine Tiefe besitzen, können Sie die perfekte Größe und Breite haben und trotzdem unglücklich sein.

Sobald Sie aufbrechen, um eine bewusste, liebevolle Beziehung in Ihr Leben zu bringen, müssen Sie über Tiefe nachdenken – Ihre eigene Tiefe und die Tiefe des Menschen, mit dem Sie Ihr Leben teilen möchten.

Für mich gilt, je tiefer, desto besser. Ich liebe Tiefe sowohl an mir als auch an den Menschen, mit denen ich zusammen bin. Meine Frau hat unglaublich viel Tiefe. Das ist auch der Grund dafür, warum das Zusammenleben mit ihr jedes Jahr noch schöner wird und ihre Freunde und ich sie immer mehr schätzen. Sie fühlt tief, sie schaut tief in andere Menschen hinein, sie berührt ein Salatblatt mit der gleichen Tiefe, mit der sie ein Gedicht schreibt. Ihre Tiefe regt mich an, und ich strebe danach, selbst aus einer solchen inneren Tiefe heraus zu leben und zu lieben.

Tiefe – wirkliche Tiefe – ist für mich wichtig. Welche Tiefe Sie leben wollen, liegt ganz bei Ihnen selbst. Ich möchte Sie jedoch ermuntern, den Aspekt der Tiefe und Intensität nicht zu vernachlässigen, wenn Sie eine bewusste, liebevolle Partnerschaft anstreben.

Größe und Breite sind aber auch wichtig. Wenn Sie kein Übermensch sind, dann haben Sie bestimmte Vorlieben, was Größe, Gewicht und Breite betrifft. Ich zum Beispiel bevorzuge eher mollige Frauen. Meine Frau könnte als Bauchtänzerin auftreten, würde aber als Model auf dem Laufsteg keinerlei Beifall ernten. Und für mich ist das völlig in Ordnung. Bevor ich Kathlyn kennen lernte, hatte ich einige schöne – und sogar leidenschaftliche – Beziehungen mit Frauen, die wie Fotomodelle aussahen, aber ich war immer wegen ihrer Tiefe, nie wegen ihrer Körpermaße mit ihnen zusammen. Als ich schließlich meine Seelenpartnerin traf – mit ihrem unglaublichen Herzen und ihrem erstaunlichen Geist in einem üppig geformten Körper –, glaubte ich fast, ich sei gestorben und im Himmel gelandet. Und zwei Jahrzehnte später empfinde ich immer noch so. Ich kann mein Glück kaum fassen, und um mich körperlich und seelisch zu erregen, muss sie lediglich das Zimmer betreten.

Aber diese Überlegungen zu Größe und Gewicht sind Ihre persönliche Angelegenheit. Wenn Sie jemanden möchten, der Modell stehen könnte für ein Poster für Magersüchtige, gut so. Wenn Sie Muskeln lieben, die sich in einem Maßanzug wölben, wunderbar. Und wenn Sie sich einen knochendürren Calvin-Klon mit missmutigem Schmollmund und einem tätowierten Eckzahn wünschen, gebe ich Ihnen auch dafür meinen Segen. Ich bitte Sie lediglich, sich über Tiefe Gedanken zu machen.

Wenn Sie also Ihr Bild der Person entwerfen, mit der Sie zusammen sein möchten, sollten Sie sich ein paar Minuten Zeit nehmen, um darüber nachzudenken, dass wir nach Dwight Moody im Dunkeln nur noch unser Charakter sind. Wenn die Lichter ausgehen und die Bauchtänzerin, die Magersüchtige und die gewölbten Muskeln dem Blick verborgen sind, dann sind Sie und die Person, die Ihnen nahe ist, nur noch Tiefe. Wie viel inneres Licht scheint noch, wenn Sie da in der Stille stehen und alle Lampen im Raum verloschen sind?

Das ist eine sehr wichtige Frage, denn eines Tages werden die Muskeln erschlaffen, wird die Tätowierung verblassen und die Bauchtänzerin ihre Formen verlieren. Dann wird Tiefe unglaublich wichtig. Die unglücklichsten Menschen, die ich kenne, sind die ohne reiches Innenleben und ohne ein Gefühl von lebendiger Verbundenheit mit anderen, das sie trägt, wenn sie älter werden.

Gut, Sie sehen, worauf ich hinauswill.

Und jetzt zu den Einzelheiten:

Wie sehen Ihre absoluten Jas und Neins aus?

Welche drei Dinge sind für Sie bei einer Partnerin oder einem Partner ein absolutes Muss? Welche drei Dinge möchten Sie täglich und in jedem Augenblick Ihres Lebens feiern? Stellen Sie sich vor, morgens aufzuwachen und etwas mit einem lauten, freudigen »Ja!« zu feiern. Was wäre das? Ich feiere mit diesem »Ja!« die Aussicht, einen weiteren Tag in einer Beziehung leben zu dürfen, die voller Aufrichtigkeit, Integrität und Kreativität ist!

Was finden Sie so großartig, dass Sie es beim Aufwachen täglich aufs Neue feiern würden?

Jetzt zu Ihren Neins. Mit welchen drei Dingen wollen Sie sich absolut nicht abfinden? Welche drei Dinge würden Sie beim Aufwachen täglich neu zum Feiern veranlassen, wenn Sie sie erfolgreich aus Ihrer Beziehung verbannt haben? Ich feiere, dass ich das Bedürfnis überwunden habe, Süchtige vor ihrem Schicksal zu retten. Das klappt sowieso nicht. Diese Menschen haben nie zu mir gesagt: »Wegen dir habe ich beschlossen, keinen Alkohol und keine Drogen mehr anzurühren.« Tatsächlich haben sie mich meistens nur Zeit und Kraft gekostet (und gelegentlich auch noch andere Dinge), meine Autos zu Schrott gefahren, Versprechen gebrochen und sich mit mir verschworen, um aus meinem Leben das endlose Melodrama einer 24 Stunden am Tag laufenden Seifenoper mit dem Titel »Dauerbauchschmerz« zu machen.

Jetzt kann ich beim Aufwachen jeden Tag neu feiern, dass ich diesen Sender erfolgreich abgestellt und sei 20 Jahren nicht wieder angeschaltet habe. Jawohl!

Ich möchten wissen, was Sie in Ihrem Leben so sehr ablehnen, dass Sie seine erfolgreiche Verbannung beim Aufwachen täglich feiern würden.

Lassen Sie mich Ihnen, während Sie nachdenken, von meinen eigenen absoluten Jas und Neins erzählen.

Nochmals Rückblende zu jenem schicksalhaften Augenblick im Jahre 1979. Ich erkannte, dass das absolut Wichtigste für mich Ehrlichkeit war. Ich wollte keine Minute meines Lebens mehr damit verbringen, Dinge vor mir selbst oder anderen zu verbergen.

Und ich wollte nicht eine einzige Minute mehr mit einem Menschen zusammenleben, der etwas vor mir verbarg.

Ich wollte dafür sorgen, dass ich kein einziges Gespräch mehr führte, das wie folgt verlief:

Ich: »Was ist los? Du wirkst durcheinander.«
Die andere Person: »Nein, mir geht's gut.« (Drei Stunden später kommt dann heraus, was diesen Menschen die ganze Zeit geärgert hat.)

Solche Gespräche spielten sich mit zahlreichen Mitgliedern meiner Ursprungsfamilie in Hunderten von Situationen ab. Ich muss das Bedürfnis danach so gründlich verinnerlicht haben, dass ich diese Form des Austauschs mit den Frauen in meinem Erwachsenenleben fortgesetzt habe.

Ich wusste, ich musste mich so eindeutig für Ehrlichkeit entscheiden, dass ein Energiefeld um mich herum entstand, das unehrliche Menschen von mir fern hielt und nur die an mich heranließ, die aufrichtig waren.

Und das tat ich. Ich sagte zum Universum: »Ich entscheide mich für die Beziehung mit einer Frau, die absolut ehrlich ist. Ich verspreche mir, völlig aufrichtig mit mir und anderen zu sein und nur noch ehrliche Leute in mein Leben einzuladen.« Das war mein erstes absolutes Ja.

Ihr erstes absolutes Ja sollte dem gelten, was für Sie in einer Beziehung am wichtigsten ist. Und das fängt bei der Beziehung zu Ihnen selbst an. Mir war klar, dass ich, wenn ich mir selbst gegenüber völlig ehrlich war, daraus Stärke für meine Suche nach einer aufrichtigen Beziehung gewinnen und diese bekräftigen würde.

Es ist entscheidend, dass Ihr absolutes Ja etwas ist, das Ihnen selbst genauso wichtig ist wie als Geschenk von anderen. Wenn Ihr absolutes Ja beispielsweise Schönheit ist, müssen Sie sicher sein, dass Sie mit der Schönheit in Ihnen selbst in Kontakt sind. Sie können nicht etwas von anderen verlangen, das Sie sich nicht schon selbst gegeben haben.

Mein zweites absolutes Ja lautete: »Ich entscheide mich für eine Beziehung zu einer Frau, die für ihr Leben, ihre Gefühle und ihre Erfahrungen die ganze Verantwortung übernimmt. Ich verspreche mir, totale Verantwortung für mein eigenes Leben, meine Gefühle und meine Erfahrungen zu übernehmen.«

Mein drittes absolutes Ja: »Ich entscheide mich für eine Beziehung mit einer Frau, die ihren eigenen kreativen Weg geht, der mit meinem Weg harmoniert.«

Dieses Versprechen war für mich deswegen wichtig, weil ich in früheren Beziehungen immer wieder mit Problemen zu kämpfen hatte, da meine Partnerinnen eifersüchtig auf mein Engagement für meinen kreativen Weg waren. Mein erste Frau las zum Beispiel keine Bücher und kritisierte mich oft, weil ich so viel Zeit mit Lesen verbrachte. In meinem Leben ist die Kombination sitzen und lesen jedoch kein Luxus, sondern grundlegend für mein Wohlbefinden. Eine weitere Freundin war neidisch auf den Erfolg meines ersten Buches. Nachdem ich mich zunächst als Opfer ihrer Gefühle empfand, wachte ich schließlich auf und übernahm die Verantwortung für diese Reaktion: Mir wurde klar, dass ich, wenn ich 100-prozentig zu meiner eigenen Kreativität stand, keinen Widerstand dagegen leisten würde. Äußere Hindernisse waren lediglich ein Zeichen für meine eigene innere Weigerung, ganz zu meiner Kreativität zu stehen.

Jetzt zu meinen absoluten Neins.

Ich sagte Nein dazu, jemals wieder eine Beziehung mit einem Menschen einzugehen, der an einer akuten Sucht litt. Mit Menschen, die regelmäßig Tabak, Alkohol oder andere Drogen konsumieren, wollte ich keine enge Beziehung mehr haben. Meine Mutter war an ihrer Sucht gestorben und ihr Suchtverhalten hatte mir eine chaotische Kindheit beschert. Aufgrund dieser Prägung hatte ich eine Alkoholikerin geheiratet. Nachdem ich mich vier Jahre später in einem äußerst schmerzlichen Prozess von ihr hatte scheiden lassen, ließ ich mich auf eine Beziehung mit einer Frau ein, die süchtig nach Tabak, Alkohol und Valium war.

Mein zweites absolutes Nein galt der Beziehung zu einem Menschen, der mir ständig Vorwürfe machte. Auf der Grundlage ihrer Erfahrungen mit Tausenden von Familien hat die begnadete Therapeutin Virginia Satir Menschen in fünf Gruppen eingeteilt: Ausgeglichene, Ankläger, Beschwichtigende, Übermäßig Rationale und Irrelevante.

Ausgeglichene sagen Ihnen direkt, was mit ihnen los ist, und hören Ihnen einfühlsam zu. Das Zusammensein mit ihnen ist leicht, denn sie wissen, dass die natürliche Liebe und Güte von Menschen zum Vorschein kommen, wenn sie sich auf der gleichen Ebene miteinander austauschen. Sie wissen, dass es im Leben darum geht, eine gute Zeit zu haben und auch anderen dazu zu verhelfen. In jedem Augenblick stehen sie vor der gleichen Entscheidung wie alle anderen Menschen auch: zu lieben oder Dramen zu inszenieren, die auf Angst beruhen. Sie entscheiden sich für die Liebe.

Ankläger glauben, Sie seien verantwortlich für ihren Schmerz, und übernehmen keinerlei Verantwortung für die Verletzungen, die sie Ihnen zufügen. Sie glauben, wer die meisten Fehler findet, gewinnt. Sie können nicht gewinnen, wenn Sie mit einem Ankläger zu tun haben, und deswegen ist das Zusammensein mit ihnen eine Qual.

Die Beschwichtigenden versuchen ständig, Ihnen nach dem Mund zu reden, aber ihr Bedürfnis, bei jedem anzukommen, beruht auf Angst. Sie haben Angst vor Ablehnung, deswegen tun sie alles, um sich beliebt zu machen. Meistens begehen sie Selbstverrat, um sich bei anderen einzuschmeicheln, und dann hegen sie aufgrund dieser Selbstverleugnung tiefen Groll. Sie sind die Chamäleons in der Beziehungswelt: Man kann nie wissen, welches ihre wirkliche Farbe ist, und sie selbst wissen es auch nicht.

Übermäßig Rationale sind von ihren Gefühlen abgeschnitten und glauben, dass kühle Logik der einzig mögliche Weg sei. Sie rümpfen die Nase über Emotionen, sind überzeugt, immer Recht zu haben, und verbringen viel Zeit damit, auch Sie davon überzeugen zu wollen. Sie glauben, wer sich am meisten zusammennehmen kann, gewinnt. Das Zusammensein mit ihnen ist unerträglich.

Die Irrelevanten wechseln ständig das Thema und bringen alles in Aufruhr. Wenn sie nicht gewinnen können, verderben sie das Spiel gern, damit auch kein anderer Sieger wird. Sie glauben, wer das größte Drama inszeniert, gewinnt, ganz gleich, wer dabei verliert. Das Zusammensein mit ihnen ist eine Qual.

Manche Menschen kombinieren Eigenschaften von zwei oder mehr der beschriebenen Typen.

Als ich 1979 mit 34 Jahren auf dem Fußboden saß und die Liebesbeziehungen durchging, die ich als Erwachsener geführt hatte, kam ich auf folgende Sammlung:

        3 Anklägerinnen
        1 Übermäßig Rationale
        1 Irrelevante
        2 Kombinationen
        1 Ausgeglichene

Zu meinem Bedauern (doch ihr muss man es hoch anrechnen) hat die eine ausgeglichene Person mit mir einige frustrierende Jahre verbracht und mich dann wie eine heiße Kartoffel fallen lassen.

Meine Sammlung machte deutlich, dass ich die schlechte Angewohnheit hatte, Anklägerinnen anzuziehen. Ich beschloss, Nein dazu zu sagen. Ich beschloss, absolut wachsam dafür zu sein, ob sich Anklägerinnen in mein Leben schlichen.

Mein drittes absolutes Nein richtete sich gegen Beziehungen mit Drückebergern. Drückeberger sind Menschen, die ihren Anteil ungern übernehmen, ganz gleich, um was es geht. Ich hatte auf schmerzlichem Wege gelernt, dass praktisch jeder Mensch eines von zwei T-Shirts mit verschiedenen Sprüchen trägt. Auf dem einen steht: »Was kann ich bekommen?«, und auf dem anderen: »Wie kann ich helfen?« Früher habe ich in meinem Leben Menschen angezogen, die immer nur haben wollten. Ich verschwendete dann meine Energie mit Klagen darüber, dass ich die Arbeit allein erledigen musste. Aber wer war der Narr, der solche Menschen immer wieder anzog? Nun, hm, ähm, das war ich.

Nachdem Sie Ihre absoluten Jas und Neins formuliert haben, müssen Sie Ihre Vorlieben in Worte fassen. Hier geben Sie Ihre Bestellung für eine Bauchtänzerin auf, statt sich ein armes, kleines Ding einzuhandeln. Zuerst jedoch müssen Sie sich im Klaren darüber sein, wie Ihre absoluten Jas und Neins aussehen.

Schreiten Sie gleich zur Tat. Das sollte nicht länger als zehn Minuten dauern. Wenn Sie länger brauchen, halten Sie sich wahrscheinlich selbst zum Narren oder weichen den Fragen aus.

Atmen Sie tief durch und fassen Sie den Mut, sich zu fragen: Wie lautet mein erstes absolutes Ja? Was ist das absolut Wichtigste, was ich in einer Beziehung brauche? Was möchte ich in jedem Augenblick des Tages feiern?

Schreiben Sie es auf.

Das Wichtigste, was ich mir von einer Beziehung wünsche und in ihr feiern möchte, ist ...

Was ist Ihr zweites absolutes Ja?

Das Zweitwichtigste, was ich mir von einer Beziehung wünsche und in ihr feiern möchte, ist ...

Das Drittwichtigste, was ich mir von einer Beziehung wünsche und in ihr feiern möchte, ist ...

Lassen Sie uns jetzt an Ihren absoluten Neins arbeiten.

Das Wichtigste, das ich verspreche, nie wieder in mein Leben zu lassen, ist ...

Das Zweitwichtigste, das ich verspreche, nie wieder in mein Leben zu lassen, ist ...

Das Drittwichtigste, das ich verspreche, nie wieder in mein Leben zu lassen, ist ...

Lassen Sie jetzt ein paar Vorlieben in den Äther entschweben. Was empfinden Sie als anregend? Wenn Sie die sprichwörtlichen drei Wünsche offen hätten, was würden Sie wählen?

Stellen Sie sich das Universum als großen, lächelnden Kellner vor, der nur darauf wartet, Ihre Bestellung entgegenzunehmen. Und jetzt bestellen Sie.

Sagen Sie dem Universum genau, was Sie gerne hätten.

Als mich vor einer Weile in einem Restaurant in Manhattan der Kellner fragte, was ich gern frühstücken möchte, sagte ich: »Blaubeerpfannkuchen. Und können Sie den Koch bitten, sie mit Liebe zuzubereiten?«

Für den Bruchteil einer Sekunde zeigte sich auf seinem Gesicht blankes Erstaunen, aber dann brach er in Lachen aus. »Ich denke, das wird möglich sein«, sagte er.

Als meine Pfannkuchen kamen, hatte der Chefkoch mit Blaubeersirup darauf geschrieben: »Mit Liebe, Andre«.

Wenn wir nicht um das bitten, was wir haben wollen, hat das Universum keine Chance, es uns zu geben. Schulden wir dem Universum nicht als Dank für die großartige Gabe dieses Lebens das Geschenk, es wissen zu lassen, wie es uns Freude bereiten kann?

Es ist in Ordnung, sich zu freuen. Es ist großartig, anderen Freude zu bereiten.

Lehnen Sie sich einen Augenblick zurück und lassen Sie uns gemeinsam fragen: Was macht Ihnen Freude?

Das dritte Geheimnis

Ich nehme den Kernsatz gleich vorweg: Das größte Hindernis für wunderbare, beständige Beziehungen ist, dass wir bestimmte Seiten von uns selbst nicht lieben. Bestimmte Dinge in uns schließen wir von unserer Liebe aus und wir suchen verzweifelt nach einem Menschen, der unsere ungeliebten Aspekte durch seine Liebe zu uns zum Verschwinden bringen soll. Das wird nie passieren. Nur ein Augenblick bedingungsloser Selbstliebe kann dieses Wunder bewirken.

Auch wenn die meisten von uns ihr Leben lang vor diesem ungeliebten Teil in sich davonlaufen, entdecken wir schließlich, wenn wir uns damit konfrontieren, dass es um Angst geht; und jede Angst ist letztlich ein Rumoren unangenehmer Empfindungen in der Magengegend. Wie wir im vorangegangenen Kapitel »Selbstachtung entwickeln« gesehen haben, ist Angst vor allem Aufregung ohne Atem. Atmen Sie in die Angst hinein, und die Schmetterlinge flattern aus ihrem Versteck hervor und fliegen davon.

Wenn wir dieser Angst Liebe entgegenbringen – sie braucht nicht mehr als den Bruchteil einer Sekunde von Liebe –, verschwindet sie und wir erschließen uns einen weiten Raum für wunderbare Beziehungen in unserem Leben.

Solange wir diesem verängstigten Teil in uns nicht den Bruchteil einer Sekunde von Liebe schenken, kommen wir nicht in den Genuss erfüllter Beziehungen. Der Grund: Die Angst bewirkt, dass wir genau das in uns verdrängen, was am meisten Liebe braucht. Und dann wollen wir diesen Mangel beheben, indem wir versuchen, andere Menschen zu bewegen, uns zu lieben. Der Versuch, die Liebe eines anderen Menschen zu gewinnen – obwohl wir uns selbst nicht für liebenswert halten –, gleicht dem des Hundes, der seinem eigenen Schwanz nachjagt. Je mehr Liebe andere uns entgegenbringen, desto schneller rennen wir davon.

Halten Sie jetzt einen Augenblick inne und schenken Sie der Seite in sich Liebe, die zu lieben Ihnen am schwersten fällt.

Vielleicht ist es die Angst vor dem Alleinsein.

Oder die Angst, nie geliebt zu werden, weil Sie Ihr Gesicht nicht schön finden.

Vielleicht fällt es Ihnen am schwersten, ein früheres Verhalten zu lieben.

Es gibt immer Seiten, die wir bislang nicht geliebt haben, und die attraktivsten der »schönen Menschen«, mit denen ich gearbeitet habe, lehnen mehr Seiten an sich ab als der Durchschnittsmensch auf der Straße. Sie stehen also damit nicht allein da.

Mir fiel am schwersten, die tiefe Angst in mir zu lieben, die von Ärger und Kummer begleitet war. Nachdem ich mich eine Weile unerbittlich selbst erforscht hatte, entdeckte ich, dass diese Angst vor dem Verlassenwerden jedes destruktive Programm steuerte, das mein Verhalten beherrschte, von Fressanfällen bis zur Abkehr von Menschen, die mich lieben wollten. Aufgrund der Erfahrungen in meinem ersten Lebensjahr hatte ich Angst, verlassen zu werden und sterben zu müssen, und diese Angst zog eine ganze Reihe weiterer Probleme nach sich.

Das größte Problem waren meine Essstörung und meine Neigung, mich von Menschen, die mich liebten, abzuwenden. Ich aß, um meine Gefühle zu betäuben, und so wog ich, wie Sie wissen, mit Anfang 20 fast 140 Kilo. Ich wies auch Leute ab, die mir helfen wollten; später entdeckte ich, dass ich sie paradoxerweise vertrieb, damit sie mich nicht verließen. Wenn ich mich von ihnen abwandte, so mein verrücktes Denken, konnten sie mich nicht verlassen.

Ein dicker Mensch, der die Liebe von sich wies! Nicht gerade der Spruch, den ich gern auf meinem Grabstein lesen würde. Also schrieb ich das Drehbuch für mein Leben radikal um. Ich machte eine Diät, die hauptsächlich aus Obst und Gemüse bestand, nahm 45 Kilo ab und fühlte mich fantastisch. Die andere Diät, die ich mir verordnete, war viel schwerer einzuhalten: Ich hörte auf, die Liebe abzulehnen, die mir entgegengebracht wurde. Ich nahm Hilfe an. Ich teilte Menschen meine Gefühle mit. Ich hörte auf, so zu tun, als wüsste ich alles. Und wie von Zauberhand eröffnete sich mir eine Welt voller Liebe. Schon bald war ich von Liebe umgeben, eingebettet in Liebe. Sie war die ganze Zeit da gewesen, darauf wartend, dass ich meine inneren Einstellungen änderte und sie hereinließ.

Und ich möchte, dass auch Sie das jetzt tun.

Nehmen Sie einen tiefen Atemzug und stellen Sie sich vor, sich mit Liebe zu füllen. Lieben Sie sich zutiefst für all das, was Sie an sich nicht liebenswert finden.

Denken Sie nicht darüber nach – es ist undenkbar.

Lieben Sie einfach. Ich weiß, Ihr Denken will nicht, dass Sie tun, was ich Ihnen vorschlage. Wenn Sie sich selbst nicht lieben, kann Ihr Ego noch einen Tag länger die Kontrolle behalten. Ihr Ego verspeist die Seiten, die Sie an sich nicht lieben, jeden Morgen genüsslich zum Frühstück und bläht sich mit jedem selbstkritischen Gedanken, den Sie durch Ihren Verstand jagen, schadenfroh auf.

Denken Sie also nicht darüber nach. Springen Sie hinaus in die Freiheit des Unbekannten und lieben Sie sich innigst. Lieben Sie sich dafür, dass Sie nicht genau wissen, wie Sie sich selbst lieben sollen.

Und kehren Sie immer wieder zur Liebe zurück. Sie ist das große Sicherheitsnetz des Universums.

Handeln

Machen Sie nun einen Schritt in Richtung Veränderung. Schlüpfen Sie aus Ihrem Ego – es passte Ihnen sowieso nie wirklich – und erstehen Sie im Gewand Ihrer Geburt wieder auf. Erleben Sie eine Wiedergeburt, indem Sie aufschreiben, was Sie an sich nur schwer lieben können. Schreiben Sie alles auf, was Ihnen in den Sinn kommt.

...

Wenn Sie fertig sind, gehen Sie Ihre Liste durch und lieben Sie all das an sich, was Sie aufgeschrieben haben. Wenden Sie sich jeder dieser Seiten oder Eigenschaften eine Weile mit liebevoller Akzeptanz zu. Lieben Sie all das an sich von ganzem Herzen, damit Sie niemanden anders mehr brauchen, der diese Seiten an Ihnen liebt.

Erinnern Sie sich noch an den Kernsatz, den ich Ihnen weiter oben verriet? Lassen Sie mich diesen Gedanken noch einmal etwas anders formulieren. Wenn Sie sich selbst keine Liebe entgegenbringen, werden Sie immer nach jemandem Ausschau halten, der Ihnen Liebe gibt. Und Sie werden diesen Jemand nicht finden, denn Menschen, die sich selbst nicht lieben, ziehen immer nur Menschen an, die ebenfalls keine Selbstliebe empfinden.

Wenn Sie sich selbst für alles, was Sie sind und nicht sind, zutiefst und bedingungslos lieben, ziehen Sie Menschen an, die sich ebenfalls selbst lieben. Dann sind Ihre Beziehungen Partnerschaften auf dem Pfad der Liebe, ein wahrer Spielplatz unbegrenzter Möglichkeiten.

Ich betrachte das Leben und die Liebe gern als großen Spielplatz. Für mich ist das Leben am besten, wenn ich es spielerisch lebe. Ich bin sicher, dass viele Menschen diese Vorstellung nicht teilen, aber ich fühle mich gut damit, denn ich habe es bestimmt besser als sie! Diane Ackerman führt in einem wunderbaren Buch mit dem Titel *Deep Play* aus, wie die ganze Menschheit sich durch Spiel entwickelt hat. Gedanken hallen in unserem Geist spielerisch wider; ich drehe und wende diese Worte spielerisch, bis sie sich so geformt haben, wie ich es will. Ich blicke von den Worten auf und beobachte zwei Eichhörnchen, die auf meinem Rasen Fangen spielen, vertieft in ein verrücktes Tun, das seinen eigenen Regeln folgt. Die ganze Tonleiter unseres Lebens wird bestimmt durch Spiel. Stellen wir uns also das großartige Spiel bewusster Liebe als das Beste vor, das wir auf dem besten aller Spielplätze spielen können.

Auf dem Spielplatz bewusster Beziehungen kann jeder mitspielen, gewinnen und den Preis davontragen. Sie müssen sich lediglich an die Spielregeln halten, und die guten Dinge geschehen von selbst. Die Regeln sind einfach und beruhen auf den Gesetzen des Universums. Wir haben sie nicht erfunden, sondern übernommen. Vielleicht hat man Ihnen als Kind nichts von ihnen erzählt. Keine Sorge, mir hat man sie auch nicht beigebracht.

Hier sind sie.

Erste Regel: Seien Sie ehrlich

Wenn Sie völlig authentisch und ehrlich mit sich sind, ist das der natürliche Weg, der Welt gut gestimmt zu begegnen. Anderen Menschen die Wahrheit zu sagen heißt, klare Beziehungen zu haben. Wenn Sie unehrlich sind, geraten die Dinge schnell außer Kontrolle. Um zum Fluss der Harmonie zurückzufinden, müssen Sie sich lediglich fragen, ob Sie angefangen haben, sich oder andere zu belügen. Forschen Sie nach, wo die Leitung unterbrochen wurde, und reparieren Sie diese, indem Sie die Wahrheit sagen.

Mit anderen Worten: Wenn Ihr Wagen auf der Autobahn zu schlingern beginnt, sollten Sie überprüfen, welcher Reifen ausgewuchtet werden muss, und die Sache reparieren lassen. Schon bei einem kleinen Fehler kann Ihr Wagen heftig ins Schleudern geraten, vor allem wenn Sie mit großer Geschwindigkeit unterwegs sind.

Wenn Ihr Leben nicht gut läuft, sollten Sie überprüfen, welche simple Wahrheit Sie »vergessen« haben mitzuteilen.

Wenn wir uns die schwierigen Situationen näher anschauen, in die Menschen sich bringen, stellen wir meistens fest, dass bestimmte Wahrheiten nicht ausgesprochen wurden, deren Mitteilung im Allgemeinen nicht länger als zehn Sekunden dauern würde.

Frage: Welche einfache Wahrheit hätte die Integrität von O.J. Simpsons Leben wiederhergestellt?

Antwort: Es dauert keine zehn Sekunden, sie auszusprechen.

Frage: Erinnern Sie sich noch an Richard Nixon? Er leugnete, auch nur irgendetwas von Watergate gewusst zu haben, und wurde schließlich seines Amtes enthoben.

Antwort: Ich wette, wenn er die Zehn-Sekunden-Wahrheit gesagt hätte – »Ja, ich weiß davon, und es ist ein Riesenfehler, daran beteiligt zu sein« –, hätte man ihm, nachdem man ihn eine Weile attackiert hätte, verziehen. Aber er mauerte, wurde überführt und musste sich schließlich wie ein armer Hund davonschleichen.

Und dann George Bush, der sagte: »Ich gebe Ihnen mein Wort – keine neuen Steuern.« Und dann ging er und erhöhte die Steuern. Auf Wiedersehen, George. Dann kommt Bill. Ich meine den Bill, der sagte: »Ich hatte nie Sex mit dieser Frau.« Er setzte nicht nur eine ungeheuerliche Lüge in die Welt, er wurde von seinen Freunden in Hollywood auch noch beraten, dabei die Zähne zusammenzubeißen und mit dem Zeigefinger zu drohen, um die Lüge besser verkaufen zu können. So viel zu Beratungen durch professionelle Lügner.

Ich denke, Sie verstehen, was ich meine.

Kommen wir jetzt zur Sache:

Über welches bestimmte Thema fällt es Ihnen schwer, mit anderen aufrichtig zu sprechen?

...

Und über was noch?

...

Über welches Thema in Ihrem Leben haben Sie bislang nicht die Wahrheit gesagt? Ein Thema, durch das, wenn Sie damit ins Reine kämen, die Integrität Ihres Lebens wiederhergestellt würde?

...

Wir müssen auf dem großen Spielplatz bewusster Beziehungen absolut aufrichtig sein. Wenn Sie nicht die Wahrheit sagen, büßen Sie das Recht auf die große Liebe ein. Lernen Sie sich beim Mitteilen der Wahrheit so wohl zu fühlen wie bei einem Spaziergang an einem sonnenüberfluteten Strand. Ihr ganzes Leben wird zu einem Strandspaziergang an einem wunderschönen Tag, wenn Sie uneingeschränkt die Wahrheit sagen.

Zweite Regel:
Zeigen Sie Ihre Dankbarkeit

Ein dankbares Herz ist etwas Herrliches. Dankbarkeit fühlt sich absolut wunderbar an. Aber wenn Sie Ihre Dankbarkeit nicht laut äußern, können andere sich nicht daran erfreuen. Wenn Sie mit gutem Beispiel vorangehen und Gespräche damit beginnen, dass Sie Ihren Dank aussprechen, erzeugen Sie überall, wo Sie sich befinden, ein positives Energiefeld.

Während Sie mit einer Freundin die Straße entlanggehen, fällt Ihnen vielleicht auf, wie das Sonnenlicht in den frischen Tautropfen glitzert (so ist es mir heute Morgen ergangen). Sprechen Sie aus, was Sie sehen, und sagen Sie: »Ich mag es, wie die Sonne gerade im Tau glitzert.« Mehr braucht es nicht, um sich dem Fluss der Dankbarkeit anzuschließen.

Vielleicht finden die Leute Sie zunächst etwas merkwürdig, aber das ist nur deswegen so, weil sie es nicht gewohnt sind, in einer Welt zu leben, in der Menschen sich die Zeit nehmen, Dinge zu würdigen. Wir müssen diese Welt schaffen. Sonst laufen die Menschen weiter mit hochgezogenen Schultern herum, sich unter dem letzten Schlag krümmend und in Erwartung des nächsten schon duckend. Schaffen wir eine neue Welt, in der Menschen nicht nur kritisieren, was falsch läuft, sondern lobend erwähnen, was gut und richtig ist, eine Welt, in der wir uns ehrlich mitteilen, was wir an uns selbst, unseren Freunden und unserem Leben schätzen.

Schauen Sie sich jetzt einmal um und lassen Sie Ihren Blick auf etwas ruhen, was Sie zu schätzen wissen.

Und ergänzen Sie dann den folgenden Satz entsprechend:

Ich schätze ...

Bleiben Sie im Fluss und nennen Sie Dinge, die Sie sogar noch mehr schätzen:

Was ich am Leben auf dieser Welt am meisten schätze, ist ...

Ich schätze an mir zutiefst, dass ich ...

(Denken Sie an jemanden, der Ihnen sehr nahe steht.) *Ich schätze ... sehr dafür, dass sie/er ...*

Dritte Regel: Zuhören, ohne den anderen zu unterbrechen

Atmen Sie, während Sie Menschen zuhören. Geben Sie dem, was diese sagen, Raum zum Atmen. Wenn der andere gesprochen hat, halten Sie kurz inne, *bevor* Sie Ihre Meinung vertreten. Die Leute mögen es sehr, wenn Sie formlos zusammenfassen, was sie gesagt haben. Ein Freund von mir besuchte einmal eine Party, wo er niemanden kannte. Er beschloss, den Versuch zu unterlassen, auf diese Unbekannten Eindruck zu machen, und den Abend einfach damit zu verbringen, dass er zuhörte und in kurzer

Zusammenfassung wiedergab, was sein Gegenüber sagte. Stundenlang sagte er immer wieder Sätze wie »Wenn ich Sie richtig verstehe, dann haben Sie gesagt, dass ...« und »Lassen Sie mich mal sehen, ob ich verstanden habe, was Sie meinen, nämlich ...«. Am Ende der Party erwähnten mehrere Gäste seiner Frau gegenüber, was für ein bemerkenswerter Mensch er sei. Eine Person sprach von Charisma, während eine andere ihn den redegewandtesten Menschen nannte, dem sie jemals begegnet sei. Kann es sein, dass Charisma und Brillanz ebenso viel mit der Art und Weise zu tun haben, in der wir zuhören, wie mit den Worten, die wir äußern?

Stellen Sie sich eine Welt vor, in der die Leute sich wirklich zuhören, statt nur darauf zu warten, die eigene Meinung loszuwerden.

Lassen wir eine solche Welt Wirklichkeit werden. Wem gehört denn schließlich der Spielplatz?

Schließen Sie Ihre Augen, nehmen Sie ein paar tiefe Atemzüge und fassen Sie kurz zusammen, was Sie in den letzten Minuten gelernt haben.

Vierte Regel: Halten Sie sich an Ihre Vereinbarungen

So können Sie dafür sorgen, dass Ihr Leben unkompliziert verläuft und ständig Wunder passieren: Tun Sie, was Sie sagen. Tun Sie nichts, wovon Sie sagen, Sie würden es nicht tun.

Wenn Sie feststellen, dass Sie ein Versprechen oder eine Vereinbarung nicht halten können, sollten Sie bewusst das Gespräch mit Ihrem Gegenüber suchen und Ihre Absprache mit ihm ändern. Entschuldigen Sie sich für gebrochene Versprechen. Niemand ist vollkommen. Setzen wir uns alle ein für eine Welt, in der wir danach streben, uns tadellos zu verhalten, uns zu entschuldigen, wenn wir das nicht tun, neu Anlauf nehmen und es noch einmal versuchen.

Überdenken Sie einmal die letzten Tage:

Ein Beispiel für mein tadelloses Verhalten – einhalten, was ich versprochen habe – ist ...

Ein Beispiel für mein nicht tadelloses Verhalten – nicht tun, was ich versprochen habe, oder etwas tun, was ich erklärtermaßen nicht tun wollte – ist ...

Eine Person, bei der ich mich entschuldigen muss, ist ...

So sehen die Spielregeln aus. Nach 30 Jahren Arbeit mit Menschen und den 20 Jahren, die ich jetzt mit Kathlyn in einer liebevollen, bewussten Beziehung lebe, kann ich Ihnen aufgrund eigener schmerzlicher Erfahrungen sagen, dass Sie jede Chance auf eine bewusste Beziehung verspielen, wenn Sie sich nicht daran halten. Weil für bewusste Beziehungen die gleichen Regeln gelten wie für den Lauf des Universums, werden Sie bei Verstößen gegen diese Regeln auch dann Probleme bekommen, wenn Sie nicht in einer engen Beziehung leben. Das mag hart klingen, aber mir ist wichtig, dass meine Freunde das wissen.

Wenn Sie diese Regeln befolgen, werden Sie jedoch die beste Zeit haben, die auf unserem wunderbaren Planeten möglich ist. Ein körperliches Wohlgefühl durchströmt Sie, Sie fühlen sich mit den liebevollen Menschen, die Sie umgeben, verbunden und haben einen direkten Draht zu den kreativen Kräften des Universums.

Welch guter Tausch!

Kommen wir jetzt zu den praktischen Details. Wie gehen Sie vor, um Ihre Beziehung auf einer täglichen Basis bewusst zu gestalten?

Machen Sie es *jetzt* wahr!

Treffen Sie schnell eine Entscheidung: Wollen Sie jetzt eine bewusste Beziehung schaffen? Oder möchten Sie bis später warten? Für mich ist beides in Ordnung. Ich habe die Entscheidung 34 Jahre aufgeschoben.

Wählen Sie eine dieser beiden Möglichkeiten.

Wenn Sie sich für *Jetzt!* entschieden haben, lesen Sie weiter.

Wenn Sie beschlossen haben, noch zu warten, können Sie diese Lektion verschieben, bis Sie bereit sind für das Jetzt!

Gut, wenn Sie immer noch lesen, gehe ich davon aus, dass Sie das Jetzt! gewählt haben. Von nun an werde ich Sie als Jetzt!-Menschen bezeichnen.

Von nun an möchte ich, dass Sie voll mitspielen.

Vor einer Weile ging ich an einem Basketballspielfeld vorbei und sah einen Haufen Jungens, die in Rollstühlen herumkurvten und ein tadelloses Spiel absolvierten. Sie schwitzten, brüllten, feierten sich und hatten viel Spaß miteinander. In der Nähe lagen einige Jugendliche auf dem Rasen, pafften Zigaretten, futterten Popcorn und machten abfällige Bemerkungen über die Basketballspieler.

Ich blieb stehen, um mir das näher anzuschauen. Hier, dachte ich, sehe ich die Essenz dessen, was ich an Menschen am meisten und am wenigsten mag, mich selbst eingeschlossen.

Ich liebe es, eine Gruppe Menschen zu sehen, die in Rollstühlen über ein Spielfeld kurvt, all ihre Kräfte zum

Einsatz bringt und bis an ihre Grenzen geht. Ich hasse es, wenn Menschen mit gesunden Beinen auf ihrem Hintern sitzen, mit der Gabe der Sprache gesegnet sind und diese mit dummen Kommentaren vergeuden.

Jetzt!-Menschen nehmen, was ihnen gegeben ist, und schaffen sich ein aufregendes, wunderbares Leben, indem sie sich von ganzem Herzen für das, was sie tun, entscheiden.

Jetzt!-Menschen spielen voll mit.

Jetzt!-Menschen haben Ziele, und ich möchte, dass Sie alles geben, um Ihre gewählten Ziele zu erreichen. Jeder Mensch hat Ziele. Und auch, wenn wir nichts weiter vorhaben, als Luft durch die Nase einzuatmen, Nahrung durch die obere Öffnung unserer Speiseröhre zu schieben und sie am unteren Ende wieder herauszulassen, so sind das doch Ziele.

Jetzt!-Menschen haben ihre Ziele sorgfältig gewählt.

Menschen mit bewussten Zielen haben mehr Sexappeal. Paare mit bewussten Zielen sind glücklicher. Es ist in Ordnung, finanzielle Ziele, spirituelle Ziele oder welche Ziele auch immer zu haben. Es ist auch in Ordnung, nicht ständig Ziele zu haben. Manchmal schalte ich gern ab, hänge herum, trödle vor mich hin und habe für eine Weile keinerlei Ziel. Man könnte sagen, ich lege großen Wert darauf, von Zeit zu Zeit überhaupt keine Werte zu produzieren.

Sie haben sich dafür entschieden, ein Jetzt!-Mensch zu sein, und Sie haben sich für das Ziel einer bewussten Beziehung entschieden. Ich möchte, dass Sie eine Woche lang täglich Folgendes tun, um zu zeigen, dass Sie es ernst meinen.

Ich möchte, dass Sie in der Zeit, in der Sie nicht schlafen, stündlich drei Dinge tun, die alle nicht länger als zehn Sekunden dauern. Hängen Sie Merkzettel auf, um sich an diese Dinge zu erinnern. Tun Sie sie eine Woche lang, und

Sie verbreiten eine solche Magie um sich, dass Sie – das garantiere ich Ihnen – kaum glauben können, welche Kräfte Sie entfalten.

Jeder dieser drei Zehn-Sekunden-Schritte ist so einfach, dass Sie sich später, wenn Sie darauf zurückschauen, fragen werden: »Wie konnte etwas so Einfaches meine Beziehungen so rasch verändern?« Der Grund dafür ist, dass jeder dieser Schritte, obwohl einfach, absolut fantastisch ist.

Der erste Zehn-Sekunden-Schritt

Als Erstes möchte ich Sie bitten, sich stündlich einen positiven Gedanken durch den Kopf gehen zu lassen. Denken Sie jede Stunde: »Überall, wo ich bin, genieße ich bewusste, liebevolle Beziehungen.«

Beachten Sie, dass der Satz im Präsens formuliert ist. Sie sind ein Jetzt!-Mensch, also sagen Sie, dass Sie diese Art Beziehung *jetzt* genießen.

Sagen Sie diese Worte sofort ein paarmal für sich. Bekommen Sie ein Gespür für sie. Genießen Sie das Gefühl, das Ihnen dieser Satz vermittelt.

Ganz gleich, ob Sie so fühlen oder nicht, lassen Sie sich diesen Satz jede Stunde einmal durch den Kopf gehen.

Hängen Sie sich Merkzettel an Ihr Armaturenbrett, Ihren Spiegel, Ihren Computer oder andere Dinge, die Sie oft benutzen.

Der zweite Zehn-Sekunden-Schritt

Sagen Sie jede Stunde einmal einen authentischen Satz. Natürlich hoffe ich, dass Sie Hunderte solcher Sätze sagen, aber fangen Sie mit einem pro Stunde an.

Hier ein paar Beispiele für Äußerungen, die ich in den letzten Stunden gemacht habe:

Zu meiner Frau, quer durch das Zimmer: »Ich bin glücklich.« Ich empfand gerade ein köstliches, seliges Gefühl, das mir im Magen kribbelte. Sie hob ihren Blick, um mich anzuschauen, lächelte und las ihr Buch weiter.

Zur Verkäuferin im Feinkostladen: »Schön, wie Sie das hier ausgelegt haben. Ich bekomme schon Hunger vom bloßen Anschauen.« Mir war gerade aufgefallen, wie sorgfältig und ästhetisch all die Pasteten und Kuchen arrangiert waren. Sie reagierte überrascht und lächelte dann erfreut: »Danke«, sagte sie, »das habe ich gemacht.«

»Immer noch etwas wund, aber besser als gestern.« Meine Frau hatte mich gerade gefragt, wie mein Mund sich anfühlte. Ich war am Tag zuvor beim Zahnarzt gewesen, und mein Zahnfleisch erholte sich gerade von diesem Eingriff.

Nichts von alledem ist besonders tief schürfend, und das ist völlig in Ordnung. Wir sind nicht immer auf Tiefe aus, sondern meist auf einfache und regelmäßige Mitteilungen. Vielleicht ist ab und zu auch etwas Tiefgehendes dabei, aber zuerst müssen wir uns beibringen, wieder zuverlässig ehrlich zu sein.

Beginnen Sie mit einer Äußerung stündlich und arbeiten Sie auf die 100-Prozent-Marke hin. So wie ich.

Der dritte Zehn-Sekunden-Schritt

Äußern Sie sich jede Stunde einmal positiv. Stündlich einmal öffnen Sie Ihr Herz und Ihren Mund gleichzeitig.

Hier einige Beispiele, wie Sie anfangen können:

Sagen Sie Ihrer Familie und Ihren Freunden, was Sie an ihnen schätzen:

»John, ich schätze an dir, dass ich mich immer darauf verlassen kann, wenn du etwas versprichst.«

»Sally, ich finde es schön, wie du dich um das neue Kätzchen kümmerst.«

»Sandy, ich mag deine Stimme gern.«

Benutzen Sie einfache Worte. Auch hier sind wir nicht auf Tiefe aus, sondern auf ehrliche und regelmäßige Äußerungen.

Wir üben uns darin, aufmerksam zu werden für das, was richtig und schön ist und was gut läuft. Wir trainieren uns darin, darauf zu achten, wofür wir dankbar sind und dass wir unseren Dank anderen gegenüber diesen auch zum Ausdruck bringen.

Bei einem Vortrag, den ich vor einer Weile hielt, ging es gerade um diesen Schritt, als eine verkniffene Person mit feindseligem Gesichtsausdruck das Mikrofon ergriff und sarkastisch fragte: »Wir sollen also herumlaufen und ständig von der Wohnungseinrichtung schwärmen?«

Ich musste lachen, und die meisten Leute im Publikum auch. Irgendetwas läuft quer bei Ihnen, wenn Sie ein zehn Sekunden langes Lob pro Stunde als Schwärmerei bezeichnen. Jede Stunde besteht aus 360 Zehn-Sekunden-Einheiten. Alles, was ich möchte, ist, dass Sie zunächst einmal eine dieser Einheiten mit lobenden Worten füllen. Schon bald möchten wir vielleicht 10 oder 20 dieser Einheiten mit lobenden Äußerungen füllen, aber fangen wir erst einmal mit einer an. Ich habe jedenfalls noch nie erlebt, dass das meinen Möbeln auch nur im Geringsten schadet.

Wie Sie zu **lebendigen Beziehungen** und **bewusstem Sex** gelangen

Beziehungen sind für uns alle manchmal und für manche von uns immer schwierig. Die Beziehungsreise wird noch heikler dadurch, dass die meisten von uns keinerlei praktische Anleitung zu diesem Thema bekommen. Ich war zu einer Zeit Schüler, wo in den zwölf Schuljahren weder an der Grundschule noch an der fortführenden Schule auch nur eine einzige Stunde den Fähigkeiten gewidmet wurde, die wir für enge und intensive Beziehungen brauchen. Zuhören, gemeinsam Probleme lösen, sich auf einen Menschen verbindlich einlassen und mit ihm kommunizieren – all das wurde völlig dem Zufall überlassen. Die wichtigsten Aspekte unseres Lebens werden ausgespart, obwohl es unser Glück und unser Wohlbefinden enorm bereichern würde, wenn wir ihnen auch nur ein wenig Aufmerksamkeit widmeten.

Die Wichtigkeit von Beziehungen in unserem Leben beruht auf etwas ebenso Einfachem wie Tiefgreifendem. Wenn Sie sich einem anderen Menschen zuwenden, ihm begegnen und ihn berühren, sind Sie in Kontakt mit dem gesamten Universum. Sie sind das Universum, das sich selbst berührt. Das Universum ist ein Ganzes, das zugleich aus individuellen Teilen besteht. Auch wenn wir uns für Individuen halten, stehen wir immer in Beziehung zu unserer eigenen Ganzheit sowie zur Ganzheit anderer Menschen und der Welt, die uns umgibt. Wir müssen in Beziehungen mit anderen nicht nur deren Ganzheit, sondern auch unsere eigene Ganzheit umarmen. Das ist eine ganz reale Herausforderung, der wir uns bereits stellen, bevor sie uns bewusst ist.

Vom Zeitpunkt der Empfängnis an geht es in unserem Leben um Beziehungen. Unsere Beziehungen bestimmen, wer wir sind und was wir tun. Das ganze Universum ist in Wirklichkeit die Summe unserer gegenseitigen Beziehungen. Was wir für »die Welt« halten, ist in Wirklichkeit das Geflecht unserer Beziehungen. Sie sind alles, was wir kennen. Es heißt, das Universum habe mit dem Urknall angefangen – und unser persönliches Universum beginnt mit Sicherheit mit einer kleinen Wiederholung dieses explosiven Augenblicks.

Unmittelbar nach der Vereinigung von Sperma und Eizelle beginnt der Prozess der Individuation, der sich unser ganzes Leben lang fortsetzt. Wir entwickeln unser individuelles Selbst im Umfeld von Beziehungen. Wenn wir uns bewusst werden, wer wir in Beziehungen sind und wie wir uns hier verhalten, haben wir eine Chance, glücklich zu werden und zum Glück anderer Menschen beizutragen. Wenn nicht – wenn wir uns für die schlechte Alternative unbewusster Beziehungen entscheiden –, besteht kaum die Möglichkeit auf Glück im Zusammenleben mit anderen. Tatsächlich ist in diesem Fall die Wahrscheinlichkeit groß, dass wir uns selbst und sämtliche Menschen in unserem Leben in leidvolle Situationen bringen und diese verfestigen. Darum müssen bewusste Beziehungen im Leben ein Pflichtfach sein. Wir sind für diese Fächer bereits angemeldet; wir müssen uns nur noch entscheiden, aufmerksam zu sein und zu lernen.

Der Prozess der Vereinigung und Individuation setzt sich während unserer gesamten Entwicklung fort. Sie und ich, wir waren mit unseren Müttern vereint, während wir in deren Schoß heranwuchsen, aber wir haben auch mit atemberaubender Geschwindigkeit unsere Individualität entwickelt. Auch wenn wir an der Brust lagen oder innig im Arm gehalten wurden, die Flasche bekamen und so mit dem Menschen, der uns nährte, verschmolzen, wuchsen wir zugleich zu eigenständigen und autonomen Menschen heran. Von Anfang an sind Vereinigung und Individuation die beiden pulsierenden Antriebe unseres Lebens. Und dieses Pulsieren setzt sich unser Leben lang fort. Wir fühlen uns im Leben nur dann erfüllt, wenn wir mit anderen und mit uns selbst als selbstständige Wesen harmonisch zusammenschwingen.

Meine Beziehungsreise

Ich kann mich nicht erinnern, vor meinem 34. Lebensjahr auch nur einen Gedanken daran verschwendet zu haben, auf eine bewusste Beziehung hinzuarbeiten. Bis zu dem bewussten Wendepunkt im Jahre 1979 stolperte ich einfach planlos durch meine Beziehungen, getrieben von den ständig wechselnden Winden des Zufalls und meinen unbewussten Prägungen. Manchmal ist es mir peinlich, dass ich so lange brauchte, um aufzuwachen; dann wieder bin ich dankbar dafür, dass es überhaupt geschah. Als ich erst einmal herausgefunden hatte, was ich wollte, und ich mich innerlich dafür entschied, dauerte es nur noch einen Monat, bis ich eine wunderbare Beziehung eingehen konnte, die mir unglaublich viel Freude schenkte. Als Kathlyn in mein Leben trat, mussten wir uns natürlich beide bewusst unserer Beziehung widmen, damit sie auch auf einer Alltagsbasis funktionieren konnte. Aber ich weiß jetzt aus persönlicher Erfahrung, dass zwei Dinge möglich sind: eine

Beziehung bewusst zu planen, statt Beziehungen zu leben, die auf Mangel beruhen, und die einfachen und doch so wirkungsvollen Fähigkeiten zu lernen, die wir brauchen, um das kreative Potenzial einer bewussten Beziehung langfristig zu erhalten.

Wie schwierig Beziehungen sind, wurde mir zum ersten Mal mit zehn Jahren klar. Ich saß auf dem Rücksitz des 37er Chevrolets meiner Großeltern, jenes Modells mit lang gezogenen Planken, dessen Scheinwerfer oben auf den Kotflügeln thronten. Das Auto war etwa 20 Jahre alt, als der folgende Vorfall passierte.

Meine Großmutter fuhr meinen Großvater von der Arbeit nach Hause. Damals, in der Frühzeit der Automobile, war mein Großvater der Überzeugung, dass Autos eine vorübergehende Modelaune seien, und eine gefährliche noch dazu. Er wollte seine kostbare Zeit nicht damit vergeuden, sich mit ihnen zu beschäftigen. 1890 hatte er als Jugendlicher ein Maultier gestohlen, um damit von zu Hause zu flüchten, und 1902 hatte er einen einspännigen Wagen nach Florida gelenkt, während meine Großmutter, die Schrotflinte in der Hand, neben ihm saß.

Die Erfindung des Automobils stand für eine Beschleunigung des Lebens, die er sehr missbilligte. Und obwohl er so lange lebte, dass er noch die erste Mondlandung miterlebte, akzeptierte er nur widerstrebend den technischen Fortschritt. Da er es ablehnte, sich selbst ans Steuerrad zu setzen, war meine Großmutter gezwungen, ihn überall hinzufahren, ein Job, den sie schmollend und widerwillig übernahm. Als Fahrerin hatte sie ihre Eigenarten. Vor allem weigerte sie sich – was ich sonst nie wieder bei Autofahrern erlebte – rückwärts zu fahren. Niemand weiß, wie sie zu dieser merkwürdigen Einstellung gelangte, aber ich erinnere mich noch, wie ich sie, nachdem ich selbst den Führerschein gemacht hatte, mehrmals aus Parklücken befreien musste, aus denen es nur mit Einsatz des Rückwärtsgangs ein Entkommen gab.

Kehren wir zurück zu dem Ereignis, das ich als Zehnjähriger erlebte. An diesem Tag fragte ich nach dem Streifen, der auf dem Fenster der Beifahrerseite nach unten lief und der mir schon öfter aufgefallen war. »Was ist das denn für ein brauner Streifen da vorn auf dem Fenster neben Großvater? Wieso geht der nicht ab, wenn wir das Auto waschen?«

Meine Großeltern wurden bei dieser Frage richtig steif. Der Wagen tuckerte ein paar Häuserblocks weiter, während die beiden mit verkniffenen Gesichtern schweigend dasaßen. Als ich begriff, dass ich gefährliches Terrain betreten hatte, wechselte ich schnell das Thema. Später erfuhr ich von jedem der beiden seine Version der Geschichte.

Lange vor meiner Geburt hatten sie in der Woche, in der sie den Wagen neu kauften, eine Spritztour unternommen. Folgen Sie mir einen Augenblick, wenn ich Ihnen jetzt ein Ekel erregendes, aber wichtiges Detail erzähle: Mein Großvater kaute Tabak, eine Gewohnheit, die meine Großmutter völlig ablehnte. Etwa jede Minute einmal saugte er laut den braunen Tabaksaft ein, der ihm aus dem Mundwinkel zu laufen drohte. Meistens ging er absolut korrekt mit seinem Geschoß um; ich kann noch immer das blecherne »Ping!« hören, wenn er den Tabaksaft in die Dose beförderte, die er als Spucknapf benutzte.

Er bearbeitete seinen Klumpen Tabak, während das neue Auto auf Jungfernfahrt ging. Das Fenster auf seiner Seite war neu und blank, und er glaubte, es sei heruntergekurbelt. Er wendete den Kopf, sog den Inhalt seines Mundes zusammen und spuckte ihn aus. Leider war das Fenster geschlossen, und der Tabaksaft landete mit einem lauten »Platsch!« auf der Scheibe. Die Frage, wer das sauber machen sollte, führte zum Riesenkrach zwischen den beiden.

Meine Großmutter war der Meinung, das sei seine Aufgabe. Schließlich hatte er das Zeug auf die Scheibe gespuckt. Mein Großvater hingegen vertrat die Ansicht, Fenster putzen sei Frauensache. Außerdem hatte er dieses Auto sowieso nicht anschaffen wollen.

Sie versteiften sich auf ihre Haltungen, und 18 Jahre später war der braune Streifen immer noch da. Sie können aus diesem Vorfall ersehen, warum das Thema bewusste Beziehungen mir heilig ist.

Während ich dies schreibe, sind Kathlyn und ich etwa 20 Jahre zusammen. Ich bin 1945 geboren, also habe ich jetzt mehr als ein Drittel meines Lebens mit ihr zusammen verbracht. Es war eine Zeit unvergleichlichen Glücks und spirituellen Wachstums, die dadurch noch reicher wurde, dass wir sie mit Tausenden in persönlichem Kontakt und dank unserer Buchverleger und Leuten wie Oprah Winfrey und Leeza Gibbons (populäre Talkshow-Moderatorinnen in den USA, Anm.d.Ü.) noch mit Millionen weiterer Menschen teilen konnten.

Ich habe lange gebraucht, um die verändernde Kraft von Beziehungen wirklich schätzen zu lernen. In der High School musste ich einmal einen Aufsatz darüber schreiben, an was ich im Leben glaube. Ich habe den Text immer noch. Der erste Satz lautet: »Es gibt nur weniges, was ich mit Sicherheit weiß, aber über eines bin ich mir ganz sicher: Ich werde niemals heiraten.« Freiheit war das Thema, obwohl ich das zu der Zeit wohl nicht so hätte formulieren konnte. Ich hatte den starken Wunsch, meine eigenen Träume und Visionen zu verwirklichen, und glaubte, in meiner Freiheit eingeschränkt zu werden, wenn ich mich auf einen anderen Menschen einließ. Was in den Beziehungen um mich herum passierte, bestärkte mich in dieser starren Haltung. Verheiratete Menschen schienen wie in Trance zu sein.

Jetzt vertrete ich genau den entgegengesetzten Standpunkt (oder habe ihn zurechtgerückt, um genauer zu sein). Ich halte es nicht nur für möglich, in einer langfristigen Beziehung zu leben und dabei wach zu bleiben, sondern bin davon überzeugt, dass enge Beziehungen das wichtigste Werkzeug sind, das uns hilft, aufzuwachen. Ich glaube jetzt, dass Beziehungen selbst der spirituelle Weg sind und nicht lediglich ein Resultat unserer spirituellen Praxis. Wenn wir nicht lernen, frei und zugleich einem anderen Menschen nahe zu sein, sind wir nicht wirklich frei. Deswegen gehören bewusste Beziehungen zum Pflichtfach, das uns ein Leben lang begleitet.

Lassen Sie mich Ihnen ein Beispiel für eine Unterrichtsstunde in diesem Pflichtfach geben. Mit Hilfe der Videokonferenz berate ich oft Paare und Einzelpersonen, die weit entfernt von mir leben. Diese Technik funktioniert bestens und hat sogar gegenüber meiner persönlichen Anwesenheit einen klaren Vorteil. Aufgrund einer leicht verzögerten zeitlichen Übertragung gerät der Apparat quasi in Verwirrung, wenn die Beteiligten an beiden Orten gleichzeitig sprechen. Es zahlt sich aus, wenn wir, bevor wir antworten, so lange zuhören, bis die andere Person mit dem Sprechen fertig ist. Wenn doch Menschen von Geburt an mit dem gleichen Mechanismus ausgestattet wären!

Ein verheiratetes Paar, beide 50, saß in einem gemütlichen Zimmer in Texas, und ich saß in einem ähnlichen Raum in Santa Barbara. Nachdem wir uns ein paar Minuten miteinander bekannt gemacht hatten, lud ich die beiden ein, mir und sich selbst zu erzählen, woran sie arbeiten wollten. Sie beklagte sich darüber, dass er zu viel reise. Er beschwerte sich darüber, dass sie ihn in seiner spirituellen Praxis nicht unterstütze. Er war der Meinung, sie würde subtil kritisieren, dass er sich Zeit zum Meditieren nahm. Außerdem unterstützte sie ihn nicht in seinen Plänen, in Kürze eine Asienreise zu unternehmen.

Um den Heilungsprozess einzuleiten, stellte ich den beiden mehrere Schlüsselfragen. Ich habe festgestellt, dass der therapeutische Prozess viel kürzer dauert, wenn ich diese Fragen gleich zu Beginn stelle. Die ersten zwei Fragen geben der Sitzung ein Ziel und eine Ausrichtung:

»Wollen Sie beide diese Sitzung?«

»Sind Sie bereit, die Probleme zu lösen, die Sie hier einbringen?«

Die erste Frage ist wichtig, weil viele Menschen zur Beratung kommen – vor allem zur Paarberatung –, um der Partnerin oder dem Partner einen Gefallen zu tun oder weil sie sich unter Druck gesetzt fühlen. Mit anderen Worten: Während eine Person sich entschieden haben mag zu kommen, fühlt die andere sich dazu gezwungen. Das müssen wir gleich zu Beginn der Sitzung klären, um zu vermeiden, dass wir später Zeit vergeuden oder der therapeutische Prozess sabotiert wird.

Die zweite Frage ist wichtig, weil viele Menschen mit Hintergedanken in die Sitzung kommen. Sie wollen nicht ihre Probleme lösen, sondern dem anderen nachweisen, dass er Unrecht hat. Manche wollen sich auch vom Therapeuten bestätigen lassen, dass ihr Partner ein schlechter Mensch ist, oder eine Entscheidung rechtfertigen, die sie bereits getroffen haben. Diese möglichen Absichten müssen geklärt und aus dem Weg geräumt werden, will der Therapeut diese heimlichen Bedürfnisse nicht unbewusst unterstützen.

Dieses Paar beantwortete beide Fragen mit Ja, wie ich erwartet hatte, da es den Ablauf schon kannte. Dann stellte ich zwei weitere Fragen:

»Sind Sie beide bereit, über die Themen, die Sie einbringen, die unbestreitbare Wahrheit zu sagen?«

»Und sind Sie beide bereit, die volle Verantwortung für die Probleme zu übernehmen, die Sie einbringen?«

Wieder antworteten sie, da sie bereits mit mir gearbeitet hatten, mit Ja. Ich kann Ihnen versichern, dass Sitzungen nicht immer so reibungslos verlaufen. Oft stoßen die beiden letzten Fragen auf heftigen Widerstand. Verantwortung ist nicht nur zentral für den Beratungsprozess, sondern berührt auch den Kern metaphysischer Fragen. Fühlen wir uns mit unserer Quelle im Universum verbunden? Oder empfinden wir uns als Opfer? Das sind entscheidende Fragen, die wir alle beantworten müssen; in der Beratung sind sie ein äußerst praktischer Schlüssel für den Heilungsprozess.

Als ich sichergestellt hatte, dass sie diese Fragen mit Ja beantworteten, lud ich sie ein, sich voreinander hinzustellen.

»Ergänzen Sie die folgenden Sätze, die Sie sich gegenseitig sagen«, wies ich sie an. Tim gab ich den Satz:

Ich brauche es, dass ich in meiner Spiritualität nicht unterstützt werde, weil ...

Josie bekam von mir den Satz:

Ich brauche viel Zeit, in der Jim verreist ist, weil ...

Viele Menschen wehren sich dagegen, so viel Verantwortung zu übernehmen. Auch ich tat das in einem früheren Stadium meines Entwicklungsprozesses. Bald jedoch begreifen wir, dass wir nur dann wirklich wachsen, wenn wir für alles Verantwortung übernehmen, was wir bislang als Opfer erlebt haben. Ich meine damit nicht, dass Sie die Verantwortung für Ihre ganze Vergangenheit tragen müssen. Wirkliche Verantwortung – die unser Leben verändert – beginnt hier und jetzt, in dem Augenblick, in dem wir sie übernehmen. Es ist äußerst unwahrscheinlich, dass Sie mit drei

Jahren Ihren betrunkenen Vater eingeladen haben, nach Hause zu kommen und Sie zu verprügeln. Also besteht auch keine Notwendigkeit, sich dafür verantwortlich zu fühlen. Übernehmen Sie Verantwortung für augenblickliche Situationen in Ihrem Leben, die Wiederholungen früherer Situationen sind.

Ich brauchte lange, um herauszufinden, was sich mir jetzt bis in mein Innerstes eingeprägt hat: Wir schaffen genau die Situationen, über die wir uns am meisten beklagen. Unsere unbewussten Prägungen bewirken, dass wir uns bestimmte Leute aussuchen, um mit ihnen unsere Dramen durchzuspielen, und wenn sie dann mitspielen, kritisieren wir sie dafür. Bevor ich Kathlyn kennen lernte, suchte ich mir unbewusst Frauen, die mich belogen und die Verantwortung für ihr Verhalten ablehnten. Mein Verhalten war nur folgerichtig, denn ich log ebenfalls und war völlig davon überzeugt, Opfer zu sein. Meine Mutter war die kritischste Person, der ich jemals begegnet bin, also ist es nicht erstaunlich, dass ich mir Frauen aussuchte, die ebenfalls äußerst kritisch waren. Nachdem ich dann die Mühe auf mich genommen hatte, sie zu finden (unbewusst natürlich), beklagte ich mich über ihre ständige Kritik! An dem Tag, an dem ich erwachte und erkannte, nach welchen Gesetzmäßigkeiten das Leben tatsächlich verlief, hörten diese Beziehungen auf. Glücklicherweise verstand ich die Botschaft und lud Kathlyn in mein Leben ein. Jetzt können die Jahre verstreichen, ohne dass wir uns gegenseitig destruktiv kritisieren.

Am anderen Ende der Videoschaltung wagten Josie und Tim sich auf unbekanntes Gelände vor. Ein alter Spruch in Therapiekreisen lautet: »Du ärgerst dich nie aus dem Grund, aus dem du glaubst, dich zu ärgern.« Vielleicht glauben wir, unser Ärger werde dadurch ausgelöst, dass unser Partner uns nicht in unserer Spiritualität unterstützt oder zu viel reist, aber das ist vertrautes Gebiet. Probleme werden hier nicht gelöst. Sie werden nur dann überwunden, wenn wir offen legen, was uns bislang verborgen war.

Als Tim seinen Satz zum ersten Mal sagte, wusste er nicht, wie er ihn ergänzen könne. Ich lud ihn ein, den Satz mehrmals zu wiederholen, um das unbewusste Denken anzukurbeln. Schließlich strömten ihm die Erkenntnisse nur so zu.

»Ich sorge dafür, in meiner Spiritualität nicht unterstützt zu werden, weil ich das Gefühl habe, es überhaupt nicht zu verdienen, hier zu sein.«

»Ich sorge dafür, in meiner Spiritualität nicht unterstützt zu werden, weil ich ...«

Als er so ansetzte, keuchte er leicht und verspürte die ersten Anzeichen für einen Asthmaanfall (er hatte seit seiner Kindheit immer wieder Asthma gehabt). Ich habe mit Hunderten von Asthmatikern gearbeitet, deswegen wusste ich, wie der nächste vernünftige Schritt aussah.

Ich bat ihn, darauf zu achten, wo sein Atem zentriert war – flach und weit oben im Brustkorb –, und ihn nach unten in den Unterleib fließen zu lassen.

»Atmen Sie langsam und tief in den Bauch«, sagte ich, »und achten Sie auf die Emotionen in Ihrem Körper.«

»Ich empfinde einen Druck auf der Brust«, sagte er.

»Das klingt nach Traurigkeit«, entgegnete ich, »aber spüren Sie selbst nach, wie sich das für Sie anfühlt.«

Er spürte nach, und als er seine Aufmerksamkeit auf sein Gefühl richtete, wurde sein Atem wieder normal.

»Hm, ich bin traurig, und das fühlt sich genauso an wie damals unter dem Sauerstoffzelt, wo ich als kleiner Junge ganz allein war.« Als wir über dieses Erlebnis sprachen, entdeckte ich, dass er unter dem Sauerstoffzelt nicht nur einsame Zeiten verbracht, sondern auch seine ersten spirituellen Erfahrungen gemacht hatte. Vielleicht war das Erlebnis der

Todesnähe oder die Menge an reinem Sauerstoff im Körper der Grund dafür, auf jeden Fall erlebte er während dieser Aufenthalte im Krankenhaus immer wieder tiefe spirituelle Gefühle. Mit der Zeit lernte er diese ebenso zu fürchten wie sich darauf zu freuen.

Dieser Situation entsprang sein Programm, hier hatte er entschieden: »Ich kann in meiner Spiritualität nicht unterstützt werden.« Unser unbewusstes Denken scheint von realen Momenten wie diesen Schnappschüsse anzufertigen. So gelangen wir zu der unbewussten Haltung, das Leben müsse nun einmal so sein. Und dann wird es natürlich auch so.

Jetzt wandten wir uns Josie zu. Als sie ihren Satz wiederholte, erkannte sie schlagartig, warum sie mit einem Ehemann zusammenlebte, der sehr viel auf Reisen war. Ihr Vater war gestorben, als sie noch sehr jung war, und die Umgebung, in der sie aufwuchs, hatte ihr die Botschaft vermittelt: »Männer sind nie für dich da.« Die Frauen in ihrer Familie waren stark und selbstständig und kamen sehr gut ohne Männer aus – wir brauchen euch nicht, vielen Dank. Das war Josies Schnappschuss, der ihr Leben vorprogrammierte.

Die Spannung zwischen Tim und Josie löste sich sofort. Ich konnte die Veränderung auf ihren Gesichtern sehen, obwohl ich sie aus über 3 000 Kilometern Entfernung auf dem Bildschirm betrachtete. Sie lehnten sich aneinander, und ein Lächeln glitt über ihre Gesichter. Die wesentliche Arbeit war getan. Jetzt konnten die beiden ihren Weg wieder als Verbündete gehen.

Ich möchte noch einmal darauf hinweisen, dass diese beiden Menschen so schnell zu ihren Erkenntnissen gelangten, weil sie bereit waren, die Wahrheit zu sagen und eine gesunde Verantwortung für die Themen zu übernehmen, mit denen sie konfrontiert waren. Deswegen habe ich es mir zur Gewohnheit gemacht, Menschen als Erstes zu fragen, ob sie bereit sind, die Wahrheit zu sagen und Verantwortung zu tragen. Wir beginnen die Sitzung mit diesen bewussten Entscheidungen. Wenn die Klienten sich dann nicht daran halten, kann ich sie mitten im Ablauf unterbrechen und sie bitten, die eigene Entscheidung wieder zu respektieren. Bevor ich die Macht bewusster Entscheidungen begriff, hatten Klientinnen und Klienten oft Monate gebraucht, um Probleme wie die oben geschilderten zu lösen.

Dieses Beispiel zeigt, warum Beziehungen so schwierig sein können. Ein Eheproblem mit 50 Jahren kann auf die Erfahrung eines Kindes zurückgehen, das in einem Sauerstoffzelt allein gelassen wurde! Wir müssen uns ganz bewusst für das Lernen entscheiden, um die steinigen Strecken in Beziehungen bewältigen zu können.

Bewusste Sexualität

Man möchte meinen, im Zeitalter der Talkshows, Selbsthilfebücher und Sexualerziehung wäre es leicht, über Sexualität zu sprechen. Doch das stimmt nicht. Meine Frau und ich haben mit Hunderten von Paaren und Einzelpersonen gearbeitet, um ihnen bei der Überwindung ihrer sexuellen Probleme zu helfen. Im Laufe der Jahre waren wir dabei wahrscheinlich mit jeder nur möglichen sexuellen Schwierigkeit konfrontiert, mit der Menschen zu kämpfen haben. Außerdem haben wir uns immer wieder darum bemüht, unsere eigene sexuelle Beziehung reich und befriedigend zu gestalten. Auf dem Hintergrund all dieser Erfahrungen sind wir in Hinsicht auf Sexualität in Beziehungen zu mehreren festen Überzeugungen gelangt.

Hier zwei der wichtigsten:

Bei sexuellen Problemen geht es zunächst einmal selten um Sexualität selbst. In über 90 Prozent der Fälle, in denen ich bei sexuellen Schwierigkeiten um Rat gebeten wurde, konnten die entsprechenden Probleme erst dann überwunden werden, als wir grundlegendere Fragen bearbeitet hatten. Nur in etwa zehn Prozent der Fälle ging es tatsächlich um körperliche oder praktische sexuelle Fragen.

Die Lösung für fast jedes sexuelle Problem besteht in der sexuellen Kommunikation. Und wieder einmal gilt, dass unser traditionelles Bildungssystem uns erstaunlicherweise auch in Bezug auf dieses entscheidende Lebensthema keinerlei Anleitungen gibt. Wir müssen durch Versuch und Irrtum lernen, wobei die Irrtümer überwiegen. Einige der peinlichsten Momente meines Lebens beruhen auf der Schwierigkeit, über Sexualität zu kommunizieren, und ich bin in der Therapie Zeuge von Hunderten weiterer solcher Augenblicke geworden. Unsere Stimmbänder sind unser wichtigstes sexuelles Organ, dem wir am meisten Aufmerksamkeit widmen sollten. Wir werden uns das später noch genauer anschauen.

Eine zweite wichtige Lektion hinsichtlich der Sexualität lautet: Monogamie ist der einzige Weg, der meiner Erfahrung nach funktioniert. Meine sexuellen Beziehungen begannen in den 60er-Jahren, einer Zeit großer sexueller Freiheit. Ich habe mit so genannten offenen Beziehungen experimentiert, in denen es beiden Partnern freistand, sexuelle Beziehungen mit anderen zu leben. Ich habe auch mehrere sexuelle Partnerinnen gleichzeitig gehabt, ohne ihnen voneinander zu erzählen, nur um dann ins andere Extrem zu gehen und sämtlichen Beteiligten schonungslos die Wahrheit zu sagen. Ich wollte mich in meinen Beziehungen unbedingt sexuell frei fühlen. Ich bin von Natur aus ein Abenteurer, der es liebt, neue Erfahrungen zu sammeln, und der es nicht leiden kann, auf bestimmte Erlebnisse und Erwartungen festgelegt zu sein. Erinnern Sie sich, ich war der Typ, der sich geschworen hatte, nie zu heiraten.

Doch trotz alledem war ich zu der Zeit, als ich Kathlyn kennen lernte, zur Monogamie »übergetreten«. Der Hauptgrund war ein ganz praktischer: Alles andere war chaotisch und kostete viel Zeit! Es war fast unmöglich, sämtlichen beteiligten Parteien ehrlich und integer zu begegnen. Die Beschäftigung mit all den verletzten Gefühlen ringsumher schien unsere ganze Zeit und Kraft zu verschlingen. Es blieb kaum Energie dafür übrig, etwas Kreatives zu tun und es sich gut gehen zu lassen. Außerdem ist Eifersucht für mich etwas Schreckliches, und ich stellte fest, dass mich dieses Gefühl mehr beherrschte, als ich zugeben mochte.

Heute sind mehrfache sexuelle Beziehungen nicht nur kompliziert, sondern auch potenziell gefährlich. Dieses Thema kam in den Gesprächen der 60er- und 70er-Jahre gar nicht vor, steht aber heute immer im Hintergrund. Insgesamt gesehen bin ich dankbar für die Gelegenheit zu experimentieren und doppelt dankbar dafür, aus Erfahrung gelernt zu haben, dass Monogamie für mich der einzig gangbare Weg ist. Alle anderen Gründe, die ich erwähnte, einmal beiseite lassend, bietet Monogamie einen zwingenden Vorteil: Wenn ich mich ganz auf eine Partnerin einlasse, erzeuge ich die Kraft, die notwendig ist, um all meine ungeklärten Themen ins Bewusstsein zu bringen und potenziell zu klären. Entscheide ich mich nicht für eine einzige Partnerin, schwäche ich diese Kraft und vergeude das evolutionäre Potenzial der Beziehung.

Wenn ich diese Meinung bei Vorträgen vertrat, haben mir viele Menschen widersprochen. Sie haben gegen Monogamie argumentiert und andere Lebensformen gepriesen. Ich frage diese Menschen immer, ob sie persönlich Beispiele für kreative, langfristige Beziehungen kennen, in denen die Partner sexuell auch mit anderen verkehren. Bis heute hat mir nie jemand von entsprechenden Partnerschaften erzählt, die wirklich funktionieren.

Die Möglichkeiten bewusster Sexualität

Sexualität ist für viele von uns mit Problemen verbunden, aber sie bietet uns auch den fruchtbarsten Boden für Veränderung. Wenn Sie in den Körper eines anderen Menschen eindringen oder umgekehrt, setzen Sie Kräfte in Bewegung, welche sowohl die Samen des Schöpferischen als auch die von Zerstörung bergen. Für unseren physischen Körper ist Sex ein spielerischer Akt. Dieser Aspekt ist jedoch von geringster Bedeutung für die machtvollen transformatorischen Kräfte von Sexualität. Ich prophezeie, wenn die Wissenschaft ausgereifte Geräte für die Messung unserer Energiekörper und sogar unserer spirituellen Essenz entwickelt, werden wir entdecken, dass diese menschlichen Bereiche noch feinfühliger sind, als wir uns jemals haben träumen lassen.

Das reiche Zusammenspiel körperlicher Empfindungen beim Sex wird wahrscheinlich weitgehend überschattet von der Sinfonie von Aktivitäten in den feinstofflichen Körpern unseres Energienetzwerks und unserer spirituellen Essenz. Man wird herausfinden, dass diese energetischen Körper sich über die Grenzen des physischen Körpers hinweg ausdehnen. Ich empfinde das eindeutig so. Wenn ich mich achtsam auf mich einstimme, bemerke ich feine Schwingungen in mir, sobald Menschen mir näher kommen, selbst wenn diese mich nicht körperlich berühren. Deswegen ist kein körperlicher Kontakt erforderlich, damit das transformative Potenzial von Sexualität wirksam wird, aber wenn dieser stattfindet, ist diese Kraft absolut garantiert.

Sexualität unterstützt die Umwandlung, weil sie mehr auslöst als sexuelle Empfindungen. Sie bringt unbewältigtes Material aus früheren Zeiten Ihres Lebens an die Oberfläche, als andere sich innerhalb Ihrer Grenzen bewegten.

Es ist gleichgültig, ob Sie diese Menschen eingeladen haben, Ihnen nahe zu kommen, oder diese sich den Zugang erzwungen haben – das ist im Grunde dasselbe. Allein die Erfahrung, dass sich andere innerhalb unserer Grenzen aufgehalten haben, hat uns manchmal in gewisser Weise verletzt. Wenn wir heute unsere Grenzen für einen anderen Menschen öffnen, kommen allein dadurch, dass wir das tun, uralte Themen hoch. Aus diesem Grund kann wahrscheinlich nur eine sexuelle Beziehung unsere Transformation bewerkstelligen.

Ich habe in der Therapie mit Dutzenden von Menschen gearbeitet, die im Zölibat gelebt hatten, bevor sie sich entschieden, sexuelle Beziehungen einzugehen. Sie alle erzählten mir Geschichten, die mit meiner Erfahrung übereinstimmen. Erst als sie sich sexuell auf einen anderen Menschen einließen, gewannen sie Zugang zu ihren tiefsten Abwehrmechanismen und Prägungen. Diese tiefer gelagerten Themen kamen im Zölibat einfach nicht hoch. Als diese Klienten zuließen, dass ihre Abwehrmechanismen an die Oberfläche kamen, erschloss sich ihnen die Möglichkeit, sie zu überwinden und intensivere Freude zu empfinden als je zuvor. Auch in meinen eigenen Beziehungen fällt mir auf, dass der bloße Akt des verbindlichen Einlassens auf eine andere Person die tiefsten Themen hochbringt. Und wenn wir uns auf einen Menschen sexuell einlassen, kommen sie am schnellsten hoch. Wenn Sie Ihre sexuelle Energie auf eine bestimmte Person ausrichten, kommt Material aus Zeiten in Ihrem Leben hoch, in denen Ihr Überleben von Menschen abhing, die sich innerhalb Ihrer körperlichen Grenzen bewegten.

Wir wurden im Körper eines anderen Menschen empfangen und reiften dort heran. Nach unserer Geburt hatten die meisten von uns täglich engsten Körperkontakt mit einem anderen Menschen. Beim Stillen führten wir nicht nur unseren Mund an die mütterliche Brust, sondern unser Überleben hing von dieser Form der Nahrungsaufnahme ab. So ist es nur natürlich, dass später im Leben, wenn wir unsere Grenzen für einen anderen Menschen öffnen, grundlegende Überlebensthemen aufsteigen.

Das stärkste Aphrodisiakum

Ehrliche Worte, in guter Absicht gesprochen, sind das wirksamste Aphrodisiakum überhaupt. Wir verlieren das sexuelle Interesse an Menschen, die wir belügen. Ein subtiles, verborgenes Gefühl, wie heruntergeschluckter Ärger oder eine nicht geäußerte Verletzung, kann sexuelle Gefühle sofort abklingen lassen. Eine größere Lüge – sei es in Bezug auf die sexuelle Anziehung zu einer anderen Person oder außerpartnerschaftliche sexuelle Aktivitäten – kann den Fluss sexueller Energie zum Versiegen bringen. Wenn wir uns eine gesunde Sexualität wünschen, ist es von größter Bedeutung, dass wir unserer Partnerin oder unserem Partner über all unsere Gefühle die Wahrheit sagen.

Sexualität blüht auf in einem Umfeld, in dem wir unsere Gefühle zum Ausdruck bringen. Gefühle sind Gefühle, ob wir nun sagen: »Es hat mich verletzt, als du sagtest ...«, oder: »Ich habe mich richtig darüber gefreut, wie schön du in diesem Kleid aussiehst«. Wenn wir unsere emotionalen Erfahrungen ehrlich mitteilen, tragen wir sowohl zu einem gesunden sexuellen Umfeld als auch zu gesunden Beziehungen überhaupt bei.

Durch die therapeutische Arbeit mit Hunderten von sexuellen Themen habe ich etwas gelernt, was ich auch in meiner eigenen sexuellen Beziehung praktiziere: Das Aussprechen der Wahrheit ist das wirkungsvollste Mittel zur Heilung sexueller Probleme. Ich kann diesen Punkt gar nicht genug betonen. Meine Akten sind voller Wunder, die sich unmittelbar nach der offenen Aussprache bislang zurückgehaltener Wahrheiten einstellten. Mein eigenes Leben zeugt ebenfalls davon. Ich habe oft erlebt, dass meine sexuellen Gefühle verschwanden, nur um mit neuer Lebendigkeit zurückzukehren, wenn ich über Dinge, die ich bis dahin verschwiegen hatte, offen sprach.

Wenn Ihnen Ihr Partner oder Ihre Partnerin langweilig vorkommt, dann ist der Grund dafür in der Regel, dass Sie ihm oder ihr etwas vorenthalten. Ist Ihr Sexualleben in irgendeiner Weise unbefriedigend, dann meistens, weil Sie sich ehrlich mitteilen müssen. Das mag hart und radikal klingen, aber ich meine es gut. Ich würde auch wollen, dass Sie mir diese Dinge sagen, wenn Sie darum wüssten und ich nicht. Wenn Sie erst einmal eine Vorstellung davon bekommen, wie kraftvoll die Dynamik ist, die ich hier beschreibe, dann – das garantiere ich Ihnen – werden Sie großen Respekt vor der Macht der Wahrheit als Heilerin in Ihrem Leben bekommen.

Sexuelle Erfüllung beruht auf einer klaren Absicht

Unklare Absichten sind ein weiterer grundlegender Störfaktor unserer sexuellen Kommunikation. Das muss laut und deutlich gesagt werden: Die Absicht, die hinter Ihren sexuellen Aktivitäten steht, ist ganz entscheidend. Stellen Sie sich die sexuelle Energie als einen Strahl vor, den Sie und Ihre Partnerin oder Ihr Partner gegenseitig auf sich richten. Durch unklare sexuelle Absichten werden gegenläufige Strömungen in Gang gesetzt, was für alle Beteiligten Probleme bringt. Bestimmte Absichten fördern den Strahl und machen ihn klar und kraftvoll. Andere, die ich als Ge-

genströmungen bezeichne, sind Störquellen und führen zu sexuellen Schwierigkeiten.

Es gibt nur eine Absicht, die uns höchste sexuelle Erfüllung schenkt: der Wunsch, mit dem Liebesspiel sowohl die Essenz Ihres Partners oder Ihrer Partnerin als auch Ihre eigene Essenz zu feiern. Alles andere funktioniert nicht. Da wir in einer Gesellschaft leben, die Sex benutzt, um alles Mögliche von Zigaretten bis zu Zahnpasta zu verkaufen, überrascht es nicht, dass unsere sexuellen Absichten oft unklar sind. Aufgrund der allgemeinen Gehirnwäsche glauben wir schließlich, Sex hieße etwas bekommen, nicht etwas feiern. Wir lernen, über Sexualität zu manipulieren und sie als Mittel für andere Zwecke einzusetzen. Wir müssen uns tief auf den anderen einlassen, um zur Essenz dessen zurückzufinden, was Sexualität wirklich ausmacht.

Oft steht hinter unserer Sexualität noch eine weitere verborgene Absicht. Wir benutzen Sex, um uns über bestimmte schmerzliche Gefühle wie zum Beispiel Einsamkeit hinwegzutrösten. Wenn wir uns alleine fühlen oder durcheinander sind, wenden wir uns an einen anderen Menschen, um den Schmerz zu betäuben, so wie wir auch zu Alkohol oder zur Keksdose greifen könnten. Sex hat heilende Eigenschaften, und da unser größtes Sexualorgan die Haut ist, lässt sich der Schmerz unserer Isolation mit einer Dosis Sex leicht besänftigen.

Um Ihre Absichten zu klären, sollten Sie mit einer Entscheidung beginnen: »Ich entscheide mich dafür, mit meiner Sexualität sowohl die Essenz meines Partners/meiner Partnerin als auch meine eigene zu feiern.« Wenn Sie das wirklich wünschen, werden Sie diese Entscheidung verinnerlichen und entsprechend handeln. Als Jugendlicher dachte ich nur an meine eigene sexuelle Befriedigung. Wenn ich als Pubertierender von Mädchen fantasierte, machte ich mir mit Sicherheit keine Gedanken über deren

Essenz. Und auch als ich schon als älterer Jugendlicher Beziehungen einging, welche die ganze Bandbreite sexueller Erfahrungen einschlossen, dachte ich nicht im Entferntesten daran, meine eigene Essenz oder die meiner Partnerinnen zu feiern. Erst mit Ende 20 machte ich die Erfahrung, dass Sex ein Tanz unserer geistigen Kräfte ist, der überhaupt nichts mit physischer Reibung zu tun hat.

Acht Gespräche über Sexualität

Da 90 Prozent unserer sexuellen Schwierigkeiten auf Kommunikationsstörungen beruhen, müssen wir uns genauer anschauen, welche Form von Kommunikation hier Abhilfe schafft. Die Methoden sind bemerkenswert einfach, auch wenn ich ein halbes Leben gebraucht habe, um sie erfolgreich anzuwenden.

Ich achte immer darauf, meine Klienten und die Teilnehmer an meinen Ausbildungstrainings zu fragen, was sie gern über Sexualität und sexuelle Kommunikation gelernt hätten. Was müssen wir über sexuelle Kommunikation am dringendsten erfahren? Welches Wissen könnte unser Leben leichter machen und uns mehr Erfüllung schenken? Was könnte uns helfen, dem schrecklichen Schmerz vorzubeugen, der durch sexuelle Verwirrung und Schwierigkeiten ausgelöst wird? Wodurch könnten wir mehr Freude an der Sexualität gewinnen? Ich habe diese Fragen Hunderten von Menschen zwischen 10 und 70 Jahren gestellt und ihre Antworten sorgfältig aufgezeichnet.

Das gewünschte Wissen umfasst acht wichtige Bereiche – dabei geht es sowohl um praktisches und technisches Know-how als auch um metaphorisches Wissen, aber all diese Bereiche sind emotional stark besetzt. Ich werde sie im Folgenden einzeln beschreiben und Ihnen dann die

Kommunikationstechnik vorstellen, die sich im Laufe der Jahre bei sexuellen Themen als die wirkungsvollste erwiesen hat.

1. Sagen, was Sie brauchen

An erster Stelle, so die von mir Befragten, möchten Menschen lernen, in sexuellen Situationen zu sagen, was sie brauchen. Eine Frau in einem unserer Ausbildungstrainings gab eine extreme Schilderung diese Problems. Sie erzählte uns, dass sie vor ihrem 18. Geburtstag bereits vier Kinder geboren hatte. Zwei der Kinder, so sagte sie, seien geboren worden, bevor sie überhaupt wusste, wie Mädchen schwanger werden. Zwei weitere kamen zur Welt, weil sie sich nicht traute zu sagen: »Bitte ejakuliere nicht in mir.« Wie viele von uns stammte sie noch aus einer Generation, wo weder Frauen noch Männern das Wissen vermittelt wurde, auf dessen Grundlage sie sexuelle Entscheidungen hätten treffen können, die ihrem Leben eine völlig andere Richtung gegeben hätten. Selbst zu Lebzeiten meiner Mutter wurden Menschen in den USA noch ins Gefängnis gesperrt, wenn sie Informationsmaterial über Verhütung verteilten. Außerdem, so erzählte uns diese Frau, redeten Frauen ihrer Generation über »solche Dinge« einfach nicht. Frauen hatten sich den männlichen Bedürfnissen zu fügen, und das ist in weiten Teilen der Welt heute immer noch so. Schließlich lernte sie ihre Bedürfnisse zu äußern und wurde zehn Jahre lang nicht wieder schwanger, obwohl sie keine der gängigen Verhütungsmethoden benutzte.

Sagen, was Sie brauchen, ist der wichtigste Aspekt der sexuellen Kommunikation. Ihre Bedürfnisse sind grundlegend und entscheidend, und Sie müssen sie kennen und mitteilen, um sexuelle Erfüllung zu finden.

- Es ist wichtig für mich, dass du ein Kondom benutzt.
- Du musst wissen, dass ich einmal vergewaltigt worden bin und manchmal erstarre.
- Ich muss ganz sicher sein können, dass ich nicht schwanger werde.

Es ist wichtig, Bedürfnisse und Wünsche auseinander zu halten. Bedürfnisse beruhen meistens auf ganz bestimmten Notwendigkeiten. Sagen Sie nicht: »Ich brauche ...«, oder: »Ich muss ...«, wenn es nicht um Dinge geht, die unbedingt erforderlich sind. Bedürfnisse kreisen meistens um bestimmte Ängste, und das Aussprechen Ihrer Bedürfnisse soll diese Ängste lindern. Anders als das Äußern von Bedürfnissen sollte das Mitteilen von Wünschen Ihnen ein maximales positives Potenzial erschließen. Es ist ganz wichtig, dass wir unsere Bedürfnisse kennen – sie klar äußern und uns nicht darauf verlassen, dass unser Partner sie telepathisch erahnt –, damit wir den Weg zu unserer Erfüllung ebnen können.

2. Sagen, was Sie sich wünschen

Sagen, was Sie sich wünschen, ist der zweite entscheidende Schritt, den wir in der Sexualität lernen müssen. Das heißt, Sie üben sich darin, Ihre Vorlieben und Wünsche zum Ausdruck zu bringen.

- Ich möchte, dass du mich hier berührst ...
- Ich möchte mit dir über etwas sprechen, bevor wir uns lieben.
- Ich möchte, dass du das Licht dämpfst.

Wenn Sie lernen, Ihre Wünsche zu äußern, kann Ihre Sexualität voll aufblühen. Damit das passieren kann, müssen wir in Einklang mit unseren Wünschen sein und sie anderen mitteilen können. Die Kunst, einem anderen Menschen Ihre sexuellen Wünsche zu vermitteln, ist nicht leicht zu erlernen. Ich fand das deswegen schwierig, weil die Angst vor Zurückweisung so groß ist. Sexuelle Wünsche stellen sich oft in Situationen ein, in denen wir uns sehr verletzlich fühlen, was eine mögliche Ablehnung noch schmerzlicher macht. In solch einem Augenblick bat ich eine Partnerin einmal, sie möge mich auf eine bestimmte Weise berühren. Sie sah etwas betreten aus, was sich in meiner Wahrnehmung zu Ekel steigerte. Ich spürte, wie mein Magen wegsackte und mein Unterleib sich verspannte. Die Stimmung des Augenblicks war verdorben, und ich zog mich schmollend zurück.

»Was ist los?«, fragte sie. Aber ich konnte es ihr nicht sagen. Ich hatte mich in mich selbst verkrochen, und damals wusste ich nicht, wie ich aus meinem Mauseloch wieder hervorkommen konnte. So verharrte ich dort, während sich die Minuten in Stunden auszudehnen schienen. Als ich ihr schließlich sagen konnte, was geschehen war, erzählte sie mir, meine Bitte habe sie an einen schmerzlichen Moment in ihrem Leben erinnert. Ihre Reaktion hatte nichts mit mir zu tun, aber sie war ebenfalls nicht imstande gewesen, mir zu sagen, was in ihr vorging. Das führt uns zum dritten schwierigen Aspekt sexueller Kommunikation.

3. Über emotionale Themen sprechen, die mit Sexualität zusammenhängen

Oft kommen vor, während oder nach dem Liebesspiel unsere tiefsten menschlichen Emotionen hoch. Wenn wir nicht wissen, wie wir uns darüber austauschen können, fühlen wir uns verloren. Häufig passiert Folgendes: Die sexuelle Begegnung spült ein altes schmerzliches, unbewältigtes Thema hoch. Eine meiner Klientinnen zum Beispiel hatte dieses Erlebnis: Sie lernte einen Mann kennen, der ihr gefiel, und ging mehrmals mit ihm essen. Sie kamen sich näher, und eines Abends führte sie ihn in ihr Schlafzimmer, wo sie sich beide auszogen und unter die Bettdecke schlüpften. Bevor er zu ihr unter die Decke kroch, legte er als Letztes seine Brille auf den Nachttisch. Als er das tat, begann sie zu hyperventilieren, etwas, was ihr nie zuvor passiert war. Später erzählte sie, sie habe das Gefühl gehabt, sich von ihrem Körper zu lösen und sich bei diesem »merkwürdigen Atmen« zuzuschauen. Ihr neuer Freund zog sich irritiert und verwirrt zurück und fragte, ob etwas nicht stimme. »Alles in Ordnung«, schrie sie und fiel in Ohnmacht. Als sie wenige Minuten später wieder zu Bewusstsein kam, hatte er schon den ärztlichen Notdienst angerufen und der Unfallwagen war unterwegs.

Gemeinsam verfolgten wir die Spur des alten Themas, das durch diese Situation, die sie als »Besuch in der Hölle« bezeichnete, ausgelöst worden war. Als sie 13 war, zog ein Onkel, der aus dem Dienst entlassen worden war, zu ihrer Familie und wohnte bei ihnen. Er belästigte sie mehrmals, bevor sie ihn verriet. Ihr Vater warf ihn aus dem Haus, und der Vorfall wurde nie wieder erwähnt. Der Auslöser war folgender: Wenn ihr Onkel in ihr Zimmer kam, um an ihr herumzufummeln, legte er seine Brille auf ihren Nachttisch. Noch Jahre später löste diese simple Geste bei ihr ein geradezu körperliches Entsetzen aus. Nachdem wir diese alte Wunde offen gelegt hatten, luden wir ihren neuen Freund zu einer Sitzung ein, in der wir diese Geschichte im Licht der neuen Informationen besprachen. Sie gingen ihr Erlebnis gemeinsam durch – und konnten dabei sogar in ein befreiendes Lachen ausbrechen – und kamen sich dadurch näher.

Solche Vorfälle sind selten, aber harmlosere Versionen davon spielen sich in unseren Schlafzimmern ständig ab.

Durch ein sexuelles Erlebnis kommt eine heftige Emotion hoch. Gerade noch hatten wir sexuelle Gefühle, und im nächsten Augenblick verschließen wir uns oder brausen auf. Was sollen wir in solchen Situationen tun? Tauschen wir uns darüber aus oder lassen wir sie einfach vorbeigehen? Wir müssen wissen, wie wir in den Augenblicken vor, während und nach dem Sex kommunizieren können, wenn uns starke Gefühle überraschen.

Die sexuelle Energie rührt Gefühle auf, die vorher im Verborgenen schwelten, ob sie nun von heute Morgen stammen oder schon 30 Jahre alt sind. Niemand weiß, warum und wann bestimmte Themen hochkommen. Selten können wir, wie meine Klientin im gerade beschriebenen Beispiel, einen speziellen Auslöser identifizieren. Fest steht, dass die Themen zum Vorschein kommen, und für den alltäglichen emotionalen Austausch gilt das gleiche Prinzip wie für das tiefer liegende Trauma, das zum Beispiel beim »Besuch in der Hölle« hochkam. »Ich habe mich heute über dich geärgert, weil du vergessen hast, Waschmittel zu kaufen« – solch ein Satz wirkt sich im Bett wahrscheinlich ebenso störend aus wie dramatischere Hintergründe.

Viele Menschen haben mir erzählt, dass es ihnen in sexuellen Situationen am schwersten fällt, über die kleinen störenden Dinge zu sprechen, die zu trivial scheinen, um sie überhaupt zu erwähnen. Also reden sie nicht darüber, und die Folge ist, dass ihr sexuelles Erleben unweigerlich beeinträchtigt wird. Anderen bereitet am meisten Schwierigkeiten, nicht zu wissen, ob ihr sexuelles Verhalten Anklang findet oder nicht. Viele haben Angst, ihrem Partner oder ihrer Partnerin nicht zu gefallen, und sie wissen nicht, wie sie deren Standpunkt erfragen oder mitteilen können, dass sie verunsichert sind.

Wenn bestimmte Themen und Gefühle beim Liebesspiel hochkommen, empfehle ich eine radikal einfache Kur:

Sprechen Sie auf der Stelle darüber. Verschieben Sie das Gespräch nicht auf später. Sagen Sie, was Sie beschäftigt, und gehen Sie dabei nach der erprobten Methode vor, die ich Ihnen später beschreiben werde. Wahrscheinlich stellen Sie wie Hunderte von anderen Menschen fest, dass Sie solche Gespräche nicht sehr häufig führen müssen. Denn sobald Ihr Körper die Erfahrung macht, dass es in Ordnung ist, wenn sich beim Sex emotionale Themen einstellen – und Sie Möglichkeiten haben, damit umzugehen –, hört er in der Regel auf, diese Signale in entsprechenden Situationen zu senden. Wenn Ihr Körper weiß, dass Sie grundsätzlich bereit sind, sich mit diesen Gefühlen auseinander zu setzen, ist es sogar möglich, ihn zu bitten, beim Sex keine alten Emotionen hochkommen zu lassen. Mit anderen Worten: Wenn wir unsere Verleugnung erst einmal aufgeben – uns mit unserem Körper anfreunden und auf ihn hören –, können wir einen gleichberechtigten Dialog mit ihm führen.

4. Sexuell aktiv werden

Wie anfangen? Wie den Übergang vom sozialen zum sexuellen Kontakt gestalten? Diese Fragen stellen sich vielen von uns immer wieder im Leben. Wenn in der Sexualität alles gut läuft, gehen wir ganz fließend von Worten und Berührungen zur tieferen Begegnung des Koitus über. Ich kann mich an solche Situationen gut erinnern – sie scheinen eine Gnade zu sein und voller Licht –, aber sie überwiegen bei mir nicht. Oft war der Übergang zum Sex begleitet von Zögern, Gestammel und Unbeholfenheit, was ich wahrscheinlich hätte vermeiden können, wenn ich gewusst hätte, wie ich über das, was ich empfand, reden konnte.

Der Durchbruch passierte für mich Mitte der 70er-Jahre, als ich zum ersten Mal begriff, welche Macht im Mitteilen der Wahrheit liegt. Als ich zum Telefon griff, um eine

Frau anzurufen, die ich vor kurzem kennen gelernt hatte, fiel mir auf, dass ich aufgeregt war. Wahrscheinlich hatte ich bereits früher in solchen Situationen Aufregung empfunden, aber aus irgendeinem Grund nahm ich dieses Gefühl diesmal sehr präzise wahr. Ich spürte die Schmetterlinge in meinem Bauch und mein Mund war trocken, als sie den Hörer abnahm und »Hallo!« sagte.

Ich nannte meinen Namen und sagte dann: »Ich bin ganz aufgeregt, während ich Sie hier anrufe, um Sie zu fragen, ob Sie mit mir ausgehen wollen.«

Es folgte eine Pause, dann ein Kichern.

»Ich schätze Ihre Aufrichtigkeit«, sagte sie, »und nehme Ihre Einladung ganz aufgeregt an.«

Ich habe dieses Gespräch als einen Wendepunkt in meiner Kommunikation mit Menschen abgespeichert. Plötzlich begriff ich, dass ich einfach sagen konnte, was ich fühlte, und das Schlimmste, was passieren konnte, war, dass andere darauf reagierten. Aber ihre Reaktion war nicht meine Angelegenheit. Mit anderen Worten: Ich musste mich in meinen authentischen Mitteilungen nicht aufgrund von Angst vor ihren Reaktionen beschneiden. Ich hatte keine Kontrolle darüber, wie sie reagierten. Ich konnte meine ganze Aufmerksamkeit darauf richten, die Wahrheit zu spüren und sie direkt auszusprechen.

5. Über sexuelle Ablehnung sprechen

Über sexuelle Ablehnung zu sprechen fällt den meisten von uns am schwersten. Das Gefühl, sozial abgelehnt zu werden, ist schlimm genug, aber das Gefühl sexueller Ablehnung geht weit darüber hinaus. Die meisten Menschen erzählen mir, dass ein Nein in der Sexualität sie körperlich tiefer trifft als soziale Ablehnung. Ich habe im Lauf der Jahre viele Menschen gebeten, mir zu erzählen, wo sie den

Schmerz sozialer Zurückweisung spüren, und die meisten berühren als Antwort ihren Brustkorb und zwar gewöhnlich links. Wenn ich jedoch frage, wo sie den Schmerz sexueller Ablehnung wahrnehmen, berühren sie meistens ihren Unterleib, entweder im Beckenbereich oder in der Gegend der Hüftgelenke. Sexuelle Zurückweisung trifft uns wahrscheinlich tiefer im Kern, weil Sexualität mit Leben und Tod zusammenhängt.

6. Über sexuelle Fantasien reden

»Was soll ich machen«, fragte mich ein guter Freund bei einem Spaziergang am Strand, »wenn ich mit meiner Frau schlafe, dabei aber an meine Sekretärin denke? Ich versuche in meiner Ehe ganz ehrlich zu sein, aber würde es nicht zu weit gehen, wenn ich meiner Frau von diesen Fantasien erzählte?« Das ist eine Frage, mit der sich viele Menschen auseinander setzen müssen. Genau wie Sie bin ich mir bewusst geworden, welch große Macht Aufrichtigkeit in meinen engen Beziehungen hat. Je ehrlicher ich bin, desto besser geht es uns miteinander. Wenn ich die Wahrheit verberge, kommt es in meinen Beziehungen schnell zu Verwicklungen. Aber wie weit soll ich gehen?

Die Antwort ist ganz einfach: Sagen Sie jedem Menschen, dem Sie ganz nahe sein wollen, über alles die ganze Wahrheit. Wo Sie sich nicht sicher sind, was Sie vom anderen wollen, sollten Sie sich zurückhalten und überprüfen, was Sie mitteilen. Wenn Sie der anderen Person jedoch wirklich nahe sein möchten, sollten Sie alles riskieren, indem Sie über alles sprechen. Wenn Ihre Absicht klar ist – nämlich Nähe herzustellen –, ist auch das Resultat entsprechend. Ist Ihre Absicht unklar – und Sie sagen zum Beispiel die Wahrheit, um die andere Person zu verletzen –, erzielen Sie wahrscheinlich auch unklare Ergebnisse. Wenn Sie die

Wahrheit nicht mitteilen, um Nähe herzustellen, sondern andere Absichten damit verfolgen, wird das wahrscheinlich schnell auf Sie zurückfallen.

Hier einige Fantasien, die Menschen ihren Partnerinnen und Partnern erzählt haben, ohne dass es ihrer Beziehung in irgendeiner Form geschadet hätte:

- Mit der Schwester/dem Bruder des Partners/der Partnerin schlafen
- Mit dem besten Freund/der besten Freundin des Partners/der Partnerin schlafen
- Gruppensex
- Fesseln und andere Sexspiele

Mit anderen Worten: Ich habe erlebt, wie das aufrichtige Gespräch selbst über solche Themen eine enge Beziehung gestärkt und die Partner einander näher gebracht hat. Wir müssen über diese Dinge jedoch in einer bestimmten Form sprechen. Am Ende dieses Abschnitts werden wir uns anschauen, wie wir über heikle sexuelle Themen so kommunizieren können, dass unsere Beziehung mit Sicherheit harmonischer wird.

7. Über sexuelle Schwierigkeiten sprechen

Vielen von uns bereitet es generell Schwierigkeiten, über die Probleme zu sprechen, die wir in sexuellen Beziehungen haben, doch mit der Person, der wir am nächsten sind, scheint das besonders schwer zu sein. Ich habe Dutzende von Filmen gesehen, in denen der Mann keine Erektion bekommen hat. Fast immer sitzt er in solchen Szenen mutlos und mit hängendem Kopf da, während die Frau sich auf ihre Ellenbogen stützt und ihm versichert, dass das völlig in Ordnung sei. Warum wird die entscheidende Situation selbst nie gezeigt? Wo bleibt der spritzige Dialog, der uns vorführt, was wir in solchen Situationen sagen könnten?

Ich habe nie einen Film gesehen, der die weibliche Seite darstellt. Mir fehlt in meiner Sammlung noch ein Film, in dem die Frau keinen Orgasmus bekommt. Sie ließe den Kopf hängen, und der Mann stützte sich auf seine Ellenbogen und versicherte ihr, dass mit ihr alles in Ordnung sei. Gibt es solche Filme nicht, weil der Sexismus in der Welt beharrlich anhält oder weil die meisten Drehbücher von Männern geschrieben und verfilmt werden? Was würden Darstellerin und Darsteller in solch einem Film zueinander sagen?

Dieser Dialog muss noch geschrieben werden, denn wir lernen gerade erst, in solch heiklen Situationen positiv zu kommunizieren.

8. Mit unserer eigenen sexuellen Energie kommunizieren

Beim letzten Thema in Bezug auf unsere sexuelle Kommunikation geht es nicht um das gesprochene Wort, sondern um die Beziehung zu unserer eigenen sexuellen Energie. In gewisser Weise ist dies jedoch die wichtigste Kommunikation von allen. Sexuelle Energie ist Lebensenergie. Tatsächlich gibt es keinen Unterschied zwischen der sexuellen Energie und der brausenden Aktivität unserer Billionen Zellen, denn all dieses Leben beruht auf einer Explosion sexueller Schöpfungskräfte. Auch das strömende Vibrieren unseres ganzes Wesens hat seinen Ursprung in der sexuellen Vereinigung. Sie ist immer und überall unser Seinszustand; sie ist in uns und wir sind in ihr.

Die Botschaft ist klar: Wir sind, wie wir mit unserer sexuellen Energie sind – Punkt. Nachdem ich das gesagt habe, stellt sich die Frage, wie könnte eine positive Beziehung zu unserer sexuellen Energie aussehen? Aus meiner therapeutischen Erfahrung weiß ich, die einzig wirklich gute Beziehung sieht so aus, dass wir unsere sexuelle Energie als unseren besten Freund betrachten. Wenn ich an meinen besten Freund denke (und diese Freundschaft besteht jetzt seit 25 Jahren), fallen mir folgende Qualitäten unserer Beziehung ein:

- Wenn wir zusammen sind, genieße ich diese Zeit sehr.
- Wenn wir zusammen sind, schenke ich unserer Beziehung meine ganze Aufmerksamkeit.
- Ich verlasse mich auf die Beziehung, wenn ich Rat brauche.
- Ich fühle mich in der Beziehung absolut gleichberechtigt.
- Wir haben keine festen Erwartungen aneinander. Unsere Ehefrauen haben zum Beispiel noch nie auch nur eine Minute allein miteinander verbracht, und wir kommen fast nie zu viert zusammen.
- Wenn wir uns treffen, bleiben wir offen für Spontanes. Ich kann mich nicht daran erinnern, dass wir in den vergangenen 25 Jahren bestimmte Aktivitäten geplant hätten. Vielleicht gehen wir am Strand spazieren, essen in einem Restaurant zu Mittag oder treffen uns zum Squashspielen, um eine Stunde miteinander zu fighten und zu sehen, wer den Test besteht (oder wessen Testorone stärker sind), oder wir sitzen einfach bei einem Espresso zusammen, um uns das Neueste aus unserem Leben zu erzählen.

All diese Qualitäten sind auch der Beziehung zu Ihrer sexuellen Energie förderlich. Genauer gesagt:

- Lassen Sie alle Erwartungen an Ihre Sexualität los. Sexuelle Energie ist wie das Wetter – äußerst wechselhaft, un-

berechenbar und sie weist in ihrer Intensität das ganze Spektrum vom Taifun bis zur sanften Brise auf. Sie ist immer da als ständiger Hintergrund, selbst wenn sie Ihnen nicht auffällt.
- Genießen Sie Ihre sexuelle Energie vor allem, und versuchen Sie nicht, sie zu kontrollieren. Feiern Sie sie, so lange sie da ist, und versuchen Sie auch andere darin zu unterstützen, sich an ihr zu freuen.
- Betrachten Sie Ihre Sexualität als gleichberechtigt. Die Beziehung mancher Menschen zu ihrer Sexualität gleicht der zwischen Herren und Sklaven. Die einen denken, die Sexualität sei ihr Boss – ihnen überlegen –, und lassen sich von ihr herumdirigieren, während die anderen glauben, sie seien der Chef und könnten ihre Sexualität befehligen. Beide liegen falsch. Da wir unsere Sexualität sind, sind wir absolut gleich mit ihr. Das kann gar nicht anders sein. Entscheidend ist, wie Sie über Sexualität denken. Wenn Sie sich und Ihre Sexualität für gleichberechtigt halten, dann ist das auch so. Und wenn Sie nicht so denken, ist es trotzdem so, aber Ihre Chancen, sexuell zu genießen, nehmen dann radikal ab.
- Wenn Sie Ihre Sexualität für gleichberechtigt halten, können Sie sie als zuverlässigen Ratgeber heranziehen. Sie gibt uns bei Lebensentscheidungen erstaunliche Hilfestellung. So habe ich zum Beispiel einmal mit einem Paar gearbeitet, das seine Sexualität und das Liebesspiel sehr genoss. Die beiden hatten mit anderen Themen zu kämpfen, aber die Sexualität gehörte nicht dazu. Weil sie mit ihrer Sexualität in Kontakt waren, konnten sie mit deren Hilfe eine wichtige Entscheidung treffen: Vor mehreren Jahren standen sie vor der Frage, ob sie aufgrund beruflicher Umstände in den mittleren Osten der USA ziehen sollten. Um ihnen bei dieser Entscheidung zu helfen, bat ich sie, sich auf ihre sexuelle Energie einzustim-

men und herauszufinden, ob sie bei der Vorstellung eines Umzugs intensiver oder schwächer wurde. Zuerst fanden die beiden meinen Vorschlag merkwürdig, aber dann fiel ihnen auf, dass ihre sexuelle Energie stärker vibrierte, wenn sie an diesen Umzug dachten. Und das half ihnen – neben vernünftigen und logischen Überlegungen –, diesen Schritt zu tun.

Wenn Sie sich bei diesen wichtigen Gesprächen zunehmend wohler fühlen, werden Sie feststellen, dass Sie besseren Zugang zu Ihrer sexuellen Energie haben. Die meisten meiner Schüler und Klienten berichten, dass sie tatsächlich sehr viel mehr sexuelle Energie haben, als sie aktiv leben können. Was fangen wir mit diesem Überfluss an?

Mit Hilfe sexueller Energie manifestieren

Es kann kein Zweifel daran bestehen, dass wir Menschen sehr viel mehr sexuelle Energie besitzen, als wir nutzen können. Dieser Umstand ist für die Evolution von Vorteil. Frauen werden mit Hunderten von Eizellen geboren, von denen die meisten unbefruchtet bleiben. Männer könnten potenziell täglich Millionen Kinder zeugen, wenn all das Sperma, das sie produzieren, zu Eizellen fände. Viele von uns haben mehr sexuelle Fantasien, als wir im täglichen Leben ausleben können.

Sexuelle Energie ist im Überfluss vorhanden, aber wenn es darum geht, sie zum Ausdruck zu bringen, sind uns Grenzen gesetzt. Die Frage ist dann: Wie können wir diese Energie kreativ verwenden? Wie können wir unsere reichlich vorhandene Sexualität zu unserem Vorteil nutzen? Die Antwort lautet: Indem wir sie als Antrieb für die Erreichung unserer Lebensziele benutzen. Wenn wir wissen, wie wir sexuelle Energie kanalisieren können, können wir auf diesen großen Energievorrat zurückgreifen, um unsere Kreativität anzukurbeln.

Zu dieser vielleicht merkwürdig erscheinenden Idee gelangte ich auf ebenso merkwürdige Weise. Immer wieder hatte ich in der Therapie mit Menschen zu tun, denen ihre überschüssige sexuelle Energie Schwierigkeiten bereitete. Manche von ihnen bezeichneten sich als sexsüchtig, während andere sich für fantasiebesessen hielten. Als wir uns den tieferen Ebenen dieser Themen zuwandten, wurde deutlich, dass diese Menschen sexuelle Gedanken, Flirts und Dramen benutzten, um ihre Kreativität zu blockieren. Diese Klientinnen und Klienten waren oft äußerst kreativ, aber sie hatten ihre Kreativität in begrenzte Bahnen gelenkt. Wenn diese Menschen neue Wege fanden, ihre kreativen/sexuellen Energien zum Ausdruck zu bringen, ging es ihnen fast immer besser.

Aus diesen Erfahrungen zogen wir den theoretischen Schluss, dass unsere überschüssige sexuelle Energie nicht nur für evolutionäre Zwecke nützlich ist. Sicherlich dient sie der Fortpflanzung, aber sie kann auch der Kreativität als solcher dienlich sein. Ich kann Ihnen gar nicht sagen, wie erleichtert Menschen sind, wenn sie herausfinden, dass sie ihre sexuelle Energie nicht blockieren müssen, sondern einfach umlenken können.

Im letzten Kapitel dieses Buches werden wir uns anschauen, wie wir diese Energie so steuern können, dass wir damit bestimmte Projekte manifestieren.

Sexuelle Lust steigern

Kathlyn und ich haben drei Techniken entwickelt, die unsere Lust am Sex steigern: die Beobachtung des Atems, eine neue Form von Kommunikation und Berührungen, die uns mehr Lust schenken.

Der Atem bei sexueller Erfüllung

Stellen Sie sich vor, Sie fühlen sich zu einem Menschen sexuell hingezogen. Sie berühren die Person, streicheln vielleicht zärtlich ihren Oberarm, und etwas an ihrer Reaktion bewegt Sie, weiterzumachen. Wahrscheinlich haben Sie unbewusst mitbekommen, dass die Person angefangen hat, anders zu atmen. Sie können an dieser Atmung ablesen, das Ihr Gegenüber sexuell empfänglich ist. Der Atem kann aber auch signalisieren: »Sofort aufhören!« Wir müssen diese Signale kennen, um mit dem Strom sexueller Energie mitfließen zu können. Fangen wir ganz von vorn an.

Zu Beginn eines sexuellen Kontakts, den beide bejahen, geht der Atem fließend. Er ist länger und tiefer als gewöhnlich. Wenn Menschen sich sexuell zu Ihnen hingezogen fühlen, vertieft sich ihre Atmung, sobald Sie ihnen näher kommen. Ist das Gegenteil der Fall, geht der Atem Ihres Gegenübers holprig oder zögernd. Komplizierter wird die Situation dadurch, dass Menschen oft sowohl Sex wollen als auch Angst davor haben, was meistens auf sexuelle Traumen oder Verbote zurückgeht. Trotzdem müssen wir die holprige oder zögernde Atmung in solchen Situationen berücksichtigen. Wenn Sie versuchen, sich darüber hinwegzusetzen, tritt sie später wieder auf und verweist auf Schwierigkeiten. Außerdem kann diese unregelmäßige oder zögernde Atmung bei Angst jederzeit erneut auftauchen.

Häufig spült die sexuelle Erregung bestimmte Ängste aus früheren Lebenssituationen hoch, die nicht zwangsläufig mit Sexualität zusammenhängen. So kann zum Beispiel ein Geburtstrauma Ursache für Atemstörungen sein, die später bei sexueller Erregung wieder auftreten.

Für unsere Zwecke werde ich noch vier weitere Formen des Atmens beschreiben, die im natürlichen Verlauf sexueller Erregung auftreten, vorausgesetzt, der Weg von der anfänglichen Erregung bis zum Höhepunkt verläuft glatt und ohne Störungen.

Wenn die Erregung sich aufbaut, wird die fließende Atmung von einer kürzeren, heftigeren Atmung abgelöst, bei der Anfang und Ende der einzelnen Atemzüge deutlicher auszumachen sind. Während die fließende Atmung lang und tief ist und Ein- und Ausatem dabei verschmelzen, verläuft die pressende Atmung schnell und im Stakkatorhythmus. Wenn die sexuelle Energie auf den Höhepunkt zusteuert, geht die pressende Atmung in eine vermischte Atmung über, bei der die Länge der einzelnen Atemzüge variiert. Im Allgemeinen recht schnell verlaufend, ist diese Atmung spontan, und der Ausatem kann einsetzen, bevor der Einatem beginnt und umgekehrt. Diese Atmung setzt sich fort bis zum Orgasmus, nach dem eine vierte Form des Atmens beginnt.

Der Strömungsatem ist leichter und oft länger als der fließende Atem, dem er ähnelt. Der Ausatem endet oft mit einem offenen oder weichen Ton (zum Beispiel »Aaaaaa« oder »Mmmmm«). Nach einer Phase der Beruhigung verlangsamt der Strömungsatem sich zu einem ruhigeren Atem, der oft so leicht ist, dass die Person überhaupt nicht zu atmen scheint. Ich habe diesen ruhigen Atem auch bei Menschen beobachtet, die tief in Meditation versunken und dabei zwar wach, zugleich aber sehr still sind.

Wenn wir um diese verschiedenen Formen der Atmung wissen, können wir sie berücksichtigen, uns in sie hineinentspannen und so unsere Sexualität mehr genießen. Wir können auch den holprigen oder zögernden Atem ausmachen, der uns zeigt, dass Angst hochkommt. Viele sexuelle Störungen können erkannt und behandelt werden, indem wir uns fragen, welche der fünf Phasen von Atmung die betroffene Person nicht ganz abschließt. Diese Formen des Atmens können als Selbsthilfetechnik jeden Tag ein paar Minuten geübt werden. Sie können allein oder mit Ihrem Partner oder Ihrer Partnerin zusammen atmen. Nach einigen Wochen können Sie Ihre Sexualität spürbar besser genießen. Manchmal scheint diese Technik Wunder zu wirken. Eine Frau zum Beispiel, die aufgrund eines sexuellen Traumas ihr Gehör verloren hatte, gewann nach einer Sitzung, in der sie ihre Aufmerksamkeit auf die verschiedenen Formen des Atems richtete, ihr Gehör und ihre sexuelle Empfindungsfähigkeit zurück.

Super-Resonanz: eine neue Form der Kommunikation

Kathlyn und ich kommunizieren seit vielen Jahren vor, während und nach dem Sex auf eine neue Art und Weise, die wir als Super-Resonanz-Kommunikation bezeichnen. Das heißt nichts anderes, als Dinge zu sagen, die in unserem innersten Kern Widerhall finden und dadurch auch im Innersten unseres Partners oder unserer Partnerin ein Echo finden. Sie teilen einfach mit, welche ganz konkrete Resonanz Sie in Ihrem Körper spüren. Wenn Sie sich mit dieser Ebene verbinden, lösen Sie beim anderen sofort ein Echo aus. Sagen wir, Sie sitzen mit Ihrer Partnerin oder Ihrem Partner vor dem Fernseher. Ihr Partner reibt sein Bein an Ihrem Bein und Sie genießen das. Eine Äußerung wie »Reib doch dein Bein noch mal so an mir« würde nicht unbedingt eine positive Resonanz auslösen. Sie kommt einem

Befehl gleich, und auch wenn dahinter die besten Absichten stehen, provozieren Befehle oft negative Reaktionen. Die gleiche Botschaft in Super-Resonanz würde lauten: »Wenn du dein Bein so an mir reibst, spüre ich im ganzen Körper ein schönes Kribbeln.« Damit wird eine ganz konkrete innere Wahrnehmung zum Ausdruck gebracht. Sie berichten von einem tiefen inneren Geschehen. Mit Hilfe Ihrer Stimmbänder produzieren Sie Laute, die Ihrer inneren Resonanz möglichst genau entsprechen.

Anfangs brauchen Sie dafür etwas Übung; erwarten Sie nicht gleich beim ersten Mal, perfekt zu sein. Aber diese Form des Mitteilens ist auch dann wirksam, wenn wir sie noch nicht so gut beherrschen. Wenn Sie gute Absichten haben (den ernsthaften Wunsch verspüren, sich mitzuteilen und sich und Ihrer Partnerin oder Ihrem Partner angenehme Erlebnisse zu verschaffen), werden Sie feststellen, dass der andere sofort positiv reagiert. Menschen, die es ausprobiert haben, waren immer erstaunt darüber, wie schnell der andere auf sie eingeht.

Manchmal helfen diese Super-Resonanz-Techniken tiefe sexuelle Wunden heilen, ohne dass weitere Interventionen nötig wären. (Eine interessante Randbemerkung: In den Workshops, in denen Menschen lernen, so zu kommunizieren, steigt die Temperatur im Raum oft um einige Grade, obwohl die meisten Teilnehmerinnen und Teilnehmer sich gar nicht über unmittelbar sexuelle Themen unterhalten.) Hier einige Super-Resonanz-Äußerungen als Kostprobe für Sie:

- Ich spüre ein Vibrieren in meinen Oberschenkeln.
- Wenn ich in deine Augen schaue, wird mein Kopf ganz leicht.
- Es fühlt sich an, als würde mein Blut durch den Körper strömen und singen.

- Mein Herz ist ganz offen und glücklich.
- Ich habe dieses herrliche Schmetterlingsgefühl im Bauch.

Bei unangenehmen Empfindungen kann die Super-Resonanz oft helfen, die entsprechenden Blockaden aufzulösen.

- Mein Bauch fühlt sich ganz verkrampft an, wie ein Knoten.
- Ich bin immer noch erledigt von der Arbeit. Meine Schultern sind ganz verspannt und ich spüre einen Druck auf der Brust.

Meistens bedarf es nicht vieler Worte in diesem Stil, damit die Empfindungen sich verändern. Manchmal nehmen sie schon beim Sprechen ab.

Zwischenspiel: Machen Sie Ihre eigenen Erfahrungen

Sie können die Super-Resonanz-Kommunikation nur dann wirklich schätzen lernen, wenn Sie sie ausprobieren. Die folgende Übung ist einfach und trotzdem habe ich immer wieder erlebt, dass sie Erstaunliches bewirken kann. Wenn Sie einen Partner haben, stellen Sie sich voreinander hin und üben zusammen. Sind Sie allein, stellen Sie sich vor einen Spiegel, in dem Sie sich ganz sehen können.

Person A beschreibt die Empfindungen in einem bestimmten Körperbereich. Die Mitteilungen sollten so präzise wie möglich sein und nicht länger dauern als ein Ausatmen. Bemühen Sie sich, nichts zu sagen, was einen Streit auslösen könnte (zum Beispiel: »Ich habe einen Kloß im Hals, und das ist deine Schuld«). Person B gibt anschließend genau das wieder, was sie gehört hat, ohne es zu interpretieren oder leicht abzuwandeln.

Hier ein Beispiel:

Person A: »Meine Kehle fühlt sich an wie zugeschnürt.«
Person B: »Deine Kehle fühlt sich an wie zugeschnürt.«

Die Partner kommunizieren über jeden Körperteil dreimal. Mit anderen Worten, das obige Beispiel würde weitergehen wie folgt:

Person A: »Ich spüre, wie meine Kehle sich angenehm zu entspannen beginnt.«
Person B: »Du spürst, wie deine Kehle sich angenehm zu entspannen beginnt.«
Person A: »Ich habe so ein schmelzendes Gefühl im Hals.«
Person B: »Du hast so ein schmelzendes Gefühl im Hals.«

Sie beginnen beim Hals und gehen dann über zu anderen Körperteilen, wobei pro Körperteil drei Aussagen gemacht werden. Nachdem eine Person auf diese Weise ihre Empfindungen im ganzen Körper mitgeteilt hat, tauschen Sie die Rollen.

- In meinem Hals fühle ich ...
- In meinem Hals fühle ich ...
- In meinem Hals fühle ich ...

- In meinem Brustkorb fühle ich ...
- In meinem Brustkorb fühle ich ...
- In meinem Brustkorb fühle ich ...

- In meinem Bauch fühle ich ...
- In meinem Bauch fühle ich ...
- In meinem Bauch fühle ich ...

- In meinem Becken fühle ich ...
- In meinem Becken fühle ich ...
- In meinem Becken fühle ich ...

- In meinen Beinen fühle ich ...
- In meinen Beinen fühle ich ...
- In meinen Beinen fühle ich ...

- In meinen Armen fühle ich ...
- In meinen Armen fühle ich ...
- In meinen Armen fühle ich ...

- In meinem Rücken fühle ich ...
- In meinem Rücken fühle ich ...
- In meinem Rücken fühle ich ...

Diese Form zu kommunizieren ist ein idealer Weg, das sexuelle Lustempfinden zu steigern, denn Sie vermitteln Ihrem Partner oder Ihrer Partnerin präzise Informationen über Ihr Innenleben. Das ist bereits als solches erotisch. Viele meiner Klienten haben mir erzählt, dass sie erst dann sexuell erregt werden, wenn sie auf einer tiefen Ebene mit dem anderen kommunizieren, und ich kann das aus eigener Erfahrung nur bestätigen. Kathlyn und ich haben manchmal Zeiten, in denen unser sexuelles Interesse füreinander für einige Tage verloren gegangen zu sein scheint. Die Super-Resonanz bringt es mit Sicherheit zurück. Wenn mir schließlich auffällt, dass ich sie sexuell gerade nicht attraktiv finde, sage ich zum Beispiel: »Ich spüre so ein gereiztes Prickeln in meinen Armen«, und eröffne damit die Super-Resonanz-Kommunikation zwischen uns. »Es fühlt sich an, als ob ich innerlich etwas zurückhalte und versuche, es zu kontrollieren«, könnte ich fortfahren. »Ah«, fällt mir dann ein, »ich bin ärgerlich wegen der Situation mit

Nancy und dir«, womit ich auf ein Arbeitsproblem anspiele. Ich erzähle ihr mehr darüber und gebe so viel Information wie möglich. Manchmal spüre ich, wie die sexuelle Erregung zurückkehrt, wenn ich nur ein kleines Detail von dem mitteile, was in mir vorgeht. Je intensiver wir auf diese Art kommunizieren, desto stärker kommt unsere sexuelle Energie ins Fließen.

Eine neue Form der Berührung, um die sexuelle Lust zu steigern

Vor etwa zehn Jahren machten Kathlyn und ich eine faszinierende transformierende Entdeckung: Wenn wir zwei Körperstellen auf eine ganz spezielle Weise gleichzeitig berühren, geraten sowohl der aktive als auch der passive Partner in einen anderen Bewusstseinszustand. Wir nennen diese Form von Kontakt Super-Resonanz-Berührung. Auch wenn wir diese Entdeckung erstmals in der körperzentrierten Therapie machten, wandten wir sie schon bald an, um unsere sexuelle Lust zu steigern. Jetzt haben wir einen Weg gefunden, anderen beizubringen, wie sie auf der Ebene der Super-Resonanz Kontakt herstellen können. Die Menschen, die unsere Workshops besuchen, lieben diese Form von Berührung (sie kann sowohl voll bekleidet als auch unter intimeren Bedingungen gelernt werden).

Sie können es sofort einmal ausprobieren. Wenn Sie einen Moment innehalten, um aufmerksam in Ihre Fingerspitzen zu spüren, nehmen Sie hier ein feines Vibrieren wahr. Richten Sie Ihre Aufmerksamkeit auf Ihre Fingerspitzen und die Fingerkuppen und achten Sie auf die Empfindungen unter der Haut. Vielleicht dauert es einen Moment, bevor Sie die Vibrationen wahrnehmen, aber ich kenne niemanden, der sie nicht gespürt hätte. Wenn Sie nicht gleich etwas merken, reiben Sie die Fingerspitzen und Fingerkuppen beider Hände kurz aneinander. Und wenn Sie dann die feinen Vibrationen spüren, setzen Sie dieses kleine Experiment mit dem Finger fort, der am empfindsamsten ist. Bei mir ist das der rechte Zeigefinger.

Berühren Sie mit diesem Finger Ihren Unterarm. Wenn Sie den Kontakt hergestellt haben, spüren Sie die Vibrationen in Ihrem Finger und auch die Vibrationen in Ihrem Unterarm am Punkt der Berührung. Das ist Super-Resonanz-Kontakt. Bleiben Sie bei diesem Kontakt, während Sie Ihren Unterarm mit dem Finger reiben. Wenn Sie mit den Vibrationen in Ihrem Finger oder in Ihrem Unterarm nicht mehr in Berührung sind, machen Sie eine Pause und stellen den Kontakt erneut her.

Jetzt sind Sie bereit, zwei Körperstellen auf einmal zu berühren, das ist die höchste Form von Super-Resonanz-Kontakt. Wenn zwei Körperstellen gleichzeitig berührt werden, wird ein anderer Bewusstseinszustand ausgelöst, der mit sehr angenehmen Gefühlen verbunden ist. Die Selbstberührung gibt Ihnen eine kleine Kostprobe. Und wenn Sie auf diese Weise mit einem Partner oder einer Partnerin in Kontakt sind, kommen Sie in den vollen Genuss dieser Erfahrung.

Entscheiden Sie, mit welchen zwei Fingern Sie sich berühren wollen. Am besten geht es mit je einem Finger beider Hände. Je weiter entfernt die beiden Punkte sind, die Sie berühren, desto besser. Wählen Sie eine Körperstelle, wo Sie sich gern besser fühlen möchten.

Ich will Ihnen zeigen, wie das geht, indem ich selbst als Beispiel diene. Ich benutze die Mittelfinger beider Hände, um damit meine Schläfen zu berühren. Ich würde das Gefühl in meinen Schläfen nicht als Kopfschmerz bezeichnen, aber ich spüre hier einen Druck oder eine Anspannung, die im Laufe des Tages zugenommen haben. Während ich um neun Uhr abends diese Worte schreibe, geht ein voller Tag zu Ende, an dem ich eine Gruppe von Firmenangestellten unterrichtet, einer prominenten Persönlichkeit (mit einem ebenso prominenten Ego) aus dem Showgeschäft eine Therapiesitzung gegeben und mir Auszüge aus einem Basketball-Meisterschaftsspiel angesehen habe, bei dem meine favorisierte Mannschaft verloren hat. Mein Tag hatte, ebenso wie wahrscheinlich auch Ihrer, seine Höhen und Tiefen.

Während ich meine Augen schließe, lasse ich die Fingerkuppen der Mittelfinger auf meinen Schläfen ruhen. Ich spüre den Vibrationen in meinen Fingern nach und nehme dann die Vibrationen in den Schläfen wahr. Die Vibrationen in meinen Fingerspitzen sind sehr fein, verglichen mit dem dumpfen, bleiernen Pochen in meinen Schläfen. Während Vibration auf Vibration trifft, beginnt jedoch eine angenehme Veränderung. Meine Augen entspannen sich und scheinen nach hinten in den Kopf zu sinken. Mir wird klar, dass ich den ganzen Tag aufgrund des anstehenden Pensums, das es zu schaffen galt, etwas angespannt war. Jetzt kann ich spüren, wie meine Augen weicher werden, und während das passiert, verwandelt sich das dumpfe Gefühl in eine angenehme Leichtigkeit. Plötzlich vergesse ich meine Finger, meine Schläfen und alles, was ich tue. Ich fühle mich innerlich nicht mehr leicht gehetzt, sondern angenehm wach. Ich treibe und schwebe 10, 15 Sekunden lang, fließe mit den inneren Wellen mit, die ich empfinde.

Dann, wie erwachend aus einer angenehmen Trance, realisiere ich wieder, wo ich bin. Ich werde mir meiner Finger und meiner Schläfen wieder bewusst, aber jetzt fühlt sich alles anders an. In meinen Schläfen sind keine Spannung und kein Druck mehr. Tatsächlich spüre ich dort kaum etwas oder gar nichts, außer Leichtigkeit und Weite.

Das ist Super-Resonanz in Aktion.

Das höchste Potenzial bewusster Sexualität

Mit der richtigen Einstellung und den entsprechenden Fähigkeiten können wir durch das Tor bewusster Sexualität treten und uns an einen Strom transzendentaler Kräfte anschließen, die uns sowohl Heilung als auch intensivere Lust bringen. Selbst wenn das alte Trauma oder Verhaltensmuster nicht sexueller Natur ist, wird durch den Fluss transzendentaler Energien Heilung möglich. Ich habe erlebt, wie selbst körperliche Verletzungen und Beschwerden zu heilen begannen, als die betreffende Person den Weg zu einer bewussten Sexualität fand. Auch wenn ich immer noch nicht völlig verstehe, wie das vor sich geht, habe ich diese Art Heilung jetzt so oft erlebt, dass ich keinerlei Zweifel mehr daran habe.

Wir alle haben Erfahrungen mit unbewusstem Sex und unbewussten Beziehungen. Getrieben von unseren alten Prägungen tun wir Dinge, die wir später bedauern, und zwängen uns in Rollen, mit denen wir uns begrenzen und oft auch abwerten. Wir geben uns in Beziehungen mit weniger zufrieden, als möglich wäre. Bewusste Beziehungen und damit einhergehende bewusste Sexualität sind für uns neu. Wir fangen erst an, uns selbst und unsere Sexualität so kennen zu lernen, dass wir uns an ihr enormes transformierendes Potenzial anschließen können.

Ich möchte Ihnen dringend empfehlen, mit den Richtlinien und Praktiken zu experimentieren, die ich beschrieben habe. Sie haben Tausende von Menschen, die den Mut hatten, in ihren Beziehungen und in ihrer Sexualität neues Terrain zu erforschen, weitergebracht. Vielleicht können wir gemeinsam eine transzendente Form von Liebe und Sexualität entwickeln und damit den Liebenden der Zukunft ein Erbe an Nähe und spirituellem Wachstum hinterlassen.

Ihr Leben nach eigenem Entwurf gestalten

Das menschliche Gehirn ist die erstaunlichste Schöpfung, die wir kennen, und die meisten von uns benutzen nur einen äußerst geringen Teil seiner Kräfte. Es ist, als wäre uns bei unserer Geburt ein Düsenflugzeug gegeben, aber die Leute erzählen uns, wir könnten damit lediglich Kartoffelfelder pflügen. Es kann aber fliegen – und möchte fliegen –, doch wir holpern Jahr für Jahr über dieselben schäbigen Straßen und ernten unsere magere Ration an Knollen.

Wir müssen wissen, dass wir unsere Prägung ändern können, und wir müssen wissen, wie das geht. Das bringt uns zum Thema Manifestation, der Kunst und Wissenschaft, unser Leben nach eigenem Entwurf zu gestalten.

Manifestation ist die Kunst, bewusst zu entscheiden, wie Sie Ihr Leben leben möchten, und diese Entscheidungen in die Tat umzusetzen. Wir beginnen in dem Augenblick bewusst zu manifestieren, wo wir unseren Kopf aus dem Nebel unserer Prägung strecken und uns fragen: »Wie möchte *ich mein* Leben gern leben?«

Viele von uns stellen sich diese Frage nie. Und solange wir das nicht tun, wollen wir hauptsächlich das, was unsere Prägung uns vorgibt. Wenn wir diese Frage nicht stellen, sind wir nicht frei dafür, Neues zu schaffen. In dem Augenblick jedoch, wo wir so fragen, schließen wir uns an die kreative Quelle des Universums an; wir gehen mit dem Leben selbst eine Partnerschaft ein. Deswegen ist es wichtig zu wissen, wie Manifestation funktioniert. Wenn wir die Grundsätze des Manifestierens nicht kennen, ist das Leben keine Entdeckungsreise, sondern ein zielloses Umherschweifen oder ein erzwungener Marsch.

Seit 25 Jahren freue ich mich daran, mein Leben nach eigenem Entwurf zu gestalten, und es ist schöner, als ich es mir jemals vorgestellt habe. Ich möchte gern, dass alle Menschen die tiefe Freude erfahren, ein Leben zu leben, das von der Vergangenheit zwar durchdrungen, aber nicht an diese gefesselt ist.

Eine Frage gab den Anstoß für meine Reise zur Manifestation

Mein erster wichtiger Durchbruch beruhte auf dem Geschenk einer großartigen Frage. Als ich in Stanford meine Doktorarbeit abschloss, überlegte ich ernsthaft, wie es beruflich für mich weitergehen sollte. Im Laufe einer Woche schlugen mir drei Menschen vor, ich solle Jim Fadiman aufsuchen, einen eigenbrötlerischen Psychologen, der in Stanford Teilzeitunterricht gab. Obwohl ich überhaupt nicht wusste, warum ich mit ihm reden wollte, rief ich ihn an und suchte ihn in seinem Büro auf. Bei unserem Gespräch stellte er mir eine Frage, die mich mein ganzes weiteres Leben lang begleiten sollte: »Was wollen Sie?« Mehrere Bedeutungen waren in diese Frage eingebettet: Wie wollen Sie Ihr Leben leben? Welchen Beitrag wollen Sie leisten? Welche spezielle Begabung können Sie in die Welt einbringen?

Seine Frage war wie ein Lichtstrahl, und auf dem Weg zurück in mein Büro erträumte ich mir meine eigene Zukunft. Als ich in meinem Büro angekommen war, hatte ich bereits ein Buch für Lehrerinnen und Lehrer an Schulen im Kopf, das als Handbuch für eine neue Form des Unterrichts benutzt werden konnte. Ich nannte es *The Centering Book* (Das Buch der Zentrierung) und schrieb es innerhalb weniger Wochen auf einer geliehenen Schreibmaschine. Bis 17 Uhr arbeitete ich in meinem normalen Beruf und blieb dann oft bis drei Uhr nachts auf, um an dem Buch zu schreiben. Der Schlaf fehlte mir nicht, denn es war so aufregend, an etwas zu arbeiten, das mit der Lebensaufgabe, die ich selbst gewählt hatte, in Einklang stand.

Bislang war das Schreiben für mich harte Arbeit gewesen. Jetzt floss es leicht dahin, weil ich fasziniert war von der Frage: Was willst du in deinem Leben am meisten? Ich warf mich mit Herz und Seele in dieses Unternehmen, bei dem ich nicht zusammenfasste, was es an Ideen zu diesem Thema schon gab, sondern wirklich Neues ersann. Nicht nur, dass ich mühelos schrieb, ich fand auch sofort einen großen Verlag für mein Buch und erlebte, wie es auf dem Erziehungssektor innerhalb eines Jahres zum Bestseller wurde.

Wir werden zu dieser Schlüsselfrage – Was will ich? – zurückkehren, wenn wir die zwölf Gesetze des Manifestierens erforschen. Bevor wir das tun, wollen wir einen Schritt zurücktreten und uns das Gesamtbild anschauen. Wenn Sie verstehen, wie die Grundsätze des Manifestierens der organischen Wirkungsweise des Universums entsprechen, können Sie diese Techniken besser anwenden.

Drei Ebenen der Manifestation

Die drei Ebenen der Manifestation entsprechen dem Wechsel, den die westliche Welt im Verständnis der Physik vollzogen hat. Die Techniken des Manifestierens der ersten

Ebene – die ich »Newton'sche Ebene« nenne, weil sie sich abzeichnete, nachdem Newton seine physikalischen Gesetze formuliert hatte – sind ebenso nützlich wie wirkungsvoll. Da sie die Grundlage für die beiden fortgeschrittenen Ebenen des Manifestierens bilden, müssen wir sie als Erste verstehen.

Verbreitete Techniken wie das Visualisieren oder das positive Denken beruhen auf den Newton'schen Grundsätzen. Jeder Aktion entspricht eine Reaktion, sagt Newton. Visualisieren heißt, Sie versuchen in der realen Welt eine Reaktion auszulösen, indem Sie in der Vorstellungswelt ein Bild schaffen. Sie entwerfen ein Bild der von Ihnen gewünschten Realität und leiten damit den Prozess der Realisierung in der materiellen Welt ein. Aber auch wenn die Techniken der ersten Ebene wirkungsvoll sind, erreichen sie nicht die Tiefe der beiden ihr zugrunde liegenden Ebenen. Wenn Sie alle drei Ebenen verstehen und die einfachen Techniken für ihre Anwendung kennen, bereichert das Ihre Fähigkeit, sich ein erfülltes Leben zu schaffen, enorm.

Im 20. Jahrhundert zeichnete sich die Einstein'sche Sicht ab. Diese Sicht setzte die grundlegende Newton'sche Weisheit nicht außer Kraft, sondern erweiterte diese um eine neue Dimension. Es ist, als hätten die Menschen vor dem 20. Jahrhundert nur die Dimensionen von Höhe und Breite wahrgenommen, während Einstein dem Bild plötzlich zusätzlich Tiefe gab, indem er auf den Raum verwies, in dem es sich befand.

Jetzt, wo das 21. Jahrhundert begonnen hat, werden sowohl der Newton'schen als auch der Einstein'schen Sicht neue Dimensionen hinzugefügt. Ich bezeichne das neue Paradigma als den Dritten Weg, denn es lässt sich nicht mit nur einem Wort präzise bezeichnen.

Schauen wir uns diese Ebenen einmal genauer an.

Die erste Ebene des Manifestierens: die Newton'sche Ebene

Die Newton'sche Ebene beruht auf einem einfachen Faktum des Lebens und des Geistes: Jeder Aktion entspricht eine Reaktion. Wenn Sie eine Kugel über den Tisch rollen lassen und eine zweite Kugel dagegenstoßen, reagiert die erste darauf. Ähnliches gilt, wenn Sie die Überzeugung vertreten, dass man Menschen nicht vertrauen kann. Wahrscheinlich lösen Sie damit Reaktionen aus wie die, dass Menschen in Ihr Leben treten, die nicht vertrauenswürdig sind, und Sie Ihr Misstrauen auf Menschen projizieren, die eigentlich Ihr Vertrauen verdienen.

Meistens gehen Einstellungen wie mangelndes Vertrauen auf unsere Kindheitserfahrungen zurück. Wir wachen nicht eines Morgens auf und beschließen: »Von heute an werde ich Menschen misstrauen.« Solche Gedanken entstehen vielmehr in einer Zeit unseres Lebens, in der wir sehr verletzlich und abhängig sind und oft noch nicht einmal laufen können.

Beim Manifestieren auf der ersten Ebene korrigieren Sie diese alten Begrenzungen, indem Sie dem Strom Ihrer Gedanken bewusst ausgewählte positive Worte oder Bilder hinzufügen. Sagen wir, Ihnen fällt auf, dass Ihre Gedanken ständig um Geldsorgen kreisen. Sobald Sie das bemerken, lassen Sie Ihre Sorgen los und konzentrieren Sie sich auf Bilder, die Sie als glücklichen, erfolgreichen und wohlhabenden Menschen zeigen. Diese Technik wirkt Wunder; ich benutze sie selbst und habe sie Tausenden von Menschen beigebracht. Sie ist besonders geeignet für das Manifestieren materieller Dinge. Noch viel weiter kommen Sie, wenn Sie sich auf die konkreten positiven Schritte konzentrieren, die Sie unternehmen können, statt immer nur an das zu denken, was Ihnen fehlt.

In den Werken von William James und Ralph Waldo Emerson steht vieles über Techniken wie Visualisierung und positives Denken. James sagte, die größte Entdeckung seiner Zeit bestünde tatsächlich darin, dass wir die äußeren Umstände unseres Lebens ändern können, wenn wir unsere Gedanken ändern. Das ist die Technik der ersten Ebene in ihrer simpelsten Form. Wenn Sie dieses Buch lesen, wette ich, Sie haben in Ihrem Leben bereits schon einmal eine Newton'sche Technik benutzt. Sie haben sich gefragt: »Wie wünsche ich mir mein Leben?« Und dieser Gedanke hat dann einen Strom neuer Möglichkeiten eingeleitet, die auf Ihren Wünschen statt auf Ihren Prägungen beruhten. Sie haben ein bestimmtes Denkmuster geschaffen, das sich dann in Ihrem Leben manifestierte.

Viele der erfolgreichsten Bücher über Manifestation von Napoleon Hills *Denke nach und werde reich* bis zu Shakti Gawains *Stell Dir vor. Kreativ Visualisieren* beruhen auf Newton'schen Prinzipien. Die Kerntechnik von Napoleon Hill zum Beispiel ist das positive Denken: Definieren Sie Ihre Ziele und richten Sie Ihre mentalen Kräfte auf das Erreichen dieser Ziele aus. Für viele Menschen ist das ein entscheidender Schritt nach vorn, denn sie wissen nicht, wie ihre Ziele aussehen, und sind aus diesem Grund verwirrt oder verbittert. Solange wir keine positiven Bilder unserer Ziele in uns tragen, entkommen wir dem Bann der negativen wahrscheinlich nicht.

Die zweite Ebene: die Einstein'sche Ebene

Eine der großen Leistungen Einsteins bestand darin, dass er den Wechsel von der mechanistischen Sicht Newtons – ein Universum, bestehend aus beweglichen Teilchen, die sich gegenseitig anziehen und abstoßen – zu einer relativistischen Welt beschrieben hat, in der das Bewusstsein eine machtvolle Rolle spielt. Um das neue Paradigma zu beschreiben, benutze ich ein Beispiel, das ursprünglich Einstein zugeschrieben wird. Wenn Sie zwei Minuten auf einem heißen Herd sitzen, fühlt sich das an wie zwei Stunden; zwei Stunden mit Ihrem Partner gehen dagegen vorbei wie zwei Minuten. Wenn unser Bewusstsein sich verengt (bei Schmerz, Angst oder Langeweile), beginnt die Zeit zu kriechen und unsere Ziele scheinen sich – wenn überhaupt – nur langsam zu manifestieren. Dehnt unser Bewusstsein sich hingegen in Liebe, Achtsamkeit und Dankbarkeit aus, scheinen unsere Ziele wie durch Zauberhand schnell Wirklichkeit zu werden.

Um sich das zu verdeutlichen, sollten Sie sich einmal vorstellen, dass Sie bei einem öffentlichen Anlass reden müssen und entsprechende Ängste haben. Sie beschließen, ein bewusstes Manifestationsprogramm einzusetzen, um Ihre Ängste zu überwinden und eine gelungene Rede zu halten. Auf der ersten Ebene könnte das in Form einer Affirmation geschehen – »Ich bin ein guter öffentlicher Redner« – oder Sie stellen sich innerlich vor, wie das Publikum am Ende Ihrer Rede lebhaft applaudiert. Sie fügen dem Strom Ihrer Gedanken bewusst positivere Vorstellungen hinzu. Das ist wunderbar, lässt aber einen mächtigen positiven Verbündeten aus: Ihr unmittelbares Erleben der Welt in diesem Augenblick.

Auf der zweiten Ebene arbeiten Sie direkt mit Ihrer Erfahrung, so, wie sie ist, statt zu versuchen, sie durch innere Bilder oder Worte zu verändern. Sie wenden sich Ihren Ängsten vor öffentlichen Auftritten zu, indem Sie Ihre Aufmerksamkeit auf das Rumoren Ihrer Angst im Körper richten. Sie versuchen nicht, diese durch etwas anderes zu ersetzen. Sie konzentrieren sich einfach auf Ihre Angst und lernen von ihr. Dabei fällt Ihnen ein, dass Sie in der achten Klasse einmal für die Äußerung Ihrer Meinung bestraft wurden. Sie sprachen über Dinge, die Sie tief berührten, und die anderen Kinder lachten Sie aus. Während Ihnen das klar wird, legt sich das Rumoren, wird zu einem angenehmen Summen und verwandelt sich dann in ein köstliches Gefühl von Leichtigkeit. Jetzt kommt Ihnen Ihre Rede eher wie ein aufregendes Abenteuer als wie etwas Beängstigendes vor. Sie haben Ihre Erwartung geändert, ohne der Situation Ihren Willen – Ihr positives Bild der Wirklichkeit – aufzudrängen; stattdessen haben Sie das Rohmaterial der Wirklichkeit im Stadium der Schwingungen umgewandelt. Sie sehen die Welt jetzt anders, weil Sie Ihr Bewusstsein in seinem Kern geändert haben.

Der große Vorteil des Manifestierens auf der zweiten Ebene besteht darin, dass wir kein positives Bild des erwünschten Ergebnisses entwerfen müssen. Es ist schwer, in dieser Form wirkungsvoll zu visualisieren, denn Sie versuchen, ausgehend von einer Gegenwart, die durch Begrenzungen aus der Vergangenheit überschattet sein mag, eine positive Zukunft zu planen. Der Newton'sche Weg zu einer neuen Liebesbeziehung bestünde beispielsweise darin, eine Anzeige mit 32 erwünschten Eigenschaften eines potenziellen Partners aufzugeben. Die Einstein'sche Methode wäre, die Schwingungen in Ihrem Körper zu spüren (vielleicht Einsamkeit oder eine nicht geheilte Verletzung aus der Vergangenheit) und diese bewusst anzunehmen. Ich benutze dieses Beispiel, weil eine meiner Klientinnen genau das tat. Zuerst versuchte sie es mit der Liste an Eigenschaften und beschrieb sehr detailliert, was sie suchte. Als das überhaupt nicht funktionierte, wandte sie sich an mich um Rat.

Sie ging nach der Newton'schen Methode vor, obwohl in diesem Fall eine Technik der zweiten Ebene erforderlich war. Statt sie affirmieren oder visualisieren zu lassen, lud ich sie ein, all die Emotionen zu spüren, die bei ihr hochkamen, wenn sie sich klar machte, dass sie keine Partnerschaft hatte. Sie begann ihren Bewusstseinszustand in Bezug auf ihre Einsamkeit zu verändern. Wie sie es formulierte: »Sobald ich lernte, mich in meiner Einsamkeit zu lieben, begann das Telefon zu klingeln und ich begegnete dem Mann, mit dem ich jetzt zusammen bin.«

Der erste Versuch funktionierte deswegen nicht, weil wir bei der Anwendung von Newton'schen Techniken manchmal auf subtile Weise die Dinge ignorieren, denen wir uns zuwenden müssen. Vielleicht ist es notwendig, dass Sie die Seiten in sich annehmen, die Sie nicht lieben oder akzeptieren. Wenn Sie die Affirmation wiederholen, dass Sie eine gute öffentliche Rednerin sind, lösen Sie damit möglicherweise nicht den Schmerz eines früheren Erlebnisses auf, der sich noch Jahre später in Ihrem Körper befindet.

Der Dritte Weg

Die tiefste Ebene der Manifestation ist gegeben, wenn Ihr ideales Leben sich ohne Newton'sche Schritte wie Visualisierungen oder Einstein'sche Techniken wie eine Veränderung Ihres Bewusstseins spontan vor Ihnen entfaltet. Sie fühlen sich im Universum völlig zu Hause und bewegen sich darin, als ob Sie dorthin gehörten. Sie sind zur richtigen Zeit am richtigen Ort; das Universum selbst scheint Sie im vollen Ausdruck Ihrer Kräfte zu unterstützen. Meistens müssen wir die Newton'sche Ebene beherrschen, bevor wir die Einstein'sche Ebene richtig würdigen können. Um den Dritten Weg gehen zu können und harmonisch auf ihn eingestimmt zu bleiben, brauchen wir sehr viel Übung, Praxis und Wachsamkeit.

Zuerst eröffnet sich der Dritte Weg in scheinbar trivialen Situationen, die in Wirklichkeit aber Zeichen dafür sind, dass wir die richtige Richtung eingeschlagen haben. Für mich tat er sich in Form mehrerer Realisierungen auf, die ich jetzt als Meilensteine zum Dritten Weg bezeichne. Der zentrale Meilenstein ist das körperliche Gefühl, die Erwartung loszulassen, dass die Dinge sich auf bestimmte Weise entwickeln müssen, und in eine wohltuende Offenheit für das zu gleiten, was möglich ist. Um zu begreifen, was ich meine, möchte ich Sie bitten, den Unterschied in einem kleinen Experiment einmal innerlich selbst zu spüren. Versetzen Sie sich in das Körpergefühl, das die Erwartung begleitet, dass es zum Mittagessen Kartoffeln gibt. Lassen Sie dieses Gefühl dann los und gehen Sie dazu über, sich für sämtliche Möglichkeiten zu öffnen. Wer den Dritten Weg gehen möchte, muss lernen, seine Erwartungen flexibel fallen zu lassen und offen für sämtliche kreativen Möglichkeiten zu sein.

Unmittelbar nachdem ich den Wert dieses Bewusstseinswandels begriffen hatte, bekam ich Gelegenheit, ihn bei einem zunächst belanglos erscheinenden Anlass aktiv einzusetzen. Später sah ich, dass diese Situation die Möglichkeiten signalisierte, die sich mir erschließen würden, wenn ich mir den Dritten Weg vertraut machte.

Ich trug eine große Kiste auf eine Tür zu, die zu dem Gang führte, in dem mein Büro lag. Etwa 15 Meter vor der Tür fiel mir ein, dass ich den Schlüssel nicht aus meiner Hosentasche holen und die Tür öffnen konnte, ohne die schwere Kiste abzusetzen. Und dann wurde mir etwas viel Schlimmeres klar: Ich hatte meine Büroschlüssel vergessen. Es war spät am Abend und ich sah keine Möglichkeit, die Haupteingangstür oder die Tür zu meinem Büro zu öffnen. Das Gebäude schien verlassen. Eine Woge von Ärger auf mich selbst stieg in mir hoch.

Mich erinnernd an das, was ich gerade auf dem Dritten Weg gelernt hatte, blieb ich jedoch mit der Kiste stehen, nahm einen tiefen Atemzug und ließ den Ärger los. Ich ließ auch die Erwartung los, in mein Büro zu gelangen. Ich stand etwa zehn Sekunden still da, tief atmend und mich körperlich entspannend.

Genau in diesem Augenblick öffnete einer meiner Kollegen die Tür von innen und sah mich mit der Kiste dastehen. Er hielt die Tür für mich offen, während ich hereintrat. Ich dachte daran, meine Kiste im Flur vor meinem Büro stehen zu lassen, wo sie sicher sein würde.»Na, noch so spät am Arbeiten?«, fragte mein Kollege und schüttelte mitleidig den Kopf. Ohne einen weiteren Blick eilte er davon.

Mich jetzt in dem Gebäude befindend, schaute ich den Flur entlang zu meinem Büro. Neben meinem Büro stand der einzige Nachtwächter auf dem Campus, den ich mit Vornamen kannte. Offensichtlich drehte er gerade seine Abendrunde.»Hallo, Jerry«, sagte ich.»Könntest du mir mal mein Büro aufschließen?«»Na klar doch, Doc«, sagte er und zog seinen großen Schlüsselbund hervor. Wenige Sekunden später stand ich in meinem Büro und fühlte mich im Universum völlig zu Hause. Auf dem Dritten Weg funktioniert alles auf wunderbare Weise gut, selbst wenn unser bewusster Verstand uns etwas anderes einreden will.

Sie haben bestimmt auch schon solche Tage erlebt; jeder von uns kennt sie. Ich aber habe entdeckt, wie wir zuverlässig dafür sorgen können, dass die Dinge so laufen, und wie wir die Spur wieder aufnehmen können, wenn wir vom Dritten Weg abgekommen sind.

Wenn Sie die Newton'sche Methode benutzen, überlegen Sie sich, wie Sie Ihr Leben gern haben möchten, und projizieren Ihre gewählten Ziele dann mit Hilfe Ihrer Verstandeskräfte in die Zukunft.

Bei der Einstein'schen Manifestation lieben und schätzen Sie die Dinge so, wie sie sind. Durch diese Liebe transformieren Sie sie und beginnen die Richtung einzuschlagen, in der Sie mehr von dem bekommen, was Sie in Ihrem Leben wollen und brauchen.

Auf dem Dritten Weg geben Sie es auf, die Dinge mit Hilfe von Willenskraft in eine bestimmte Richtung zu drängen. Vielmehr öffnen Sie sich dafür, vom Universum mühelos unterstützt zu werden. Sie entspannen sich in Ihre organische Einheit mit der ganzen Schöpfung hinein, und indem Sie Ihre Verbindung mit der unendlichen Schöpfung und dem unendlichen Überfluss dankbar anerkennen, lassen Sie zu, immer zur richtigen Zeit am richtigen Ort zu sein, so dass Sie sich optimal entfalten können. Das ist der Dritte Weg.

Die Kunst des Dritten Weges beinhaltet diese einleitende innere Umstellung, gefolgt von einer wohltuenden Wachheit, die Sie erkennen lässt, wann Sie wieder anfangen, zu heftig voranzudrängen. Die Tendenz, wieder zurück in das angestrengte Bemühen zu verfallen, die den Prozess der Manifestation verlangsamt, ist immer da. Die Kunst besteht darin, in das Gefühl der Einheit mit dem Universum und seinem unendlichen Überfluss zurückzufinden, sobald Sie Ihre Ungeduld wahrnehmen. Später, wenn wir uns die Meistertechnik für den Zugang zum Dritten Weg genauer anschauen, werde ich eine bestimmte Möglichkeit beschreiben, diesen Weg auszubauen.

In diesem Stadium meiner Entfaltung sind für mich zwölf Gesetze erkennbar, die im Hintergrund des Dritten Weges wirken. In dem Maße, wie ich mit diesen Gesetzen vertrauter wurde, lebte ich für immer längere Zeitspannen in der magischen Welt, die der Dritte Weg uns erschließt.

Die zwölf Gesetze des Dritten Weges

Ich habe die Gesetze des Manifestierens seit über 30 Jahren studiert und hatte Gelegenheit, Tausende von Menschen zu beobachten, die die Prinzipien, die wir hier besprechen, anwandten. Bestimmte Konzepte haben sich so eindeutig als nützlich und zuverlässig erwiesen, dass ich sie ohne zu zögern als Gesetze bezeichne. Wenn ein Mensch aufsteht, um einen Vortrag darüber zu halten, dass die Schwerkraft kein Gesetz ist, muss ich ihn lediglich bitten, einmal hochzuspringen und darauf zu achten, ob er wieder auf dem Boden landet. Genauso empfinde ich die zwölf Gesetze. Streiten Sie sich nicht darüber, ob es Gesetze sind oder nicht, bevor Sie sie nicht mit ernsthaften Absichten ausprobiert haben. Ich habe es getan, und sie erfüllen für mich sämtliche Kriterien, die Gesetze für mich ausmachen.

Das Gesetz der unbewussten Anziehung

Wir ziehen unweigerlich die Lebenserfahrungen an, die unserer unbewussten Prägung entsprechen. Darüber hinaus neigen wir dazu, diese Lebenserfahrungen als Bestimmung zu betrachten – »So ist das Leben nun einmal« – statt als Produkte unserer Konditionierung, welche durch bewusste Planung verändert werden kann. Wenn Sie zum Beispiel monatlich gerade so viel Geld verdienen, wie Sie ausgeben, dann ist das laut Gesetz der unbewussten Anziehung deswegen der Fall, weil Sie eine unbewusste Regel vertreten, nach der das Leben sich für Sie zwangsläufig so gestalten muss. Als ich dieses Gesetz zum ersten Mal in meinem Leben wirken sah, war ich völlig verblüfft. Es schien so offensichtlich. Warum hatte mich in der Grundschule niemand darauf hingewiesen? Seitdem habe ich Hunderte von Beispielen dafür gesammelt, wie Menschen diese unbewussten Regeln und damit auch ihre äußeren Lebensumstände geändert haben.

Das Gesetz der bewussten Schöpfung

Es ist möglich, bewusst positive Konzepte und Bilder in Ihr Denken aufzunehmen, so dass diese positiven Gedanken Ihre äußeren Lebensumstände verändern. Um das eben erwähnte Beispiel noch einmal aufzugreifen (Sie haben so viel Geld zur Verfügung, dass Sie damit gerade durch den Monat kommen): Hier lädt das Gesetz der bewussten Schöpfung Sie ein, dem Strom Ihres Denkens einen neuen Gedanken hinzuzufügen. Überlegen Sie sich eine positive neue Idee, wie »Ich habe reichlich Geld, um alles zu verwirklichen, was ich tun will«. Überdenken Sie diese Idee mehrmals, bis Sie sich wohl damit fühlen, und lehnen Sie sich dann zurück, um sich die Ergebnisse anzuschauen. Ich war oft überrascht, wie schnell neue Gedanken zu positiven Resultaten führten.

Auf diesem Prinzip beruht die Wirksamkeit von Affirmationen und Visualisierungen. Gekonnt angewandt, führt es zu positiven Ergebnissen. Viele Menschen geraten jedoch mit diesem Prinzip in Schwierigkeiten – nicht weil es nicht funktioniert, sondern weil es ziemlich schnell funktioniert. Als Erstes jedoch wird meistens die Überzeugung verstärkt, die Sie verändern wollen.

Wenn Sie zum Beispiel mit Hilfe von Visualisierungen abnehmen wollen, löst das innere Bild eines schlanken Körpers oft Heißhungeranfälle nach verbotenen Nahrungsmitteln aus. Mehr als nur eine Person ist durch Visualisierung bei einem Fressanfall gelandet, weil ihr dieses Problem nicht vertraut war.

Ich bringe Menschen bei, diese Kräfte auf folgende Weise zu nutzen. Bei meiner Manifestationsarbeit benutze ich Affirmationen und Visualisierungen nicht als primäre Behandlungsmethode, sondern als Hilfsmittel, um eine negative Programmierung deutlich werden zu lassen. So kann ich jemanden, der abnehmen will, anweisen, sich selbst mit einem schlanken Körper zu visualisieren. Ich bitte ihn, sich während unserer Sitzung alle zehn Minuten eine Minute lang auf dieses Bild zu konzentrieren, während ich ihn beobachte und mir die zahlreichen verschiedenen Widerstände notiere, die dabei aufkommen. Dadurch bringen wir Dinge ans Licht, die das Projekt später überraschend sabotieren könnten.

Das Gesetz vom Lebenssinn

Ihre Manifestation wird letzten Endes in dem Maße gelingen und befriedigend sein, wie sie in Einklang mit dem generellen Sinn Ihres Lebens steht. Vor etwa 25 Jahren fragte mich jemand, welchen Sinn ich meinem Leben geben wolle. Ich stammelte etwas Vages, aber die Wahrheit war, dass ich es nicht wusste. Ich hatte mich nie hingesetzt, um herauszufinden, was der Sinn meines Lebens auf diesem Planeten war und was ich zu erreichen oder zu erleben gedachte. Also beschloss ich, das zu ändern. Ich ging zurück in meine Wohnung, setzte mich auf den Fußoden und begann mir folgende Fragen zu stellen: Was ist der Sinn meines Lebens? Was soll und will ich hier wirklich tun?

Im Verlauf der nächsten Stunde ging ich durch Himmel und Hölle. Als Erstes weckten diese Fragen sehr viel Schmerz in mir, weil sie mir zeigten, wie oft ich aus einem bloßen Überlebensdrang heraus gehandelt hatte. Ich hatte Dinge getan, die ich bewusst nie getan hätte, wenn mich diese alten Überlebensthemen nicht im Griff gehabt hätten. So habe ich meine erste Frau, glaube ich, nur geheiratet, weil ich große Angst vor dem Alleinsein hatte. Meine Großmutter war gerade gestorben, und ich fühlte mich völlig einsam auf der Welt. Und da spazierte eine Frau in mein Leben, die ein Haus, einen Wagen und einen sozialen Status besaß. Ich stieg in ihr Leben ein, ohne sie zu lieben oder auf einer grundlegenden Ebene auch nur zu mögen. Hätte ich damals um die Möglichkeit einer Therapie gewusst, dann hätte ich mich mit dem Tod meiner Großmutter wahrscheinlich in einer guten einstündigen Behandlungssitzung auseinander setzen können, statt mich in die vierjährige Ehe mit einer Frau zu flüchten, die überhaupt nicht zu mir passte.

Oft enthüllt die gründliche Erforschung des Lebenssinns tief greifendes therapeutisches Material. Vor allem bringt sie oft die Absichten ans Licht, die dem Finden und Ausdrücken des eigenen wahren und einzigartigen Sinns im Leben zuwiderlaufen. So hatten unsere Eltern oft ganz bestimmte Gründe, um uns, ihr Kind, zu empfangen. Ein Mann, der mir einfällt, wurde gezeugt, um seinen älteren Bruder zu ersetzen, der auf tragische Weise ums Leben gekommen war. Als Erwachsener musste er sehr tief graben, um über diese Vorgabe hinauszuwachsen und seinen eigenen Lebenssinn zu finden.

Auf dem Fußboden meiner Wohnung sitzend, gewann ich schließlich Klarheit über meine Vergangenheit und konnte sie akzeptieren. Gut, dachte ich, das war damals und dies ist jetzt. Worin besteht der Sinn meines Lebens jetzt? Während ich mit dieser inneren Frage dasaß, begann sich in meinem Körper ein Gespür für die Antwort zu regen, fast wie ein Foto, das in der Dunkelkammer allmählich sichtbar wird. Ich blieb bei diesem Gefühl, bis es zu Worten fand, die etwa lauteten: »Meine Liebe und Kreativität wachsen täglich, während ich mit anderen arbeite, um auch ihnen zu helfen, ihre Liebe und Kreativität wachsen zu lassen.« Ich probierte diesen Gedanken aus, und er fühlte sich in meinem Körper richtig an. Ich sprach ihn mehr als ein Dutzend Mal laut aus, dann wahrscheinlich noch weitere 50 Male. Jedes Mal änderte er sich leicht und ebenso änderten sich die Worte, aber die grundlegende Idee blieb stets erhalten. Auch wenn ich mich im Laufe der Jahre immer wieder neu nach dem Sinn meines Lebens fragte, hat seine Formulierung seit dieser Entdeckung nur leicht variiert. Das grundlegende Gefühl ist zum ständigen Hintergrund meines Lebens geworden.

Der Wert des Gesetzes vom Lebenssinn lautet: Wenn Sie erst einmal wissen, was Sie hier wirklich vorhaben, haben Sie einen Bezugsrahmen, um jedes Ziel und jede Aktivität in Ihrem Leben einschätzen zu können. Nehmen wir an, Sie müssen über einen beruflichen Wechsel entscheiden. Sie können sich fragen: »Steht diese neue Arbeit im Einklang mit meinem Lebenssinn?« Wenn Sie ehrlich sich selbst gegenüber sind, erhalten Sie jedes Mal, wenn Sie sich die Frage nach dem Sinn stellen, wertvolle Informationen.

Das Gesetz der persönlichen Verantwortung

Wir fördern das Manifestieren durch eine bestimmte Form von gesunder Verantwortung. Ungesund verantwortlich sein heißt immer, mehr oder weniger als 100 Prozent Verantwortung zu übernehmen. Wenn Sie weniger übernehmen, beanspruchen Sie in Ihren Beziehungen zu anderen Menschen und dem Universum die Opferrolle. Tragen Sie mehr als 100 Prozent Verantwortung, belasten Sie sich übermäßig und machen sich zum Märtyrer. Damit das Manifestieren funktioniert, müssen Sie die Formel der Verantwortung kennen, das heißt, einen eleganten Tanz tanzen, indem Sie 100-prozentig verantwortlich sind und gleichzeitig die Kontrolle aufgeben. Sie müssen 100 Prozent Verantwortung übernehmen, während Sie zugleich den kreativen Kräften des Universums 100 Prozent überlassen, damit diese für Sie arbeiten können. Auf diese Weise entwickeln Sie eine absolut partnerschaftliche kreative Zusammenarbeit mit dem Universum, das Sie umgibt. Sie arbeiten für das Universum, und dieses arbeitet für Sie.

Das Gesetz des reinen Bewusstseins

Sowohl Ihre als auch meine Erfahrung in diesem Augenblick ist in ein Bewusstseinsfeld eingebettet. Wir können nachts zu den Sternen oder am Tage zum Himmel hochschauen und auf einen Blick sehen, dass dort alles in einen weiten Raum eingebunden ist. Wir können uns dann vorstellen, dass sich die gesamte Schöpfung in einem weiten Raum oder in reinem Bewusstsein abspielt. Die alten Yogis nannten diesen Raum Akasha, ein Wort aus dem Sanskrit, das am Anfang, in der Mitte und am Ende den Buchstaben A enthält und mit dem sie die kreativen Kräfte des Universums bezeichneten. In ihrer Kosmologie ist das Universum ursprünglich und letztendlich in den kontinuierlichen Prozess der Schöpfung vertieft, der in einem spielerischen Geist verläuft, welcher durch den Ton »A« symbolisiert wird. Der praktische Wert dieses Gesetzes ist folgender: Wenn wir nicht in einer Atmosphäre von Weite sowie schöpferischem Geist und spielerischem Sinn manifestieren, sabotieren wir unsere Projekte letzten Endes, weil wir zu sehr am Ergebnis hängen. Mit wachsender Bindung verschwindet die spielerische Freiheit. Dann finden wir einen Weg, das Spiel zu verderben, um es neu versuchen zu können.

Später werde ich Ihnen zeigen, wie Sie direkten Zugang zu Raum und reinem Bewusstsein gewinnen können. Eine bestimmte Form von Fragen entspricht zugleich einer effektiven Möglichkeit, Raum zu finden. So kann jemand zum Beispiel das Lebensziel haben, ein großes Vermögen anzuhäufen. Vielleicht entwickelt er eine Frage, die die Qualität von Raum hat. Mit »Qualität von Raum« meine ich, dass die Frage mit aufrichtigem Staunen gestellt wird und nicht mit einer bestimmten Haltung oder Erwartung verbunden sein darf. Solch eine Frage könnte lauten: »Wie kann ich mühelos ein Vermögen von zehn Millionen Dollar machen und dabei den Sinn meines Lebens verwirklichen?« Wenn die Frage umfassend genug ist und aufrichtig gestellt wird, erweitern Sie den Raum Ihres Erlebens. Sobald Sie so fragen, kommt Ihr üblicher geistiger Prozess zum Stillstand und ein Raum öffnet sich, in dem Neues möglich ist. In diesem offenen Raum, den der Philosoph Krishnamurti als »Freiheit vom Bekannten« bezeichnete, können Wunder geschehen. In einer von Einsteins Schriften habe ich gelesen, dass er mit einer bestimmten Frage 27 Jahre gelebt hat, bevor sie sich zu einem zusammenhängenden Gedankensystem entwickelte. Er war mit Sicherheit ein Mann, der sich wohl dabei fühlte, sich ins weitläufige Gebiet des Unbekannten vorzuwagen.

Das Gesetz der Absicht

Wir manifestieren immer, was wir beabsichtigen. Mit anderen Worten: Wir bekommen immer das, was wir wollen. Das Problem ist, dass unsere Absichten, solange wir keine bewussten Entscheidungen treffen, oft unbewusst und sehr begrenzt sind. Die Kunst des Manifestierens besteht unter anderem darin, dass wir lernen, unsere unbewussten Absichten zu erkennen und neue zu entwickeln, die dem Sinn unseres Lebens und unseren gewählten Zielen entsprechen.

Wenn Sie dieses Gesetz erst einmal beherrschen, wird das Leben sehr viel einfacher. Ich weiß das aus eigener Erfahrung. Und ich erinnere mich noch genau an den Augenblick, in dem ich dieses Gesetz ganz begriff. Anfang der 70er-Jahre besuchte ich eine Reihe von Vorträgen von Krishnamurti. Bei einer seiner Reden fragte ihn jemand, was er von Therapie halte. Er sagte, sie sei unnötig, wenn wir erst einmal eine entscheidende Tatsache des Lebens verstanden hätten: Wir müssen, um das Unbewusste zu erkennen, nicht nach innen schauen; es zeigt sich ganz offen in dem, was wir in der Außenwelt erleben. Wenn Sie verschlafen, können Sie davon ausgehen, dass Sie die unbewusste Absicht haben zu verschlafen. Wenn Sie allein stehend sind, sollten Sie nicht darüber lamentieren, dass Sie eigentlich gern eine Beziehung haben möchten. Damit lösen Sie einen inneren Konflikt aus und hindern sich daran, entscheidende Fragen zu stellen wie »Welche Lektion soll ich durch mein Singledasein lernen?«.

Dieses Gesetz ist ein genereller Schlüssel für den Manifestationsprozess. In dem Augenblick, in dem Sie die ersten Schritte tun, um ein bestimmtes Vorhaben zu manifestieren, spülen Sie Ihre unbewusste Prägung an die Oberfläche und ein Aspekt dieser Prägung sind Ihre unbewussten Absichten. Vor einer Weile arbeitete ich mit einem Klienten, der ein Buch schreiben wollte. Er machte mit einer anderen Arbeit ein Vermögen, aber jetzt wollte er seine philosophischen Ideen gedruckt sehen. Als er zu schreiben begann, stiegen Wellen von Angst in seinem Körper hoch und außerdem begann sein Familienleben konfliktreich zu werden. Also hörte er mit dem Schreiben auf.

Ich bat ihn, all diese Hindernisse als natürliche Aspekte des Prozesses zu betrachten, ein Buchprojekt zu verwirklichen. Sie leiten eine positive, neue Version von sich in die Wege, bewegen sich durch eine Flut von inneren und äußeren Hindernissen, und wenn Sie diese erfolgreich überwinden, gelangen Sie zum fertigen Produkt. Ich schlug ihm vor, mit dem Gedanken »Ich habe die unbewusste Absicht, ein Buch zu schreiben und dabei zu versagen« zu experimentieren. Zuerst protestierte er, so sei es doch gar nicht. »Sie verstehen mich nicht«, sagte er, »ich möchte wirklich ein Buch schreiben.« »Die bewusste Seite in Ihnen will das«, entgegnete ich, »aber nehmen wir einmal an, dass Ihr Unbewusstes anders empfindet.« Er brauchte nicht lange für seinen Durchbruch. In dem Augenblick, in dem er akzeptierte, dass er unbewusst versuchte, »kein Buch« zustande zu bringen, veränderte sich seine Körpersprache dramatisch. Anschließend konnten wir an den Gründen arbeiten, die er dafür hatte, sein Buchprojekt nicht zu verwirklichen.

Wir stießen auf einige der üblichen psychischen Ursachen. Zum einen hatten ihm in seiner Jugend zahlreiche Autoritätspersonen gesagt, er sei nicht kreativ, und er stand immer noch im Bann dieser alten Zuschreibung. Aber der eigentliche Grund war, dass er in seinem anderen Beruf nie gescheitert war; er hatte hier 20 Jahre lang einen ständig wachsenden Erfolg genossen. Plötzlich hatte er ein neues Spiel für sich erfunden, mit dem er möglicherweise öffentlich scheitern konnte. Diese Angst hatte ihn sichtbar im Griff, was deutlich wurde, als wir sie durchbrachen. Nachdem er eine Weile daran gearbeitet hatte, erhellte jedoch ein Lächeln sein Gesicht. »Na und?«, sagte er. Das ist eine ausgezeichnete Einstellung zur Möglichkeit des Scheiterns, und mit dieser Haltung kehrte er an sein Manuskript zurück. Der letzte Beweis kam ein Jahr später, als ich im Buchladen bei mir um die Ecke auf dem Tisch mit den Neuerscheinungen einen Stapel seines Buches liegen sah.

Das Gesetz des Abschlusses

Wir Menschen haben den angeborenen Drang, Dinge zum Abschluss zu bringen. Das Unabgeschlossene verfolgt uns. Abschluss ist ein organischer Bestandteil des Lebens; die Blätter grünen im Frühling, färben sich im Herbst golden und fallen vor dem Winter zu Boden. Die Menschen unterliegen den gleichen Zyklen, und wenn wir sie achten, fühlen wir uns in Einklang mit uns selbst. Wir greifen jedoch auf unterschiedlichste Weise in unsere natürlichen

Zyklen ein. Manchmal kommt uns das zugute, dann wieder ist das für uns und unsere Bemühungen, Dinge zu manifestieren, verheerend. Für den Manifestationsprozess ist es ganz entscheidend, dass wir darauf achten, Dinge zum Abschluss zu bringen.

Das bedeutet Folgendes: Wenn wir eine Situation in irgendeiner Weise offen lassen, verbraucht sie Energie, ähnlich wie ein elektrischer Schaltkreis, der nicht geschlossen wird. Die meiste Energie verbrauchen unabgeschlossene Dinge wie

- nicht eingehaltene Versprechungen,
- Schuldgefühle aufgrund bestimmter eigener Verhaltensweisen,
- wichtige unausgesprochene Gefühle und Gedanken sowie
- Bedauern und Groll aufgrund wichtiger Gegebenheiten.

Das große Problem mit unabgeschlossenen Dingen ist, dass sie genau die Energie verbrauchen, die wir für das bewusste, kreative Manifestieren benötigen. Der Akt, sie abzuschließen – und sei es ein winziger bewusster Schritt in diese Richtung –, öffnet das Tor, durch das sehr viel mehr Energie in Ihr Leben fließen kann. Wenn ich Seminare zum Thema Manifestation gebe, beschäftigen wir uns intensiv mit kleineren und größeren unabgeschlossenen Angelegenheiten. Tatsächlich muss ein Mensch oft nur einige wenige, aber wichtige Dinge zu Ende bringen, damit der positive Fluss des Manifestierens in Gang kommt.

Das Gesetz der Authentizität

Aufrichtigkeit uns selbst und anderen gegenüber erzeugt ein positives Energiefeld um uns herum, das harmonische Manifestationen begünstigt. Unaufrichtigkeit schafft ein negatives Energiefeld, das unsere Manifestationsvorhaben sabotiert oder uns hindert, uns an ihnen zu freuen. Mir ist bei meiner Arbeit mit Klienten immer wieder aufgefallen, dass sich der Prozess des Manifestierens durch Unaufrichtigkeiten auf Schneckentempo verlangsamt. Oft habe ich fast ehrfürchtig erlebt, wie Menschen wieder zu Erfolg und Glück fanden, wenn sie eine lange zurückgehaltene Wahrheit mitteilten oder einer Vereinbarung nachkamen, die sie getroffen und vergessen hatten.

Das Gesetz klarer Forderungen

Bitten – einfach eine Forderung stellen – ist eine der wirkungsvollsten Manifestationstechniken, die uns zur Verfügung stehen. Wir müssen jedoch viele innere und äußere Barrieren überwinden, um effektiv um Dinge bitten zu können. Apostel Paulus gehörte zu den ersten Menschen in der geschriebenen Geschichte, die sich mit diesem Gesetz befassten. In seinem Brief an die Philipper riet er diesen, ihrer Angst zu begegnen, indem sie klar um das baten, was sie wollten. Ob wir nun Gott um etwas bitten oder unseren Nachbarn nebenan, den meisten von uns fällt das eine wie das andere schwer. Unsere Forderungen sind oft mit Angst oder Ärger verbunden, so dass sie im Getöse der unausgesprochenen Gefühle untergehen. So habe ich zum Beispiel die Therapiestunden mit einem Paar überwiegend damit verbracht, den beiden beizubringen, sich im Bett gegenseitig um das zu bitten, was sie sich wünschten. Um eine einfache Bitte zu äußern – »Ich möchte manchmal gern, dass du beim Sex den ersten Schritt tust« –, mussten sie sich oft durch ganze Schichten von Ärger, Verzweiflung, Ansprüchen, Resignation und Angst vor Ablehnung kämpfen. Das überrascht nicht, wenn wir bedenken, wie wenig wir in unseren Ursprungsfamilien die entscheidende Fähigkeit im Leben lernen, um das zu bitten, was wir haben wollen. In manchen Familien werden wir lächerlich gemacht, wenn wir etwas fordern, in anderen verspottet oder bestraft.

Das Gesetz des kreativen Ausdrucks

Unsere Manifestationen tragen in dem Maße befriedigende Früchte, wie sie unserem ungehinderten kreativen Ausdruck entsprechen. Wenn Sie sich nicht darauf einlassen, voll zum Ausdruck zu bringen, wer Sie sind und was Sie wollen, bleiben Sie unbefriedigt, ganz gleich, wie groß Ihr materieller Erfolg sein mag. Bei Menschen aus der Unterhaltungsbranche zum Beispiel habe ich dieses Problem aus nächster Nähe beobachten können. Eine meiner Klientinnen brachte eine Platte heraus, die eine Million Mal verkauft wurde, doch bestand ihr Motiv darin, viel Geld aus ihrem Erfolg herauszuschlagen. Die Folge war, dass sie sich innerlich leer fühlte. Ein früheres Album hingegen, das kommerziell nicht so einträglich war, erfüllt sie immer noch mit Stolz, weil sie in dieses Projekt alles hineingegeben hat, was sie zu geben hatte. Ein Teil von uns weiß genau, wann wir einfach nur die äußeren Schritte absolvieren, und registriert die Unzufriedenheit.

Sich kreativ voll auszudrücken ist heilsam für viele Kümmernisse im Leben. Viele Menschen langweilen sich an ihren Arbeitsplätzen und in anderen Lebenssituationen. Sie bleiben unerfüllt, weil sie sich nicht von ganzem Herzen dafür entscheiden, sich ihrer Kreativität zu verpflichten. Eine der zentralen Fragen, die ich Menschen stelle, wenn sie Projekte manifestieren, lautet: »Steht dieses Vorhaben für das umfassendste Bild Ihrer eigenen Person?« Wenn die Befragten sich auf ein »Ja!« zubewegen, kann ich beobachten, wie ihre Augen zu leuchten beginnen.

Das Gesetz der Liebe

Nur Manifestationen, die eindeutig auf Liebe beruhen, schenken uns letzten Endes Zufriedenheit. Werden unsere Visionen durch Angst geschürt, erweisen sie sich oft als unbefriedigend und manchmal sogar als verheerend.

Liebe ist die größte heilende Kraft und kommt beim Manifestieren auf folgende Weise ins Spiel: Der bloße Akt, ein Ziel anzuvisieren, bringt oft Themen hoch, die nur die Liebe umarmen kann. Sagen wir zum Beispiel, Sie setzen einen Manifestationsprozess in Gang, um Ihr Einkommen zu verdreifachen. Das Erste, was passieren kann, ist, dass Ihre Ängste dreifach verstärkt werden. Diese Befürchtungen können genau der Grund dafür sein, dass Ihr Einkommen bislang stagnierte. Mit anderen Worten: Es kann sein, dass Sie sich selbst begrenzt haben, weil Sie nicht bereit waren, sich der Angst davor zu stellen, eine größere Version von sich zu leben. Wenn jetzt der Manifestationsprozess einsetzt, müssen Sie natürlich das Tor dieser Ängste durchschreiten, um dauerhaft zu einer neuen, höheren Ebene zu gelangen. Manchmal ist Liebe der einzige Weg, der durch dieses Tor führt.

Ich erinnere mich an einen panischen Telefonanruf noch vor Morgengrauen von einem Mann an der Westküste, dem ich am Tag zuvor eine telefonische Beratung gegeben hatte. Ich war diesem Geschäftsmann und Menschenfreund im Laufe der Jahre bei mehreren sozialen Anlässen immer wieder begegnet. Er vereinbarte einen Termin bei mir, um an einem Thema zu arbeiten, das er als seine »letzte Barriere« bezeichnete. Es stellte sich heraus, dass es um Beziehungen ging. Er hatte sich Wohlstand und ein starkes soziales Netz geschaffen, aber nie in einer liebevollen Beziehung gelebt. Jetzt, mit Ende 50, wollte er die Erfahrung machen, zu lieben und geliebt zu werden. Ich arbeitete in der Sitzung mit ihm an einer Reihe von Affirmationen und Visualisierungen, die ihm helfen sollten, eine liebevolle Frau in sein Leben zu bringen. Ich bereitete ihn auch sorgfältig darauf vor, dass wahrscheinlich all seine Ängste vor Nähe hochkommen würden, die der Grund dafür waren, dass er einer engen Beziehung sein Leben lang ausgewichen war. Aber ich hatte die Intensität der Gefühle, die ausgelöst wurden, ziemlich unterschätzt.

Während des Anrufs in den noch dunklen Stunden des nächsten Morgens hyperventilierte er und stammelte Unverständliches. Indem ich ihn ein paar Minuten anleitete, bewusst zu atmen, brachte ich ihn so weit zur Ruhe, dass er mir erzählen konnte, was geschehen war. Nach unserer Sitzung hatte er sich bis Mitternacht gut gefühlt, aber als er zu schlafen versuchte, erwachten sämtliche Ängste, die er sein Leben lang unterdrückt hatte. Da er auch Angst hatte, mich anzurufen, verbrachte er die restliche Nacht – fünf Stunden! – damit, an dem Stück Strand vor seinem Haus auf und ab zu laufen. Als er mich anrief, hatte seine Situation sich zur Krise zugespitzt. Er hatte das Gefühl, verrückt zu werden.

Liebe rettete seinen Tag. Ich bat ihn, die Spur seiner Ängste nicht weiterzuverfolgen und sich dafür zu lieben, dass er Angst empfand. Zuerst leistete er heftigen Widerstand gegen diese Vorstellung. Er war im Zweiten Weltkrieg Kampfpilot gewesen und war auch später immer geflogen. »Ich weiß nicht, ob ich noch funktioniere, wenn ich die Angst zulasse«, lauteten seine Worte. »Ich habe erreicht, was ich jetzt habe, weil ich nie Angst hatte.« Ich sagte ihm, dass dieser Gedanke einen groben Irrtum enthielt.

Wenn er begann, seine Angst gedanklich zu verleugnen, so erläuterte ich ihm, habe sich sein Körper bereits eine ganze Weile geängstigt. Der Körper hat wahrscheinlich immer Angst gehabt. Zu tun, als habe er keine Angst, war einfach eine Form von Bewältigung, aber bei weitem nicht die beste. Verleugnung soll uns eine Krise überstehen helfen, aber sie kann uns nicht heilen. Ich sagte zu ihm: »Wenn Sie möchten, dass diese Angst aus Ihrem Körper verschwindet, müssen Sie akzeptieren, dass Sie ängstlich sind, und sich dafür lieben.« Er nahm einen tiefen, zitternden Atemzug und tat genau das.

Innerhalb von zehn Sekunden änderte sich seine Situation völlig. Als ihm wieder Worte kamen, erzählte er mir, dass die Angst sich, als er sie direkt liebte, zunächst in reine Empfindung und dann in ein Gefühl der Aufregung verwandelt habe. Das hatte ich schon oft erlebt, deswegen war ich nicht überrascht. Für ihn war dieser Wandel eine Offenbarung. Zum ersten Mal, seit er denken konnte, fühlte er die Macht der Liebe. »Jetzt wissen Sie, dass das etwas ganz Reales ist«, sagte ich. »Wären Sie bereit, diese Liebe in Ihrem Leben ständig zu fühlen?« In diesem Augenblick erstaunlicher Offenheit bejahte er meine Frage.

Das Happyend dieser Geschichte bestand darin, dass er sich ein, zwei Monate später mit einer sehr warmherzigen Frau anfreundete. Einige Jahre später verlor ich den Kontakt zu den beiden. Dieses Erlebnis ist mir im Gedächtnis geblieben, weil ein Therapeut nur selten das Glück hat, genau den Moment mitzuerleben, in dem beim Klienten ein entscheidender Wechsel passiert. Oft mag dieser Umschwung in der Sitzung vorbereitet werden, aber meistens passiert er in den 167 folgenden Stunden der Woche. Hier jedoch hatte ich ein lebendiges, atmendes Beispiel für die Macht der Liebe vor mir, die einen lebenslangen Schmerz heilen und einen offenen Raum schaffen konnte, um in ihm eine Beziehung wachsen zu lassen.

Das Gesetz der Dankbarkeit

Während wir auf dem Weg des bewussten Manifestierens weiter voranschreiten, können wir lernen, ihn mit dem Herzen zu gehen. Damit meine ich, dass wir, während wir durch das Leben gehen, immer bereits dankbar sind für dieses selbst.

Dankbarkeit ist ein wirkungsvolles Werkzeug für das Manifestieren. Wenn uns Dankbarkeit umgibt, eröffnet sich uns ein positiver Pfad durch das Leben, auf dem jeder Schritt, den wir tun, in die richtige Richtung führt. Wir müssen oft intensiv an uns arbeiten, bevor wir jeden Augenblick des Lebens mit dankbarem Herzen annehmen können. Bis dahin kann es so aussehen, dass wir immer wieder einmal Dankbarkeit empfinden, um sie dann wieder, wenn wir vor Herausforderungen gestellt sind, zu verlieren. Wenn wir die Schwierigkeiten überwinden, kommt unsere Dankbarkeit vielleicht wieder zum Vorschein und weist uns den Weg.

Eine zentrale Einsicht, die unser Herz öffnet, ist, dass wir sämtliche Erfahrungen des Lebens als Möglichkeiten zum Lernen begreifen können, als Herausforderungen, die Seiten an uns zu lieben, die es am dringendsten brauchen, akzeptiert zu werden. Manche Menschen vertreten folgende Einstellung zum Leben, die mit Sicherheit Leid nach sich zieht: »Ich weigere mich zu akzeptieren, dass mir das passiert, und werde nicht ruhen, bis ich herausgefunden habe, wessen Fehler es ist.« Wenn Sie diese Haltung zugunsten der Einstellung aufgeben: »Ich erkenne an, dass das passiert, und öffne mich dafür, all die Lektionen zu lernen, die mir diese Erfahrung beschert«, kann ein grundlegender Wechsel passieren. Die erste Haltung ist eine der kosmischen Undankbarkeit, während die zweite darauf beruht, dass wir unser Herz staunend für das wunderbare Mysterium des Lebens öffnen.

Die Techniken des Manifestierens

Konzentrieren wir uns jetzt auf das Wie. Es gibt entsprechend der drei Ebenen der Manifestation drei Meistertechniken.

Die Meistertechnik für die Newton'sche Manifestation

Die Meistertechnik erfordert als Erstes einen klaren, zentrierten Bewusstseinszustand. Wenn wir eine neue Vision in die Welt setzen wollen, helfen uns ein entspannter Körper und ein offener Geist. Wenn Sie angespannt und nicht in Ihrer Mitte sind und in dieser Verfassung eine neue Vision entwerfen, können Sie diese unbewusst mit diesen negativen Eigenschaften befrachten.

Seien Sie also bereit, sich zunächst einmal zu zentrieren. Ich benutze dazu eine ganz einfache Methode, die praktisch jeder von uns leicht lernen kann.

Setzen Sie sich bequem hin, die Augen geöffnet oder geschlossen. Atmen Sie ein paar Mal tief und langsam in den Bauch. Atmen Sie ganz entspannt ein und ebenso entspannt aus. Schauen Sie auf den Sekundenzeiger Ihrer Uhr und atmen Sie ein paar Mal nach der Uhr, damit die einzelnen Atemzüge wirklich langsam und entspannt sind. Dauert ein Atemzug (Ein- und Ausatmen) acht bis zehn Sekunden, fühlen Sie sich wahrscheinlich in weniger als fünf Minuten zentriert. Mit anderen Worten: Atmen Sie vier bis fünf Sekunden ein, um dann vier bis fünf Sekunden auszuatmen.

Wenn Sie sich dann entspannt und offen fühlen, formulieren Sie Sätze in der Gegenwartsform und lebendige Bilder, die Ihren Wunsch zum Ausdruck bringen. So können Sie zum Beispiel zu sich sagen: »Ich verkaufe mein Haus mit 75 000 Euro Gewinn«, während Sie visualisieren, wie eine glückliche Familie in dem Haus, das Sie zu verkaufen versuchen, in ein Brettspiel vertieft ist. Wenn Sie den Satz ein paar Mal gesagt und das Bild ein paar Mal vor sich gesehen haben, wenden Sie sich wieder dem klaren, zentrierten inneren Raum zu. Das dauert nur wenige Minuten. Ich habe festgestellt, dass es am besten ist, täglich einige Minuten zu affirmieren und zu visualisieren statt einmal in der Woche eine Stunde.

Die Meistertechnik für die Einstein'sche Manifestation

Statt mit bewussten Verstandeskräften zu arbeiten, lädt die Technik der zweiten Ebene die Kräfte des Herzens ein. Sie lenken den Lichtstrahl Ihres Bewusstseins auf die Aspekte in sich und in der Welt, die zu lieben Ihnen schwer fällt. Wenn diese Aspekte von uns und den Menschen um uns herum geliebt und akzeptiert werden, öffnet sich ein Raum herzlicher Dankbarkeit. Wenn wir zu dieser Dankbarkeit gelangen, ist die Arbeit getan.

Beginnen Sie mit einer Körperkarte. Zeichnen Sie ein Bild Ihres ganzen Körpers. Eine einfache Skizze reicht völlig aus. Markieren Sie die Körperteile, die zu lieben Ihnen schwer fallen. Das kann bei einer Person die Nase und bei einer anderen der Bauch sein. Zeichnen Sie Pfeile in diese Körperbereiche oder schattieren Sie sie.

Fertigen Sie dann eine Gefühlskarte an. Tragen Sie als Erstes die drei schwierigsten Gefühle – Angst, Ärger und Traurigkeit – in Ihre Körperkarte ein. Therapeuten bezeichnen sie als die großen Drei, weil sie die größte Herausforderung für uns darstellen. Die meisten Menschen fühlen Angst im Bauch, Traurigkeit im Brustkorb und Ärger im Hals, in den Schultern und den Kiefern. Und doch empfindet jeder seine Gefühle in ganz speziellen Körperbereichen. Markieren Sie die Körperteile, in denen Ihre großen Drei angesiedelt sind, mit Pfeilen oder schattieren Sie diese Stellen.

Wählen Sie als Nächstes andere Gefühle, mit denen Sie zu kämpfen haben: Langeweile, sexuelles Begehren, Besessenheit. Nachdem Sie alle Gefühle in Ihre Karte eingetragen haben, verzeichnen Sie die Gedanken, die Ihnen am meisten Schwierigkeiten bereiten. Hier ein paar Beispiele, was Menschen zu schaffen macht:

- Eifersucht
- Neid
- Konkurrenz
- Vergleichsdenken
- Grübeln über die Vergangenheit
- Fantasieren über die Zukunft
- Besessenheiten

Listen Sie sämtliche Gedanken, die Sie stören, auf der Körperkarte neben Ihrem Kopf auf.

Wenn Ihre Karte fertig ist, sollten Sie eine vollständige grafische Darstellung der Gefühle, Gedanken und körperlichen Aspekte vorliegen haben, die zu lieben Ihnen schwer fallen.

Versprechen Sie sich, diese Seiten an sich zu lieben. Sie können dieses Versprechen im Körper spüren oder laut aussprechen: »Ich verspreche, sämtliche Aspekte von mir zu lieben.« Sie brauchen vielleicht eine Minute oder ein Jahr, bis Sie all das an sich tatsächlich lieben – schließlich haben Sie Ihr bisheriges Leben lang damit zu kämpfen gehabt –, aber der erste Schritt ist der wichtigste: ein Versprechen abgeben.

Jetzt gehen Sie sämtliche ungeliebten Aspekte auf Ihrer Karte durch und vervollständigen für jeden den folgenden Satz:

Ich verspreche mein/e/n ... zu lieben.

Beispiele:
Ich verspreche meinen Ärger zu lieben.
Ich verspreche meine Nase zu lieben.
Ich verspreche meine Eifersucht zu lieben.

Denken Sie daran, die Entscheidung, »die Dinge so zu lieben, wie sie sind«, ist der erste Schritt auf dem Weg. In dem Augenblick, wo Sie die Dinge so lieben, wie sie sind, verwandeln sie sich, denn sie wurden mit Liebe gesegnet.

Rufen Sie das Gefühl der Liebe in sich wach, so, wie es Ihnen möglich ist. Wenn Sie ohne weiteres Liebe empfinden können, richten Sie Ihre Aufmerksamkeit auf dieses Gefühl. Stellt sich das Liebesgefühl nur langsam ein, können Sie als Starthilfe an jemanden denken, den Sie sehr lieben, und dann diese Liebe im Körper spüren. Eine andere Möglichkeit ist, sich vorzustellen, was Sie lieben – einen Ausritt auf Ihrem Pferd, einen Spaziergang an Ihrem Lieblingsstrand –, und die Qualität dieser Liebe zu fühlen. Viele Menschen erleben Liebe als Wärme und Akzeptanz, die sich im Bereich ihres Herzens ausbreitet. Vielleicht fühlt sich Ihre Liebe auch so an, vielleicht aber auch ganz anders. Spüren Sie einfach so viel Liebe, wie Sie können. Denken Sie daran, Ihr Versprechen und Ihre Absicht sind ebenso wichtig wie die Gefühle selbst.

Wenden Sie sich jedem Aspekt auf Ihrer Liste zu, richten Sie Ihre Aufmerksamkeit darauf und bringen Sie ihm Liebe entgegen – sei es Ärger, Ihre Nase oder Eifersucht. Lassen Sie Ihre Aufmerksamkeit entspannt darauf ruhen, lieben Sie diesen Aspekt von sich und gehen Sie dann zum nächsten über. Sie müssen lediglich all Ihre ungeliebten Seiten voller Liebe berühren, um die Tür zu einer neuen Art müheloser Manifestation in Ihrem Leben zu öffnen.

**Die Meistertechnik für die
Manifestation des Dritten Weges**

Es liegt in der Natur des Dritten Weges, dass wir ihn nicht aktiv verfolgen können. Entspannen Sie sich und öffnen Sie sich für ihn, statt ihm hinterherzujagen. So können Sie diesen Weg genießen, während er sich entfaltet. Wenn wir danach greifen wollen, entgleitet er uns mit Sicherheit. Ich empfehle Ihnen, sich mit diesem Weg anzufreunden, indem Sie sich für die folgenden Vorstellungen öffnen. Lassen Sie sie zunächst gedanklich in sich einsinken, um sie dann in Ihrem Körper zu spüren. Dann lassen Sie sie wieder los. Die Reihenfolge ist: denken ... fühlen ... loslassen. Bleiben Sie entspannt, halten Sie den Ablauf einfach und achten Sie auf jeden Fall darauf, sich nicht selbst anzutreiben.

Beginnen Sie mit diesem Gedanken: »Ich öffne mich für meine vollständige Evolution und lasse alle Vorstellungen los, wie mein Leben verlaufen sollte.« Denken Sie diesen Gedanken und spüren Sie das Loslassen der Erwartung in Ihrem Körper. Lassen Sie los und nehmen Sie das Leben an, wie es kommt. Lassen Sie die Dinge sein, wie sie sind. Geben Sie die Forderung auf, dass sie so und so zu sein haben. Entwickeln Sie die Bereitschaft, sich von der wundersamen Entfaltung Ihrer Evolution überraschen zu lassen.

Wenden Sie sich jetzt einem anderen Gedanken zu: »Ich bin verbunden mit der unendlichen Schöpfung und dem unendlichen Überfluss.« Richten Sie Ihre Aufmerksamkeit auf Ihren Körper und spüren Sie Ihre Verbindung zur unendlichen Schöpfung und dem unendlichen Überfluss des Lebens. Spüren Sie, wie Ihr ganzes Sein eine unendliche, überströmende Schöpfung ist. Spüren Sie Ihre Verbindung zum Universum. Sie sind Teil von allem, was ist, eine lebendige, atmende Verbundenheit mit der unendlichen Schöpfung und dem unendlichen Überfluss.

Jetzt denken Sie folgenden Satz: »Ich erreiche meine Ziele, indem ich mich für die Unterstützung öffne, die immer für mich da ist. Ich gelange dorthin, wo ich hinwill, indem ich mich unterstützen und vom Lebensstrom tragen lasse, der mich immer umgibt.« Spüren Sie, wie Sie sich in diese Unterstützung hineinentspannen. Lassen Sie die Haltung »Ich muss immer alles alleine machen« völlig los und spüren Sie, wie Ihr Körper sich für Unterstützung öffnet.

Jetzt denken Sie: »Ich achte und schätze die Unterstützung, die ich ständig bekomme.« Spüren Sie in Ihrem Körper das Gefühl von Achtung für die Unterstützung, die Ihnen in Ihrem Leben zukommt. Spüren Sie Ihre Wertschätzung für all die Menschen, die Sie täglich unterstützen: den Mann, der die Zebrastreifen auf den Fußgängerüberweg malt, die Frau, die im Restaurant Ihre Tasse abwäscht, die Gepäckträger, Piloten, Familienmitglieder und Mitarbeiter, die Ihnen helfen, Ihr Leben reibungslos zu gestalten. Achten und schätzen Sie diese Menschen in diesem Moment und spüren Sie diese Wertschätzung körperlich.

Entspannen Sie sich und ruhen Sie sich eine Weile aus, bevor Sie zu Ihren üblichen Aktivitäten zurückkehren.

Um den Dritten Weg zu gehen, müssen wir bereit sein, uns im Universum als Gleichberechtigte zu bewegen. Gleichberechtigung mit allem, was existiert, heißt, das Universum zu unterstützen und von diesem unterstützt zu werden. Wenn wir uns in die Unterstützung hineinentspannen, gelangen wir schneller an unseren Bestimmungsort.

Stellen Sie sich vor, Sie treiben in einem ruhigen Fluss. Wenn Sie gegen den Strom schwimmen, haben Sie keine Freude und kommen nicht schnell voran. Entspannen Sie sich in das Fließen und finden Sie die Mitte des Stroms. Er kennt seinen Weg. Er umfließt die Felsen, statt sie zu bedrängen. Er geht den Weg des geringsten Widerstandes und kommt in seiner Zeit an. Das ist der Dritte Weg.

Ich habe sämtliche drei Ebenen der Manifestation im Leben vieler Menschen Wunder wirken sehen. Es gibt eine natürliche Weiterentwicklung von einer Ebene zur nächsten. Zu Beginn Ihrer Reise werden Sie wahrscheinlich (wie auch ich) eine ganze Weile damit beschäftigt sein, vom negativen Denken (»Warum liebt mich keiner?«) zum positiven (»Was kann ich in diesem Augenblick tun, um mich für die Liebe zu öffnen?«) überzugehen. Auf der ersten Ebene bekommen wir ein Gefühl für die Macht, die darin liegt, gedanklich zu formulieren, was wir vom Leben wollen, und uns bewusst auf unsere Ziele zuzubewegen, statt uns innerlich permanent mit dem zu beschäftigen, was wir nicht wollen. Während wir uns allmählich positiv umorientieren, stoßen wir in der Außenwelt und in den Tiefen unseres eigenen Inneren unweigerlich auf Barrieren. Dann wird es Zeit für die zweite Ebene, auf der wir alles, was uns ausmacht, mit liebevoller Akzeptanz umarmen. Wenn wir genügend liebevolle Ausflüge zu den verletzten Orten in uns und anderen unternommen haben, beginnen wir das Leben als fließende Reise zu erfahren. Allmählich lernen wir ein Gespür dafür zu bekommen, dass wir uns zur richtigen Zeit am richtigen Ort befinden. Das ist der Dritte Weg, auf dem wir von einer guten Erfahrung zur nächsten geleitet werden.

Bitte denken Sie daran, dass dieser Weg nicht gleichmäßig verläuft und die Kunst des Manifestierens keinesfalls eine exakte Wissenschaft ist. Am besten betrachten wir sie als Experiment und Abenteuer. Und doch habe ich in meinem eigenen Leben und im Leben vieler anderer Menschen immer wieder beobachten können, wie sich dieser Prozess auf magische Weise entfaltet. Ich kann Ihnen prophezeien, dass Sie ihn zu Beginn, wenn er nur sporadisch funktioniert, zumindest interessant finden werden. Und wenn Sie dann allmählich geübter werden, werden Sie feststellen, dass Sie großartige Fortschritte machen.

Zum Schluss
Atemzug für Atemzug

Hier endet unsere gemeinsame Reise. Jetzt wissen Sie alles, was ich über ein bewusstes Leben weiß. Meine Absicht war, alles, was ich gelernt habe, an Sie weiterzugeben. Ich glaube nicht, dass ich irgendetwas für mich behalten habe. Ich habe vor, meine wunderbare Reise fortzusetzen, wo immer mein suchender Geist mich auch hinführen mag, und stelle mir vor, dass Sie das Gleiche beabsichtigen. Für uns alle verläuft diese Reise Schritt für Schritt, und der Pfad des bewussten Lebens erschließt sich uns Atemzug für Atemzug. Die Schönheit eines bewussten Lebens liegt darin, dass wir dafür keine Lehrer brauchen, sondern lediglich ein offenes Herz und einen staunenden Geist. Jedes Mal, wenn ich mein Herz und meinen Geist geöffnet habe – jedes Mal, wenn ich den nächsten bewussten Atemzug getan habe –, wurde mir mehr Segen zuteil, als ich mir jemals hätte träumen lassen.

Ich glaube, den Fragenden und Staunenden sind sämtliche Lektionen für ein bewusstes Leben frei zugänglich. Mit anderen Worten: Tief in unserem Inneren wissen wir das alles. Ein bewusstes Leben entspringt dem erwachenden Kontakt mit dem organischen Fluss des Geistes in uns. Unsere Schwierigkeiten beginnen da, wo wir mit diesem Fluss nicht mehr in Berührung sind. Und sie enden, wenn wir uns daran erinnern, eine bewusste Frage zu stellen, eine authentische Wahrheit auszusprechen, einen bewussten Atemzug zu tun. Dann gleiten wir wieder zurück in den Fluss, gehen unseren Weg des Staunens, der Wunder und der Einsicht und sind dabei in Verbindung mit anderen Reisenden.

Danke dafür, dass Sie sich die Zeit genommen haben, ein Stück Weg mit mir zu gehen und mit mir zu sprechen. Der suchende Geist in mir grüßt jenen Geist in Ihnen und wünscht Ihnen Glück und Segen für Ihre Reise.

Trainingskurse in Deutschland

Gay Hendricks und seine Frau Kathlyn bieten regelmäßig Trainingskurse in Deutschland an, auch zum Thema dieses Buches.

Wenn Sie an Informationen dazu und weiterem Material (Videos, Audios) interessiert sind, kontaktieren Sie bitte eine dieser beiden Adressen:

Dipl.-Psych. Esther Staewen
Täubchenstr. 13
14163 Berlin
Tel.: 0 30/81 49 91 25
Fax: 0 30/81 49 99 63
E-Mail: esther.staewen@t-online.de
Internet: www.interconsulting.de

Dr. Meinrad Milz
Unterthal 32
87730 Bad Grönenbach
Tel.: 0 83 34/98 66 26
Fax: 0 83 34/98 66 25
E-Mail: Milz.Bieber@t-online.de
Internet: www.dr-milz.de

Dem *ursprünglichen Selbst* begegnen

Thomas Moore
FENSTER ZUR SEELE
Wer wir sind, was wir sein können
189 Seiten. Gebunden
ISBN 3-466-34444-1

Inmitten unserer hektischen, reizüberfluteten Zeit verlieren wir allzu leicht den Sinn für ein Leben in Leidenschaft und Ursprünglichkeit und vergessen vielleicht, wer wir einmal waren und wer wir sein könnten. Die psychologischen Texte dieses Buches nähern sich über verschiedene Themen des Lebens dem kreativen und tieferen Selbst. Auf meditative Weise erfahren wir, was es bedeutet, aus dem brennenden Wesenskern des Herzens heraus zu leben und der Seele zu erlauben, sich in ihren eigenen Formen und Farben zu zeigen.

Einfach lebendig.
PSYCHOLOGIE & LEBENSHILFE

Kösel-Verlag, München, e-mail: info@koesel.de
Besuchen Sie uns im Internet: www.koesel.de